COURS DE GÉOGRAPHIE

LES CINQ PARTIES DU MONDE ET LA FRANCE

COURS DE GÉOGRAPHIE

PAR M. L'ABBÉ J. DUPONT

COURS PRÉPARATOIRE

Premiers éléments de Géographie. Texte, cartes et devoirs (*à l'usage des commençants*). In-4° cartonné. . 1 »

COURS ÉLÉMENTAIRE

Géographie élémentaire des cinq parties du monde et de la France, avec un *Précis de Géographie sacrée.* Texte, cartes et devoirs : 17 figures et 37 cartes coloriées dans le texte. (*Classes de huitième et de septième de l'Enseignement secondaire et écoles primaires.*) 2e édition. In-4° cart. 1 80

COURS MOYEN

Les cinq parties du monde et la France. Texte et cartes : 14 figures en noir et 62 cartes coloriées dans le texte. 3e édition. (*Classes de sixième et de cinquième de l'Enseignement secondaire et brevets de l'Enseignement primaire.*) In-4° cartonné. 4 25

Relié toile pleine 4 75

Précis de Géographie ancienne. (*Classes de sixième et de cinquième.*) In-18 raisin, avec 4 cartes dans le texte et une carte hors texte . . . . » 75

COURS SUPÉRIEUR

Notions de Géographie générale. — Géographie physique, ethnographique, politique et économique du Continent américain, avec 14 cartes de détail dans le texte et 5 cartes en couleurs hors texte. (*Classes de quatrième de l'Enseignement classique et de cinquième de l'Enseignement moderne.*) 4e édition. In-18 jésus, relié toile pleine. . 3 »

Géographie physique, historique, ethnographique, politique et économique de l'Asie, de l'Afrique et de l'Océanie, avec 18 cartes de détail dans le texte. (*Classes de troisième de l'Enseignement classique et de quatrième de l'Enseignement moderne.*) 4e édition. In-18 jésus, relié toile pleine . . . . 2 »

Géographie physique, historique, ethnographique, politique et économique de l'Europe, avec 34 cartes de détail dans le texte et 3 cartes en couleurs hors texte. (*Classes de seconde de l'Enseignement classique et de troisième de l'Enseignement moderne.*) 4e édition. In-18 jésus, relié toile pleine 3 25

Géographie physique, historique, ethnographique, politique et économique de la France et des colonies françaises, avec 38 cartes de détail dans le texte. (*Classes de rhétorique de l'Enseignement classique et de deuxième de l'Enseignement moderne.*) 4e édit. In-18 jésus, relié toile pleine. . . . . 3 »

ALLIANCE DES MAISONS D'ÉDUCATION CHRÉTIENNE

ABBÉ J. DUPONT

LICENCIÉ ÈS LETTRES, ANCIEN SUPÉRIEUR DE L'ÉCOLE SAINT-FRANÇOIS-DE-SALES, A ALENÇON

COURS DE GÉOGRAPHIE

LES CINQ PARTIES DU MONDE ET LA FRANCE

TEXTE ET CARTES

14 FIGURES EN NOIR ET 62 CARTES COLORIÉES DANS LE TEXTE

A L'USAGE DES CLASSES DE SIXIÈME ET DE CINQUIÈME DE L'ENSEIGNEMENT SECONDAIRE
ET DES CANDIDATS AUX BREVETS DE L'ENSEIGNEMENT PRIMAIRE

TROISIÈME ÉDITION

REVUE ET MISE A JOUR

PARIS

LIBRAIRIE CH. POUSSIELGUE

RUE CASSETTE, 15

1900

GÉOGRAPHIE

I. LES CINQ PARTIES DU MONDE

NOTIONS GÉNÉRALES

1. **OBJET ET DIVISION DE LA GÉOGRAPHIE.** — La géographie (du grec *gé*, terre, et *graphô*, je décris) est la description de la terre. Cette description se divise en plusieurs parties; ainsi :

La géographie **physique** décrit le sol avec les divers accidents de son relief (*orographie*, de *oros*, montagne, et *graphô*, je décris), les mers et les eaux courantes (*hydrographie*, de *hydôr*, eau, et *graphô*), etc.

La géographie **politique** traite des États, de leurs divisions administratives, des villes, etc.

2. La géographie **ethnographique** (de *ethnos*, race) étudie les diverses races humaines avec leurs mœurs, leurs langues, leurs religions.

La géographie **économique** a pour objet de faire connaître les productions naturelles et industrielles et l'activité commerciale des divers pays.

Enfin la géographie **mathématique** et la **cosmographie** (de *cosmos*, monde) étudient la place que la terre occupe dans l'univers, ses rapports avec les corps célestes, sa forme, ses dimensions, ses mouvements, etc.

COSMOGRAPHIE

3. **LA TERRE DANS L'ESPACE.** — *La terre est un astre* qui circule dans l'espace, comme le soleil, la lune, les planètes et ces étoiles innombrables qui brillent au firmament.

Malgré les apparences contraires, *elle est relativement très petite.*

4. Le **soleil**, dont elle dépend, est un million trois cent mille fois plus gros. Lui-même n'est qu'une des plus petites étoiles; s'il paraît plus gros que les autres, c'est qu'il **est** plus rapproché de nous.

La *distance de la terre au soleil* est d'environ **37 millions de lieues.**

5. Cette distance, qui paraît énorme, n'est rien, si on la compare à celle qui nous sépare des autres étoiles. Ainsi, la lumière parcourant 77 000 lieues par seconde, il ne faut que 8 minutes environ pour que les rayons du soleil arrivent à la terre, tandis que l'étoile la plus rapprochée met trois ans et demi à nous envoyer sa lumière, et les plus éloignées, des centaines et même des milliers d'années.

6. Huit grands globes et plusieurs centaines de petits dépendent du soleil et tournent autour de lui; ce sont les **planètes** : *Mercure*, la plus voisine du soleil, *Vénus*, la **Terre**, *Mars*, *Jupiter*, *Saturne*, *Uranus* et *Neptune*, qui en est la plus éloignée. La Terre, comme le montre la figure ci-dessus, est une des plus petites. Jupiter, la plus grosse, a un volume 1 400 fois plus considérable.

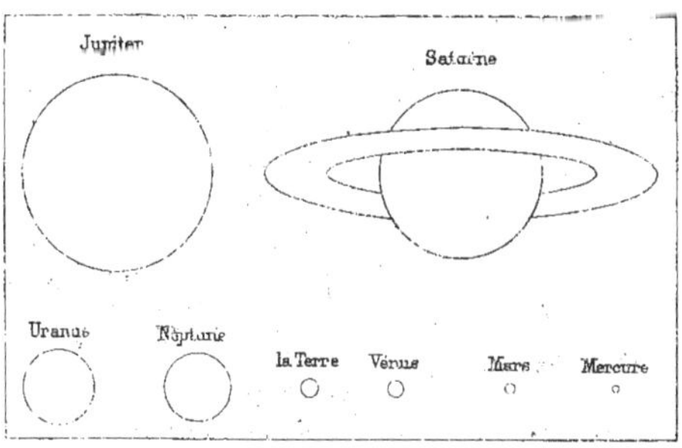

Fig. 1. — Les huit grandes planètes avec leurs dimensions relatives.

7. Plusieurs planètes sont accompagnées d'astres plus petits, nommés **satellites**, qui tournent autour d'elles. La **lune** est le satellite de la terre.

Ni les planètes ni leurs satellites ne sont lumineux par eux-mêmes; la lumière de ces astres leur vient du soleil.

8. Il y a **éclipse de lune** lorsque la terre se trouve entre la lune et le soleil, et **éclipse de soleil** lorsque la lune se trouve entre le soleil et la terre.

9. **LA FORME DE LA TERRE.** — La terre est ronde; c'est un **globe**, ou une **sphère** légèrement aplatie, mesurant 40000 kilomètres de circonférence.

10. La rondeur de la terre est démontrée par des preuves sans réplique : 1° de nombreux navigateurs en ont fait le tour, en suivant toujours la même direction **générale**, par exemple de l'ouest à l'est, ou inversement; 2° en examinant un navire qui s'éloigne du rivage, on voit disparaître d'abord la coque du bâtiment, puis les voiles, qui semblent s'enfoncer peu à peu sous l'eau; la courbure de la surface de la mer peut seule expliquer ce phénomène; 3° enfin, dans les éclipses de lune, l'ombre projetée par la terre est toujours ronde. — Les plus hautes montagnes et les vallées les plus profondes sont des accidents incomparablement moindres, relativement à la masse terrestre, que les rides d'une peau d'orange par rapport à ce fruit.

Fig. 2. — Courbure de la surface de la mer.

11. Une conséquence nécessaire de la rondeur de la terre est l'existence des **antipodes**. On appelle antipodes (de deux mots grecs signifiant *pieds opposés*), les **lieux** situés aux deux extrémités d'un même diamètre terrestre. Ainsi le point A' (fig. 3) est l'antipode du point A; le point B' celui du point B, et réciproquement. Les habitants des points

Fig. 3. — Antipodes.

A' et B', dont les pieds sont opposés à ceux des habitants des points A et B, semblent marcher la tête en bas par rapport à ceux-ci; mais il n'en est rien; car, pour les uns comme pour les autres, le bas est le centre de la terre, et le haut les espaces célestes.

12. **LES MOUVEMENTS DE LA TERRE.** — Loin d'être immobile, comme on serait tenté de le croire d'après les apparences, la terre est animée de plusieurs mouvements; les deux principaux sont un *mouvement de rotation* sur elle-même et un *mouvement de translation* autour du soleil.

13. La terre tourne sur elle-même dans l'espace de 24 heures, d'occident en orient. Elle présente donc successivement tous les points de sa surface au soleil, qui en éclaire la moitié tournée vers lui, tandis que l'autre reste dans l'ombre.

C'est ce mouvement de **rotation** qui produit le ***jour*** et la ***nuit***.

14. La terre tourne également autour du soleil, d'occident en orient, avec une vitesse (30 kilomètres par seconde, plus de 600 000 lieues par jour) bien supérieure à celle d'un boulet de canon. Ce mouvement de translation se nomme **révolution**.

La terre accomplit sa révolution autour du soleil en 365 jours un quart. C'est la mesure de notre **année**.

GÉOGRAPHIE MATHÉMATIQUE

15. **AXE. POLES.** — On appelle **axe** (*axis*, essieu) de la terre la ligne idéale ou imaginaire autour de laquelle tourne notre globe dans son mouvement de rotation.

Les deux extrémités de l'axe de la terre se nomment **pôles**.

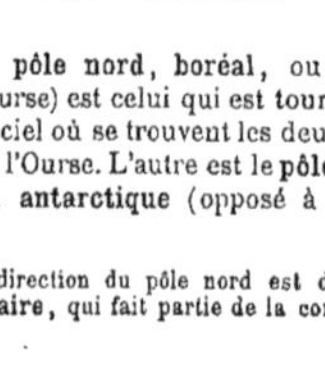

Fig. 4. — Axe et pôles.

16. Le **pôle nord, boréal,** ou **arctique** (*arctos*, ourse) est celui qui est tourné vers la partie du ciel où se trouvent les deux constellations de l'Ourse. L'autre est le **pôle sud, austral,** ou **antarctique** (opposé à l'Ourse), fig. 4.

17. La direction du pôle nord est donnée par **étoile polaire**, qui fait partie de la constellation (groupe d'étoiles) de la Petite ourse. Pour reconnaître cette étoile, qui est d'ailleurs assez brillante, il suffit de prolonger en haut, d'environ cinq fois sa longueur, la ligne qui unirait les deux dernières étoiles du carré de la Grande ourse ou chariot de David (fig. 5).

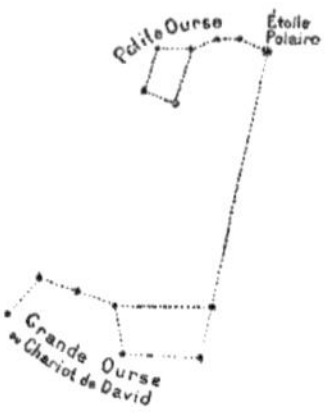

Fig. 5. — Étoile polaire.

18. **POINTS CARDINAUX.** — Lorsqu'on regarde l'étoile polaire, on a le *nord* en face de soi, le *sud* derrière soi, l'*est* à droite et l'*ouest* à gauche.

Le nord, le sud, l'est et l'ouest sont les quatre **points cardinaux**.

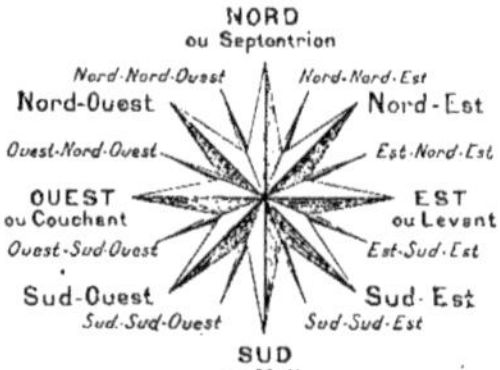

Fig. 6. — Rose des vents.

19. Le **nord** est aussi appelé **septentrion**, à cause des sept étoiles (*septem triones*) de la Grande ourse; le **sud, midi**, parce que c'est le côté de l'horizon où se trouve le soleil quand il est midi; l'**est, levant** ou **orient**, parce que c'est de ce côté que le soleil se lève; l'**ouest, couchant** ou **occident**, parce que c'est de ce côté que le soleil et les autres astres se couchent.

20. **POINTS COLLATÉRAUX.** — Quatre autres points, nommés collatéraux, *nord-ouest*, *nord-est*, *sud-est* et *sud-ouest*, situés à égale distance des points cardinaux, donnent les directions intermédiaires.

La figure qui représente les points cardinaux et les points collatéraux avec les directions intermédiaires, ***nord-nord-est***, ***est-nord-est***, etc., se nomme **rose des vents**.

Habituellement, sur les cartes, le nord est en haut, le sud en bas, l'est à droite et l'ouest à gauche.

21. **ÉQUATEUR.** — L'équateur est un grand cercle imaginaire situé à égale distance des **deux pôles**.

Les **grands cercles**, *équateur*, ***méridien*** et *horizon*, sont ceux qui passent par le centre de la terre.

La terre étant légèrement aplatie aux deux **pôles**, le **diamètre de l'équateur** (fig. 7) est plus long que l'axe terrestre (fig. 4); la différence est de 42 kilomètres.

Fig. 7. — Diamètre de l'équateur.

22. L'équateur partage la terre en deux parties égales ou **hémisphères** (demi-sphères). Celui qui renferme le pôle nord se nomme hémisphère **septentrional** ou **boréal**; l'autre, hémisphère **méridional** ou **austral**.

23. Les **parallèles** (fig. 8) sont des petits cercles, c'est-à-dire des cercles qui ne passent pas par le centre de la terre, tracés parallèlement à l'équateur. Ils sont d'autant plus petits, qu'ils s'en éloignent davantage pour se rapprocher des pôles.

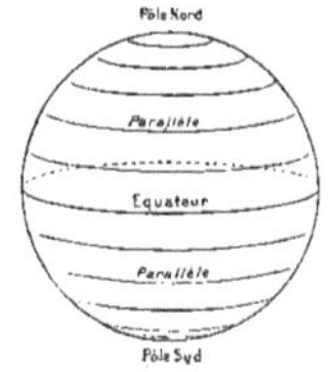

Fig. 8. — Parallèles.

Parmi les parallèles, il y en a quatre qui ont une importance plus considérable; ce sont les deux *tropiques* et les deux *cercles polaires*.

24. Les **tropiques** (fig. 9) sont situés à 23 degrés et demi environ de l'équateur, des deux côtés de ce cercle; celui qui est dans l'hémisphère boréal s'appelle *tropique du Cancer;* l'autre, *tropique du Capricorne.*

25. C'est dans l'espace du globe compris entre eux que s'accomplit le mouvement annuel apparent du soleil. Lorsque cet astre atteint (21 juin) le tropique du Cancer, supposé prolongé jusqu'au ciel, c'est, pour l'hémisphère boréal, l'époque des plus longs jours (16 heures 7 minutes à Paris). Puis il semble retourner en arrière (de là le nom de tropique, du grec *trépô*, je tourne). Quand il arrive au tropique du Capricorne (21 décembre), c'est pour nous l'époque des jours les plus courts (8 h. 11 minutes à Paris). Il est évident que le contraire a lieu pour l'hémisphère austral, dont l'été correspond à notre hiver. Ces deux époques se nomment **solstices** (de deux mots latins : *sol stat*, le soleil s'arrête).

26. Les deux **cercles polaires** (fig. 9),

arctique et antarctique, sont situés à 23 degrés et demi environ des deux pôles.

27. **ZONES.** — Les tropiques et les cercles polaires divisent la surface de la terre en cinq zones (fig. 9) : *une zone torride, deux zones tempérées*, et *deux zones glaciales.*

28. La **zone torride** ou **intertropicale** est **la** partie de la surface terrestre comprise entre les deux tropiques et coupée dans son milieu par l'équateur. Elle s'appelle, à bon droit, torride ou brûlée, parce que, recevant

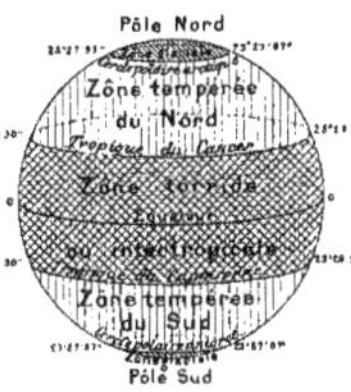

Fig. 9. — Zones.

verticalement les rayons du soleil, la chaleur y est très grande. Les jours y sont sensiblement égaux aux nuits durant toute l'année.

29. Les **zones glaciales** sont les deux calottes, limitées par les cercles polaires. Elles sont, alternativement, privées du soleil une grande partie de l'année, et n'en reçoivent jamais les rayons que très obliquement. Elles sont donc extrêmement froides. Les jours y varient beaucoup de longueur : ainsi on cite des lieux habités de l'Amérique du Nord où le soleil ne se couche pas, en été, durant deux mois consécutifs ; pendant l'hiver règne une nuit de même durée. Aux deux pôles, il y a six mois de jour, suivis d'une nuit de six mois.

30. Les deux **zones tempérées**, comprises, dans chaque hémisphère, entre le cercle polaire et le tropique, n'ont jamais le soleil à plomb, comme la zone torride ; mais ses rayons y tombent moins obliquement que dans les zones glaciales. Ce sont les plus favorables de toutes au développement physique, intellectuel et moral de l'homme. L'Europe est située dans la zone tempérée du nord.

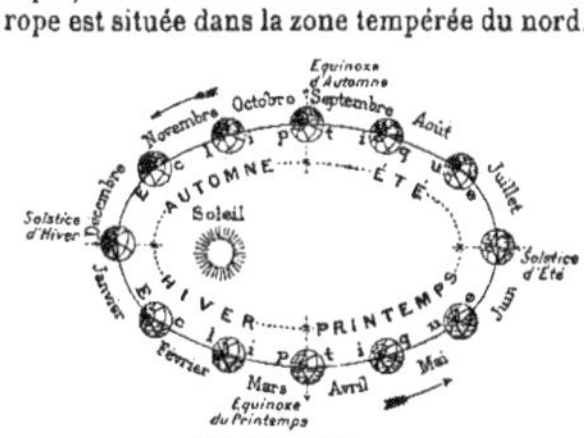

Fig. 10. — Saisons.

31. **SAISONS.** — La variété des saisons est due uniquement à l'inclinaison de l'axe terrestre sur le plan de l'écliptique.

On appelle **écliptique** l'ellipse ou cercle allongé (fig. 10), que la terre décrit dans son mouvement de révolution autour du soleil.

32. Si la terre était toujours, par rapport au soleil, dans une position telle que la limite de l'hémisphère éclairé et de l'hémisphère ténébreux passât par les deux pôles, les jours et les nuits seraient partout et toujours de 12 heures ; il n'y aurait pas de saisons. Mais cela n'arrive que deux fois seulement par an, à l'époque des **équinoxes** (*æqua nox*, nuit égale) : l'*équinoxe du printemps* tombe le 20 mars, et l'*équinoxe d'automne* le 22 septembre.

33. L'axe terrestre est incliné de 23 degrés et demi environ sur le plan de l'écliptique, et, comme il garde toujours la même inclinaison, dirigée dans le même sens, notre globe présente successivement au soleil tantôt son hémisphère boréal, tantôt son hémisphère austral. Au 21 juin, lorsque le soleil atteint le tropique du Cancer, c'est le solstice d'**été** ou le commencement de l'été pour l'hémisphère boréal ; l'**automne** y commence le 22 septembre (équinoxe d'automne) ; l'**hiver**, le 21 décembre (solstice d'hiver), et le **printemps**, le 20 mars (équinoxe du printemps). Le contraire a lieu dans l'hémisphère austral ; son hiver correspond à notre été, son printemps à notre automne.

34. **MÉRIDIENS.** — Les méridiens (de *meridies*, midi) sont des grands cercles qui passent par les deux pôles (fig. 11).

35. Les méridiens partagent le globe en deux **hémisphères**, l'un **oriental**, l'autre **occidental**.

Il est en même temps midi pour tous les lieux situés sur la circonférence d'un même méridien, dans la moitié du monde, qui est alors éclairée, et minuit pour ceux qui sont sur cette même circonférence dans la partie obscure.

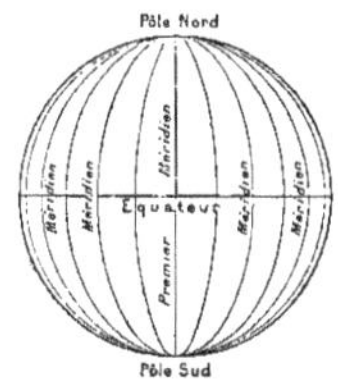

Fig. 11. — Méridiens.

36. On peut tracer autant de méridiens qu'il y a de points sur la circonférence de l'équateur ; mais on est convenu d'en adopter un, auquel on rapporte tous les autres ; c'est le **premier méridien.**

Le méridien de l'*île de Fer* (l'une des Canaries) servit longtemps de premier méridien. Aujourd'hui les Français emploient à cet usage le méridien qui passe par l'*Observatoire de Paris ;* les Anglais et la majeure partie des autres nations, le méridien de *Greenwich* (près de Londres ; 2 degrés un tiers à l'ouest de celui de Paris).

37. L'équateur et les méridiens servent à déterminer la position exacte d'un lieu quelconque en en faisant connaître la latitude et la longitude. Chacun de ces cercles se divise en 360 *degrés* (360°), chaque degré en 60 *minutes* (60′), et chaque minute en 60 *secondes* (60″).

38. **LATITUDE.** — La latitude d'un lieu est la distance de ce lieu à l'équateur. Elle est septentrionale, si le lieu est situé dans

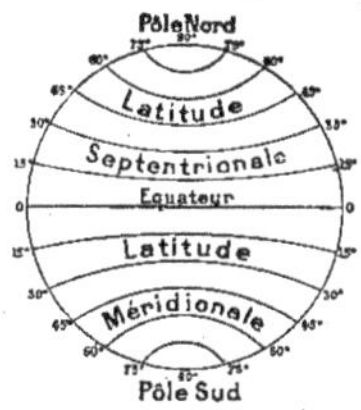

Fig. 12. — Latitude.

l'hémisphère boréal ; méridionale, si le lieu est situé dans l'hémisphère austral (fig. 12).

39. La latitude d'un lieu quelconque se compte en degrés, minutes et secondes, sur le méridien de ce lieu, à partir de l'équateur (0°) jusqu'aux pôles (90°). Sur les cartes, les degrés de latitude sont **numérotés** à droite et à gauche.

Fig. 13. — Mesure de la circonférence de la terre.

40. La circonférence de la terre étant égale à 40 millions de mètres (fig. 13), le quart de cette circonférence ou la distance de l'équateur à chacun des deux pôles (90°) est de 10 millions. La longueur d'un degré de latitude est d'environ 111 kilomètres, ou 25 lieues géographiques. La lieue géographique, qu'il ne faut pas confondre avec la lieue de poste (4 kilomètres), égale 4445 mètres.

41. **LONGITUDE** — La longitude d'un lieu est la distance de ce lieu au premier méridien ou méridien d'origine (fig. 14).

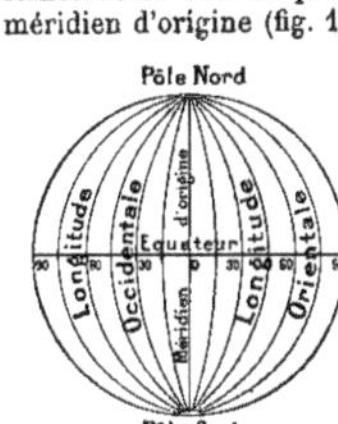

Fig. 14. — Longitude.

Elle est **orientale**, si le lieu est à l'est du premier méridien ; **occidentale**, s'il est à l'ouest.

42. Elle se compte en degrés, minutes et secondes, sur l'équateur, à partir du premier méridien. Il y a 180 degrés de longitude orientale et 180 de longitude occidentale. Sur les cartes, les degrés de longitude sont numérotés en haut et en bas.

43. La longueur des degrés de longitude est de 111 kilomètres à l'équateur, mais à l'équateur seulement; car elle diminue de plus en plus à mesure qu'on se rapproche des pôles, où la longitude est nulle, tous les méridiens s'y confondant.

44. La longitude d'un lieu étant connue, il est facile d'en déduire l'heure, et réciproquement. En effet, comme le soleil, dans son mouvement diurne apparent, passe en 24 heures par les 360 degrés de la circonférence équatoriale, il en parcourt 15 dans une heure, un en 4 minutes. Par conséquent, quand il est midi à Paris, il est une heure du soir à 15° à l'est, trois heures à 45° à l'est, dix heures du matin à 30° à l'ouest, six heures à 90° à l'ouest.

PROBLÈMES. — Quand il est dix heures du matin à Paris, quelle heure est-il : 1° à Batavia, qui est à 105° de longitude orientale? — 2° à New-York, qui est à 75° de longitude occidentale? — 3° à Buénos-Ayres, qui est à 61° de longitude occidentale?

GÉOGRAPHIE PHYSIQUE

I. — L'ATMOSPHÈRE

45. **DÉFINITION.** — L'atmosphère est la *couche d'air qui environne notre globe.*

L'air est nécessaire à la vie des animaux et des plantes. L'épaisseur de l'atmosphère est évaluée à 80 ou 100 kilomètres; mais, à une hauteur de 10 kilomètres, l'air, déjà trop raréfié, cesse d'être respirable.

46. **VENTS.** — Les vents sont de l'*air mis en mouvement;* c'est la chaleur du soleil qui, dilatant l'air, le rend plus léger et le fait s'élever.

Les deux zones tempérées sont parcourues par des vents **irréguliers** et **variables**.

47. Mais, dans la zone torride, les **alizés** soufflent régulièrement et constamment des pôles vers l'équateur; seulement, par suite de la rotation de la terre, ils prennent une direction oblique et soufflent du nord-est au sud-ouest dans l'hémisphère boréal, du sud-est au nord-ouest dans l'hémisphère austral. Les **contre-alizés**, qui retournent aux pôles au-dessus des alizés, suivent une direction opposée.

48. Les **moussons**, ou vents **périodiques**, spéciaux à l'océan Indien et aux contrées qu'il baigne, soufflent régulièrement du sud-ouest au nord-est durant l'été de l'hémisphère boréal, et du nord-est au sud-ouest durant l'hiver.

49. Il y a encore des vents **locaux**, particuliers à certains pays, comme le *mistral* (Provence), le *sirocco* (Italie), le *simoun* (Sahara), le *khamsin* (Égypte), le *bouran* (Russie méridionale).

50. **CYCLONES.** — Les cyclones sont des courants atmosphériques d'une grande violence, tournoyant sur eux-mêmes et animés en outre d'un mouvement de translation dans l'espace. Leur *vitesse* atteint parfois plus de quatre kilomètres par minute. Ils ont un diamètre énorme et parcourent d'immenses distances en déplaçant continuellement leur centre de rotation.

51. **PLUIE.** — La pluie résulte de la condensation de la vapeur d'eau contenue dans l'atmosphère.

52. *Explication.* — L'eau des mers s'évapore constamment, surtout dans la zone tropicale, sous l'influence de la chaleur du soleil. Les vents entraînent cette vapeur d'eau jusqu'au cœur des continents; en se refroidissant, elle se condense, forme des nuages, et finalement se résout en pluie.

53. Voici les principales **lois qui règlent la distribution des pluies** sur la surface du globe :

1° L'abondance des pluies diminue graduellement de l'équateur aux pôles.

2° Les pluies sont plus abondantes dans les régions de montagnes que dans les plaines.

3° Le littoral des continents reçoit plus de pluies que l'intérieur, pourvu que les vents dominants y soufflent de la mer.

54. Les **déserts** sont des pays privés de pluie ou n'en recevant qu'une quantité insuffisante. Les principaux déserts sont : le *Sahara*, en Afrique; ceux de l'*Arabie*, de l'*Iran*, et le *Gobi*, en Asie; l'*intérieur de l'Australie*.

55. **TEMPÉRATURE.** — La température d'un lieu, ou la *chaleur moyenne de l'air* dans ce lieu, est soumise aux lois suivantes :

1° La chaleur diminue de l'équateur aux pôles, à raison d'un degré environ par cinquante lieues;

2° La chaleur diminue à mesure que l'*altitude* (élévation au-dessus du niveau de la mer) augmente, à raison d'un degré environ par 180 mètres. Les sommets des hautes montagnes, même dans la zone torride, sont couverts de neiges perpétuelles, comme les terres polaires.

56. On appelle **isothermes** (de *isos*, égal, et *thermos*, chaleur) des lignes passant par les lieux du globe qui ont la même somme de chaleur annuelle.

57. **CLIMATS.** — La température, l'humidité ou la sécheresse, la pureté de l'air ou la présence de miasmes mauvais, constituent le climat d'un pays.

58. Il y a deux grandes variétés de climats : 1° Les climats **maritimes** ou **constants**, qui dominent sur les côtes, ont une température à variations très modérées, ni trop froide en hiver, ni trop chaude en été. — 2° Les climats **continentaux** ou **excessifs**, dans l'intérieur des continents, ordinairement plus secs, ont une température beaucoup plus variable, très froide en hiver et très chaude en été.

II. — LES MERS

59. **ÉTENDUE.** — L'Océan ou la mer est l'ensemble des eaux salées qui environnent les terres.

La superficie totale du globe terrestre étant de 510 millions de kilomètres carrés, celle de l'Océan est évaluée à 375 millions. La mer occupe donc à peu près les **trois quarts de la surface du globe.**

60. **DIVISION.** — Pour distinguer les diverses parties de la mer, on la divise en **cinq grands océans**, savoir :

L'océan **Atlantique**, entre l'Europe et l'Afrique d'un côté, l'Amérique de l'autre;

Le **Grand Océan** ou **océan Pacifique**, entre l'Asie et l'Amérique;

L'océan Indien, au sud de l'Asie, entre l'Afrique et l'Australie;

Enfin, dans les deux zones glaciales, l'**océan Glacial arctique**, au nord, et l'**océan Glacial antarctique**, au sud.

61. **COURANTS.** — Les courants sont des espèces de fleuves marins, animés d'un mouvement plus ou moins rapide, et dont les rives sont formées par des eaux en repos.

62. Le plus célèbre est le **Gulf-Stream** (courant du golfe), qui sort du golfe du Mexique par le canal de la Floride. Il apporte aux côtes de l'Europe occidentale la chaleur que ses eaux ont emmagasinée dans les mers tropicales.

63. Le **Kouro-Sivo** (fleuve noir), du Pacifique, rend le même service aux régions occidentales de l'Amérique du Nord. Tous les deux sont dérivés du courant équatorial.

64. Au contraire, les côtes orientales de l'Amérique du Nord et de l'Asie, les côtes occidentales de l'Australie, de l'Afrique et de l'Amérique du Sud, sont baignées par des **courants froids**, venus des pôles.

65. **PROFONDEUR.** — On évalue la profondeur moyenne de la mer à 3500 ou 4000 mètres. Sur certains points de l'Atlantique et du Pacifique, on a cru trouver des abîmes de douze à quinze kilomètres. Des sondages sérieux ont donné 8500 mètres. C'est à peu près la hauteur des plus hautes montagnes.

66. Quelle que soit la profondeur, la **vie** n'est nulle part absente; il y a partout des animaux, poissons, crustacés, etc.

67. **BORDS DE LA MER.** — On appelle **côte** ou **littoral** le bord des terres que la mer vient baigner.

68. Tantôt la côte s'abaisse en pentes douces et présente des **plages** sablonneuses ou des **grèves** recouvertes de cailloux; tantôt elle se dérobe brusquement et forme des escarpements à pic, nommés **falaises**.

69. Ici la mer, s'enfonçant dans les terres, y forme des **golfes** (golfe du Mexique, Méditerranée, etc., formés par l'océan Atlantique), des **baies**, des **anses**.

70. Là, au contraire, les terres projettent dans la mer des **caps** (*caps de Bonne-Espérance*, au sud de l'Afrique; *Horn*, au sud de l'Amérique), des **promontoires**, des **pointes**.

71. On donne le nom de **péninsules** ou de **presqu'îles** à des terres d'une certaine étendue, environnées par la mer de tous les côtés, excepté un seul, par lequel elles se rattachent au pays voisin.

72. Un **isthme** est une étroite bande de terre qui unit une presqu'île aux régions voisines. Les deux plus importants sont l'*isthme de Suez*, entre l'Afrique et l'Asie, et l'*isthme de Panama*, entre les deux Amériques.

73. On appelle **détroit**, **canal**, **pas**, **manche**, **phare**, **bosphore**, suivant les pays, un espace de mer resserré entre deux terres; ex., le *détroit de Gibraltar*, entre l'Europe et l'Afrique; le *canal de Suez*, creusé à travers l'isthme.

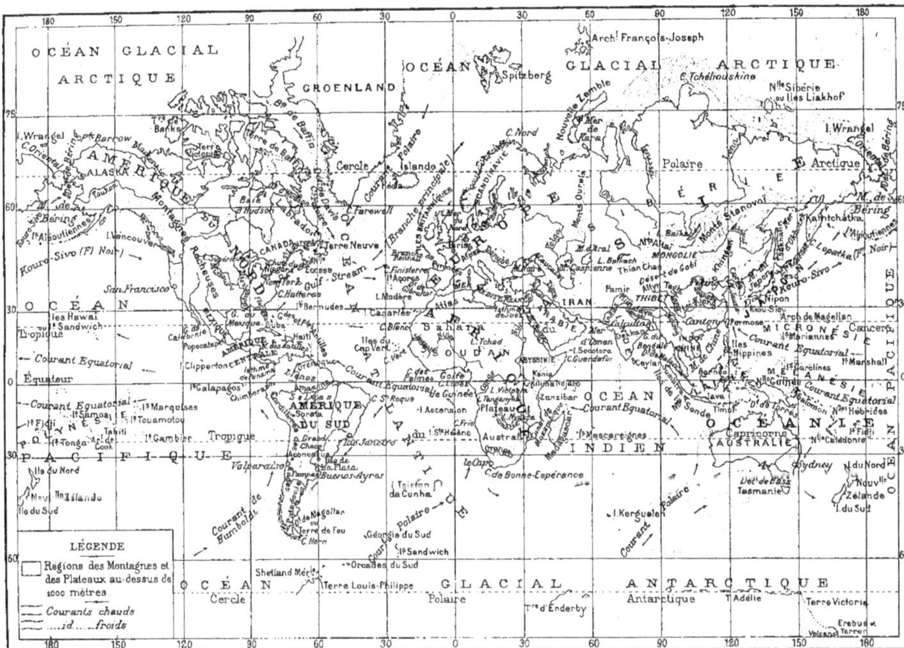

L. Thuillier, del^t A. Fernique Ph. Sc

III. — LES TERRES

74. **ILES.** — Les îles sont des terres environnées d'eau de tous les côtés. Les plus considérables sont : la *Nouvelle-Guinée*, *Bornéo* et *Sumatra*, dans le Pacifique; *Madagascar*, dans l'océan Indien, et la *Grande-Bretagne*, la principale des îles Britanniques, dans l'océan Atlantique.

75. La plupart des îles sont réunies en groupes, qui portent le nom d'**archipels**. Les principaux archipels sont ceux des *îles Britanniques* et des *Antilles*, dans l'océan Atlantique; de la *Sonde* et du *Japon*, dans le Pacifique.

76. **CONTINENTS.** — On donne le nom de continents aux grandes masses terrestres, séparées les unes des autres par les eaux de la mer. Il y en a trois : l'**ancien continent**, qui comprend l'*Europe*, l'*Asie* et l'*Afrique*; le **nouveau continent**, ou l'*Amérique*; et le **continent austral**, ou *Australie*, qui forme, avec les îles du Pacifique, la cinquième partie du monde, l'*Océanie*.

77. L'Europe a 10 millions de kilomètres carrés, l'Asie 42, l'Afrique 30, l'**Amérique** 38, et l'**Océanie** 10. Ce sont les **cinq parties du monde**.

78. **PLAINES.** — Les plaines sont des régions plates et peu élevées au-dessus du niveau de la mer.

Une grande plaine s'étend sur **toute la partie septentrionale de l'ancien continent**, depuis l'Atlantique jusqu'au détroit de Béring, comprenant la *Sibérie*, l'*Europe orientale* et *nord-occidentale* (moins la Scandinavie).

79. **Tout le centre de l'Amérique du Nord** est une plaine continue, depuis les rivages de l'océan Glacial jusqu'au golfe du Mexique.

L'Amérique du Sud a trois grandes plaines, les **llanos**, les **selvas** et les **pampas**.

L'Australie n'est qu'une plaine, sauf dans sa partie orientale.

80. **PLATEAUX.** — Les plateaux sont de vastes étendues de terres notablement plus élevées que les plaines.

Tantôt la surface du plateau est plate ou faiblement ondulée; c'est le *plateau proprement dit*; — tantôt elle est sillonnée de montagnes; on lui donne alors le nom de *haute terre*.

81. Parmi les principaux plateaux, nous citerons : le *plateau austral de l'Afrique*, qui est le plus étendu, et, en Asie, le *plateau du Thibet*, qui est le plus élevé (4000 m.); ce dernier est une haute terre.

82. **MONTAGNES.** — Une montagne est une élévation considérable du sol au-dessus du terrain qui l'environne. — Le point le plus haut se nomme **cime** ou **sommet**.

83. Plusieurs montagnes unies ensemble forment une **chaîne**. — Plusieurs chaînes de montagnes, soudées entre elles par une de leurs extrémités, forment un **massif** ou un **système de montagnes**.

84. On appelle **faîte**, **crête** ou **arête**, la partie la plus élevée d'une chaîne. — Ses deux pentes opposées sont les **versants**, les **revers** ou les **flancs**. — On nomme **défilés**, **cols**, **gorges**, etc., les parties basses d'une chaîne; c'est là qu'on établit les passages d'un versant sur l'autre.

85. Les **principales chaînes de montagnes** du globe sont :

En **Europe**, les *Pyrénées* et les *Alpes*;

En **Asie**, le *Caucase* et l'*Himalaya*; le massif de l'Himalaya **est le plus large et le plus élevé du monde**;

En **Afrique**, l'*Atlas* et le *massif d'Abyssinie;*

En **Amérique**, les *montagnes Rocheuses* et la *Cordillère des Andes,* qui ont ensemble plus de 7000 kilomètres de longueur.

86. **VOLCANS.** — Les volcans sont des montagnes, qui, par une ouverture nommée *cratère*, vomissent des cendres, des pierres, des eaux boueuses et surtout des laves en fusion.

Presque tous les volcans sont situés dans des îles ou à proximité de la mer. Les neuf dixièmes au moins sont alignés en un immense *cercle de feu*, autour du Pacifique.

IV. — LES FLEUVES ET LES LACS

87. **FORMATION DES COURS D'EAU.** — Tout cours d'eau doit sa formation soit à la pluie, soit à la fonte des neiges et des glaciers, soit à une source alimentée par l'infiltration des eaux de pluie ou de neige, soit enfin au trop-plein d'un lac.

88. **RUISSEAUX, RIVIÈRES, FLEUVES.** — Les tout petits cours d'eau se nomment **ruisseaux.**

Les **rivières** sont des cours d'eau plus considérables, formés ordinairement par la réunion de plusieurs ruisseaux.

Les **fleuves** sont des cours d'eau très importants qui se jettent dans la mer.

89. On donne le nom d'**affluents** aux ruisseaux et aux rivières qui se jettent dans un cours d'eau plus considérable.

Le **confluent** est l'endroit où deux cours d'eau se réunissent.

90. **BASSINS.** — Le bassin d'un fleuve ou d'une mer comprend tout le territoire dont les eaux courantes vont se jeter dans ce fleuve ou dans cette mer.

Chaque bassin est ordinairement séparé des bassins voisins par une suite de hauteurs qui forment sa **ceinture.**

91. **VERSANTS.** — On donne le nom de versants à l'ensemble des bassins d'une même région, dont les fleuves suivent la même direction générale.

La série de hauteurs qui séparent deux versants s'appelle **ligne de partage des eaux** ou **arête hydrographique.**

92. **RÉGIME DES COURS D'EAU.** — La **source** est l'endroit où un cours d'eau commence. L'**embouchure** est l'endroit où il finit, en se jetant dans la mer ou dans un fleuve.

93. Le **lit** d'un fleuve est l'espèce de fossé dans lequel il coule entre deux rives plus ou moins élevées. La **rive droite** est celle qu'on a à sa droite, quand on est en bateau, le visage tourné dans le sens du courant; et la **rive gauche**, celle qu'on a à sa gauche dans les mêmes conditions.

94. Les cours d'eau descendent toujours: de deux villes situées sur un même fleuve, la plus rapprochée de la source est **au-dessus** ou **en amont** de l'autre; la plus voisine de l'embouchure est **au-dessous** ou **en aval.**

95. On distingue dans les fleuves le cours supérieur, le cours moyen et le cours inférieur.

Le **cours supérieur** s'étend depuis la source jusqu'à la sortie des montagnes; comme la pente du lit y est considérable, le courant est rapide, souvent entrecoupé de **chutes** et de **cascades**. Le fleuve s'y grossit de nombreux **torrents**, cours d'eau **impétueux** et momentanés, produits par des averses ou par la fonte des neiges.

96. Dans leur **cours moyen**, les fleuves, plus larges et moins rapides, forment souvent de nombreuses sinuosités ou **méandres**. Les chutes y sont rares; mais, quand il y en a, elles présentent un spectacle grandiose, à cause de la masse des eaux tombantes; ce sont des **cataractes**; les deux plus considérables sont celles du Saint-Laurent (chute du **Niagara**, Amérique du Nord) et du **Zambèze** (Afrique méridionale).

97. Le **cours inférieur** commence aux plaines basses et à pente peu sensible du littoral. Avant de gagner la mer, tantôt le fleuve s'élargit et forme un **estuaire**, espèce de golfe allongé rempli d'eau saumâtre; tantôt il se divise en plusieurs branches, entre lesquelles s'étendent les marais du **delta.**

98. **PRINCIPAUX FLEUVES.** — Le plus important des fleuves par la masse de ses eaux est l'**Amazone**, dont le débit égale 200 fois celui de la Seine; le **Congo** vient en seconde ligne.

99. Le fleuve le plus long est le **Mississipi**, qui ne mesure pas moins de 7000 kilomètres, depuis la source du Missouri jusqu'à son embouchure. Le **Nil** est presque aussi long; l'**Amazone** a 200 lieues de moins. Viennent ensuite l'**Iénisséi** (5200 kilom.), le **Yang-tsé-Kiang**, l'**Amour**, etc. — Le *Volga*, le plus long fleuve d'Europe, n'a que 3500 kilomètres, et la *Loire*, le plus long fleuve de France, seulement 1000 kilomètres.

100. **LACS.** — Les lacs sont de grands amas d'eau au milieu des terres.

Les plus grands **lacs d'eau douce** sont situés dans la partie septentrionale de l'Amérique du Nord (lacs *Supérieur*, *Michigan*, etc.), et dans l'Afrique équatoriale (lacs *Tanganyka*, *Victoria*, etc.).

101. Les plus grands lacs salés sont: la *mer Caspienne*, la *mer d'Aral*, le lac *Balkach* (Asie).

GÉOGRAPHIE ETHNOGRAPHIQUE

102. **POPULATION DU GLOBE.** — On évalue la population totale du globe à 1 550 millions d'individus, ce qui donne à peu près 11 habitants par kilomètre carré. Cette population se répartit de la manière suivante :

Europe	380	millions,	39	hab.	par k. c.
Asie	800	—	19	—	—
Afrique	200	—	7	—	—
Amérique	132	—	3	—	—
Océanie	45	—	4.7	—	—

103. **RACES HUMAINES.** — Tous les hommes, issus d'Adam, appartiennent à la même famille naturelle; mais les différences de climat et de genre de vie ont modifié le type primitif et amené entre les divers peuples de grandes variétés, qui constituent des races distinctes.

104. Toutes les races humaines se groupent autour de trois **types** principaux : le *type blanc*, le *type jaune* et le *type noir*.

105. Le **type blanc** comprend les *Européens*, les *Hindous*, les *Arabes*, les *Persans* et les *Juifs*.

106. Le **type jaune** comprend les *Chinois*, les *Japonais*, les *Malais*, les *Annamites*, les *Siamois*, les *Kanaks* de la Polynésie, les *Peaux-Rouges* de l'Amérique, etc.

107. Le **type noir** comprend la majeure partie des populations de l'Afrique: *nègres proprement dits* du Soudan et de la Guinée; *Éthiopiens*, *Bantous* ou *Cafres* du plateau austral; *Hottentots*, *nègres* de la Mélanésie, etc.

108. **RELIGIONS.** — Il n'existe nulle part un peuple sans religion; mais près des trois quarts du genre humain sont encore en dehors du christianisme.

109. Le **christianisme** a été prêché par toute la terre, et il compte des fidèles sur tous les points du globe. Toutefois c'est chez les peuples européens seulement que la masse des populations professe la doctrine chrétienne, et encore l'Évangile n'est reçu dans sa pureté que par les *catholiques* (200 millions); les *protestants* (110 millions) et les *grecs* schismatiques (90 millions) n'ont qu'un christianisme amoindri et défiguré.

110. L'**islamisme** ou **mahométisme** règne sur 150 millions d'hommes, Arabes, Persans, Turcs, Hindous, Africains, Malais, etc.

111. Le **judaïsme** est professé par la majeure partie des Israélites (6 à 10 millions), dispersés sur toute la terre.

112. Le *christianisme*, le *mahométisme* et le *judaïsme*, ne reconnaissent qu'un seul Dieu; les autres religions, *brahmanisme*, *bouddhisme*, *fétichisme*, etc., en admettent plusieurs.

113. Le **brahmanisme**, qui est la religion de 160 millions d'Hindous, reconnaît trois dieux principaux, Brahma, Çiva et Vichnou, avec une foule de divinités secondaires.

114. Le **bouddhisme** a des dogmes absurdes, mais sa morale est pure et élevée; il règne sur 350 millions d'hommes, en Chine, en Indo-Chine, etc.

115. Le **fétichisme** est la religion de la plupart des nègres et des populations sauvages. Les fétichistes adorent des animaux, des arbres, des pierres, etc. Leur culte consiste en jongleries ridicules et souvent barbares.

GEOGRAPHIE POLITIQUE

116. Un **État** est un pays soumis à un même gouvernement et ne dépendant d'aucun autre, au moins dans son administration intérieure.

Le **gouvernement** est l'autorité souveraine qui régit un État.

117. Le gouvernement est **aristocratique** lorsqu'il est aux mains de la classe élevée : tel est le cas des *tribus arabes*.

118. Le gouvernement est **monarchique** lorsque le pouvoir souverain est exercé par un seul chef (roi, empereur, duc, etc.), ordinairement héréditaire.

119. La **monarchie** est **absolue** ou despotique lorsque le chef de l'État peut faire et modifier les lois à son gré, et exerce le pouvoir souverain sans contrôle légal : tel est le cas de la *Russie* et des *monarchies asiatiques et africaines*.

120. La **monarchie constitutionnelle** est celle dans laquelle le pouvoir du souverain est limité par une constitution, écrite ou traditionnelle; telles sont *toutes les monarchies européennes*, à l'exception de la Russie. Dans ces monarchies, le pouvoir souverain ne s'exerce que sous la surveillance et le contrôle des élus de la nation.

121. Le gouvernement est **républicain** lorsque le peuple est censé se gouverner lui-même au moyen de ses représentants. — La république ne diffère de la monarchie constitutionnelle, telle qu'elle est pratiquée aujourd'hui, qu'en un seul point : au lieu d'avoir à sa tête un monarque héréditaire, elle est administrée par un président électif et temporaire. Il n'y a en Europe que deux républiques, la *France* et la *Suisse*; *en Amérique*, au contraire, *tous les États sont républicains*.

122. Dans les **États unitaires**, comme la France, l'Espagne, etc., les diverses parties du pays sont régies par les mêmes lois, et directement soumises à un seul et même gouvernement.

123. Les **États fédératifs**, au contraire, comme l'Allemagne, la Suisse, les États-Unis, etc., se composent de plusieurs États distincts, ayant chacun son gouvernement, mais soumis ensemble, pour leurs intérêts communs, à un gouvernement supérieur, appelé gouvernement fédéral.

124. **QUATRE ÉTATS GÉANTS.** — La *Russie*, la *Chine*, les *États-Unis* et l'*Angleterre*, occupent aujourd'hui dans le monde une situation tout à fait hors ligne. En effet, ces quatre États se partagent à peu près les trois cinquièmes des hommes et plus de la moitié des terres.

ÉTATS	SUPERFICIE milliers de k. c.	POPULATION millions d'hab.
Russie	22 450	130
Chine	11 115	300
États-Unis	9 212	73
Angleterre[1]	27 800	385

[1] Colonies comprises.

125. Les trois premiers États ont le grand avantage de former un tout compact, plus facile, par conséquent, à administrer et à défendre, tandis que l'Angleterre est grande seulement par ses colonies, que d'immenses espaces séparent de la métropole.

126. **AUTRES GRANDS ÉTATS.** — Parmi les autres grands États, les plus considérables sont : la *France*, l'*Allemagne*, l'*Autriche-Hongrie* et l'*Italie* (Europe); la *Turquie* (Europe, Asie et Afrique); le *Brésil*, l'*Argentine* et le *Mexique* (Amérique).

ÉTATS	SUPERFICIE milliers de k. c.	POPULATION millions d'hab.
France[2]	536	38
Allemagne[3]	540	52
Autriche	625	41
Italie	286	31
Turquie	2 900	33
Brésil	8 340	14
Argentine	2 790	4
Mexique	1 950	12

GÉOGRAPHIE ÉCONOMIQUE

127. **MINES.** — Les mines fournissent des *combustibles*, des *métaux* et des *pierres*.

Le plus important des **combustibles** est la *houille*; les pays qui en produisent le plus sont : l'Angleterre, les États-Unis et l'Allemagne. Le *pétrole* (huile de pierre) est recueilli principalement aux États-Unis et dans la Caucasie.

128. Parmi les **métaux usuels**, nous citerons le *fer*, répandu partout; l'Angleterre, les États-Unis, l'Allemagne, la France, l'Autriche, en sont les principaux pays producteurs; — le *cuivre*, exploité en Angleterre, au Chili, au Japon, etc.; — le *zinc*, en Belgique et en Prusse; — le *plomb*, en Espagne, en Hongrie; — l'*étain*, en Angleterre et dans les îles de la Sonde; — le *mercure*, en Espagne, en Californie, etc.

129. Les deux principaux **métaux précieux** sont l'or et l'argent. Les plus riches mines d'*or* se trouvent en Sibérie, en Californie et au Klondike (Amérique), dans le Transwaal (Afrique), en Australie et en Nouvelle-Zélande. — Les mines d'*argent* les plus productives sont celles de la Californie et de la Sierra-Nevada (États-Unis), du Mexique, du Pérou, de la Bolivie, de la Sibérie. — La production de l'or, qui avait beaucoup diminué, est, depuis quelques années, plus forte que jamais.

130. Les **pierres à bâtir** se rencontrent partout, excepté dans les terrains de formation moderne. Les **pierres précieuses** viennent : le *diamant*, du Brésil et du Cap; le *rubis*, de l'île de Ceylan, de l'Inde et de la Chine; l'*émeraude*, du Pérou; le *topaze*, de l'Inde et du Brésil; l'*améthyste*, de Ceylan.

131. **PRODUITS DU SOL.** — Parmi les produits du sol, il faut distinguer ceux qui croissent spontanément et ceux qui sont l'objet d'une culture.

La **zone intertropicale** est la plus riche en **produits spontanés**; les forêts vierges, qui recouvrent la majeure partie des terres basses, sont peuplées de *bambous*, de *palmiers*, de beaux *bois d'ébénisterie*, *acajou*, *ébène*, etc. A côté des *poisons* les plus violents, croissent les plus renommées des *drogues médicinales* et des végétaux dont les *sucs* et les *gommes* sont employés par l'industrie, comme le *caoutchouc*, la *gutta-percha*, etc. — Parmi les produits cultivés de cette zone, nous citerons le *café*, la *canne à sucre*, l'*igname*, le *manioc*, le *riz* et autres *substances alimentaires*; des *épices*, des *huiles*, des *matières tinctoriales*, des *matières textiles*, *coton*, *jute*, etc.

[2] Avec les colonies, 3450 kilom. car., 73 millions d'habitants.

[3] Avec les colonies, 2600 kilom. carrés, 64 millions d'habitants.

132. Les **produits spontanés** des deux **zones tempérées** offrent moins de variété; ils consistent surtout en *bois de construction* et de *chauffage* et en *herbes* servant à la nourriture des animaux domestiques. — Au premier rang des **produits cultivés** se placent les *céréales*, *blé*, *orge*, *avoine*, etc., la *pomme de terre*, les *arbres fruitiers* et spécialement la *vigne*, diverses *plantes industrielles*, *betterave à sucre*, *chanvre*, *lin*, etc.

Dans la **zone glaciale**, le sol ne produit rien qui ait une valeur appréciable.

133. **ANIMAUX.** — La chasse des **animaux sauvages** n'a une grande valeur économique que dans les contrées où la population est clairsemée; dans les pays bien peuplés, elle est plutôt une distraction, un exercice hygiénique, parfois un moyen de défense, s'il s'agit d'espèces nuisibles. Elle procure aux sauvages des régions froides des vivres qu'ils consomment et de riches fourrures qu'ils échangent. — Après la *viande* et les *fourrures*, les principaux produits des animaux sauvages sont l'*ivoire* des éléphants et des morses, les *plumes* de l'autruche et d'autres oiseaux des pays chauds, la *nacre* et les *perles* de certaines huîtres des mers tropicales, le *corail*, etc.

134. Parmi les **animaux domestiques**, le *bœuf* et la *vache*, le *cheval* et l'*âne*, le *mouton*, la *chèvre*, le *porc*, la *poule* et autres *oiseaux de basse-cour*, se rencontrent partout dans les régions tempérées. Le *chameau* est propre aux déserts de l'Asie et de l'Afrique; l'*éléphant*, à l'Afrique et à l'Inde; le *renne*, aux contrées froides de l'ancien monde. Le *chien* est le seul animal domestique qui accompagne l'homme sous tous les climats. Enfin n'oublions pas deux insectes dont les produits ont une grande valeur : l'*abeille*, qui se trouve surtout dans les pays tempérés, et le *ver à soie*, propre aux régions où le mûrier ne gèle pas.

135. **INDUSTRIE.** — Les deux principales forces de l'industrie moderne consistent dans la **houille**, qui donne le mouvement aux machines, et dans le **fer**, qui fournit les machines et les outils. Il en résulte que les pays les plus industriels sont ceux où la production de ces deux substances est le plus facile.

136. La production annuelle de la houille en **Angleterre** atteint à peu près le tiers de la production du monde entier; celle des **États-Unis** est presque égale. Ces deux États produisent ensemble plus de fer que tous les autres réunis. Ce sont les plus industriels.

137. Au second rang, se placent la *France* et l'*Allemagne*. L'industrie allemande est supérieure pour la quantité des objets manufacturés; l'industrie française l'emporte pour la qualité et l'élégance.

138. Eu égard au chiffre de leur population, la *Belgique* et la *Suisse* sont à ranger parmi les pays où l'industrie est le plus florissante.

139. **En dehors de l'Europe et de ses colonies**, l'industrie est restée à l'état rudimentaire. La *Chine* et le *Japon* sont renommés pour leurs riches soieries, leurs bronzes d'art et leur porcelaine.

140. **COMMERCE.** — Le commerce international s'élève à plus de 90 milliards par an, et se répartit de la manière suivante : Europe, 61 milliards; Asie, 8; Afrique, 2 et demi; Amérique, 17; Océanie, 4 et demi.

141. Les **pays les plus commerçants** sont, en **Europe** : l'*Angleterre*, 17 milliards; l'*Allemagne*, 10.2; la *France*, 7.6; les *Pays-Bas*, 6.2; — en **Amérique**, les *États-Unis*, 9.2. Si l'on tient compte de la population, ce sont les *Pays-Bas*, la *Suisse*, l'*Angleterre* et la *Belgique*, qui ont le commerce le plus actif.

EUROPE PHYSIQUE

I. — SITUATION. MERS

142. **SITUATION.** — L'Europe, située au *nord-ouest de l'ancien continent*, est comprise presque tout entière dans la *zone tempérée;* ses deux points extrêmes sont le *cap Nord* (71°) et la *pointe de Tarifa* (36°), sur le détroit de Gibraltar.

143. **ÉTENDUE.** — Sa superficie est d'environ *dix millions de kilomètres carrés;* elle est un peu plus grande que l'Australie, trois fois moindre que l'Afrique, et environ quatre fois moins étendue que l'Asie et l'Amérique.

144. **LIMITES.** L'Europe n'étant qu'une *péninsule de l'Asie*, ses **limites orientales** ne sont point très nettement marquées : celles qui semblent les plus naturelles sont les *monts Ourals*, le *fleuve Oural*, la *mer Caspienne* et la *dépression marécageuse du Manytch* ou *isthme ponto-caspien*.

145. Elle est baignée, au nord, par l'*océan Glacial Arctique;* à l'ouest, par l'*océan Atlantique;* au sud, par la *mer Méditerranée.*

146. **MERS ET GOLFES.** — Les mers et les principaux golfes de l'Europe sont :

1° La *mer Blanche*, formée par l'**océan Glacial Arctique** ;

2° La *mer du Nord*, la *Baltique* (avec les *golfes de Bothnie*, *de Finlande* et *de Riga*), la *Manche* et le *golfe de Gascogne*, formés par l'**océan Atlantique;**

147. 3° La *mer Tyrrhénienne*, la *mer Adriatique*, la *mer Ionienne*, l'*Archipel*, la *mer de Marmara*, la *mer Noire* et la *mer d'Azof*, formées par la **Méditerranée;** — enfin la *mer Caspienne*, grand lac salé (26 m. au-dessous du niveau de la mer Noire).

148. **PRESQU'ILES.** — L'Europe présente **quatre grandes péninsules** : la *péninsule Scandinave*, au nord; la *péninsule Ibérique*, la *péninsule Italique*, et la *péninsule des Balkans*, au sud.

149. Parmi les **petites presqu'îles**, on remarque : le *Jutland*, entre la mer du Nord et la Baltique; la *Morée* (ancien Péloponèse), réunie à la péninsule des Balkans par l'*isthme de Corinthe;* et la *Crimée*, entre la mer Noire et la mer d'Azof; elle est réunie au continent par l'*isthme de Pérékop*.

150. **ILES.** — Les principales îles de l'Europe sont :

1° **Dans l'océan Glacial Arctique**, les îles *Kalgouef*, *Waigatz*, *Nouvelle-Zemble*, *Spitzberg*, inhabitées et inhabitables (à la Russie); les *Loffoden* (à la Norwège);

2° **Dans la Baltique**, *Séeland* (au Danemark), *Rügen* (à l'Allemagne), *Gotland* (à la Suède), *Dago* et *Œsel* (à la Russie);

151. 3° **Dans l'océan Atlantique**, l'*Islande* (au Danemark), les *îles Britanniques* (Grande-Bretagne, Irlande, Hébrides, etc.);

4° **Dans la Méditerranée**, les *îles Baléares* (à l'Espagne), la *Corse* (à la France), la *Sardaigne* et la *Sicile* (à l'Italie), *Candie* (ancienne *Crète*, à la Turquie), les *îles Ioniennes* et les *Cyclades* (à la Grèce).

152. **CAPS.** — Les principaux caps sont : le cap *Nord*, le point le plus septentrional de l'Europe; le cap *Land's End*, au sud-ouest de la Grande-Bretagne; les caps *Finisterre* et *Saint-Vincent*, à l'ouest de la péninsule Ibérique; et le cap *Matapan*, au sud de la Morée.

153. **DÉTROITS.** — Les principaux détroits sont : le *Skager-Rack*, le *Cattégat* et le *Sund*, qui unissent la mer du Nord et la Baltique; — le *Pas de Calais*, qui fait communiquer la mer du Nord avec la Manche; — le détroit de *Gibraltar*, qui joint l'Atlantique à la Méditerranée; — le détroit ou *Bouches de Bonifacio*, entre la Corse et la Sardaigne; — le détroit ou *Phare de Messine*, entre la Sicile et la péninsule Italique;

154. Le *canal d'Otrante*, qui donne accès dans la mer Adriatique; — le détroit des *Dardanelles* et le *Bosphore*, entre l'Europe et l'Asie; ces deux détroits très resserrés, auxquels la *mer de Marmara* sert de trait d'union, unissent l'Archipel avec la mer Noire; enfin le détroit de *Kertch*, qui donne accès dans la mer d'Azof.

II. — RELIEF DU SOL

155. Au point de vue du relief, le sol de l'Europe se divise en deux parties bien tranchées : des *plaines* à l'est et au nord, des *plateaux* et des *montagnes* au sud.

156. **MONTAGNES ET PLATEAUX.** — La partie montagneuse de l'Europe a pour centre la longue et large chaîne des **Alpes**, qui s'étend en demi-cercle au nord de la péninsule Italique : le *mont Blanc* (4810 m.) est le plus haut sommet des Alpes et de toute l'Europe. — Autour des Alpes rayonnent :

Au sud, les *Apennins*, dans la péninsule Italique;

Au sud-est, les massifs de la péninsule orientale, *Balkans*, *Pinde*, etc.

A l'est, les *Karpathes* et les *Alpes de Transylvanie;*

157. Au nord, les *plateaux de Moravie*, *de Bohême*, *de Bavière* et *de Souabe*, la *Forêt-Noire*, qui sont le prolongement des Alpes;

Au nord-ouest, les *Vosges*, le *Jura*, les *Cévennes* et le *Massif central* français; enfin, les *Pyrénées* et les monts *Cantabres*, auxquels sont adossés les *plateaux de la péninsule Ibérique*.

158. Des massifs montagneux, moins élevés, se dressent sur les bords de la région plate. Ce sont, au nord-ouest, les *Grampians* (Grande-Bretagne) et les *Dofrines* ou *Alpes scandinaves;* à l'est, la chaîne des *monts Ourals*, entre l'Europe et l'Asie.

159. **VOLCANS.** — Les principaux volcans de l'Europe sont : l'*Hécla*, et plusieurs autres en Islande; — le *Vésuve*, dans la péninsule Italique; et l'*Etna*, en Sicile.

160. **PLAINES.** — Toute l'**Europe orientale**, de l'océan Glacial à la mer Noire, et de l'Oural aux Karpathes, est une plaine faiblement ondulée çà et là; cette plaine se continue à l'ouest, *des deux côtés de la Baltique, de la mer du Nord et de la Manche*, jusqu'au pied des Pyrénées. — Citons encore la *plaine de Hongrie*, au sud des Karpathes, et la *plaine du Pô*, au sud des Alpes.

III. — FLEUVES ET LACS

161. **FLEUVES.** — Les principaux fleuves de l'Europe sont :

La *Petchora*, tributaire de l'océan Glacial arctique; — la *Dwina*, qui se jette dans la mer Blanche;

La *Néva*, déversoir de plusieurs grands lacs; la *Duna*, le *Niémen*, la *Vistule* et l'*Oder*, qui se jettent dans la mer Baltique;

162. L'*Elbe*, le *Weser*, le *Rhin* et la *Meuse*, tributaires de la mer du Nord;

La *Seine*, qui se perd dans la **Manche**;

La *Loire*, la *Garonne*, le *Douro*, le *Tage*, le *Guadiana* et le *Gualdaquivir*, tributaires de l'Atlantique;

163. L'*Èbre* et le *Rhône*, qui aboutissent à la Méditerranée;

Le *Pô*, qui se jette dans l'Adriatique;

Le **Danube**, le premier des fleuves européens pour le débit; le *Dniéster* et le *Dniéper*, tributaires de la mer Noire;

164. Le *Don*, qui se perd dans la mer d'Azof; — enfin le **Volga**, le plus long des fleuves d'Europe, et l'*Oural*, qui se déversent dans la mer Caspienne.

165. **LACS.** — Les plus grands lacs de l'Europe sont groupés dans le **bassin de la mer Baltique** : ce sont les lacs *Wetter*, *Wener* et *Mœlar*, dans la péninsule Scandinave; — les innombrables *lacs de la Finlande*, dont le principal est le *Saïma;* — enfin les lacs *Onéga*, *Ladoga*, *Ilmen* et *Peipous*, dans la plaine russe.

166. La **région des Alpes** est également riche en lacs; ils sont moins considérables, mais plus célèbres que les précédents. Les deux plus importants sont le *Léman* ou lac de Genève, et le *lac de Constance*.

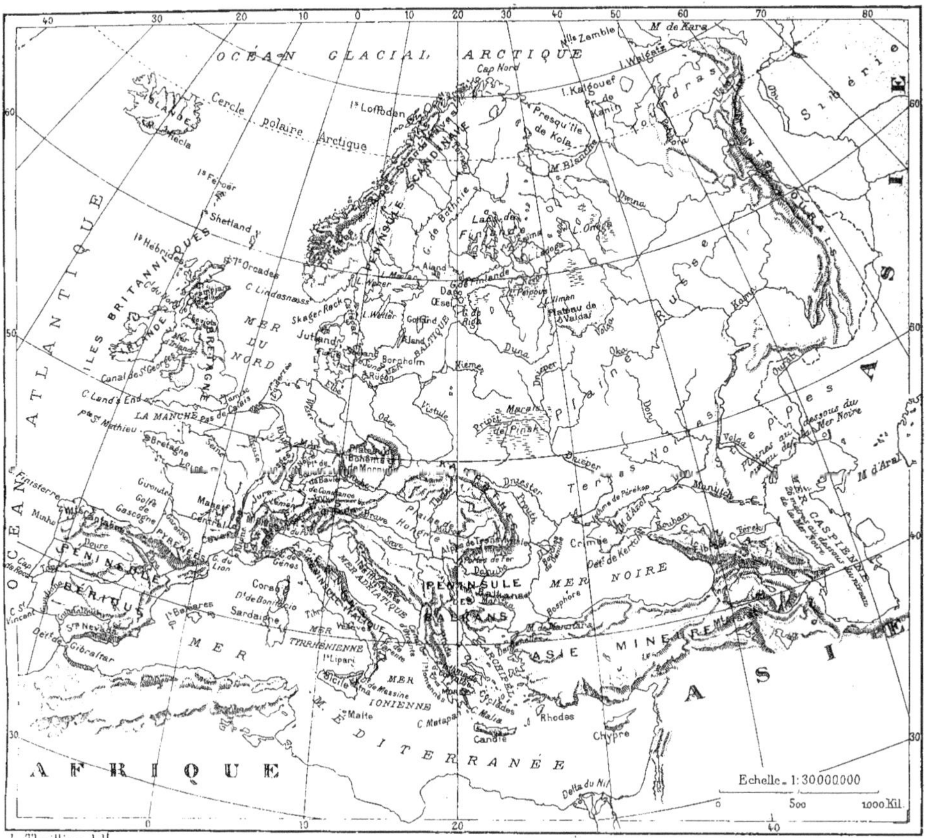

J. Thuillier. del[t]

au dessous du niveau de la mer. — de 0 à 500 Mètres. — de 500 à 1000 Mètres. — au dessus de 1000 Mètres.

A. Flahique ph. sc

167. **CONSIDÉRATIONS GÉNÉRALES.** — L'Europe orientale se fait remarquer par sa forme massive et par ses plaines à pente insensible, où se traînent de longs et maigres fleuves à eau dormante. Les mers qui la baignent gèlent en hiver; de plus, la Baltique et la mer Noire, ses deux principaux débouchés, ne communiquent avec l'Océan que par des détroits très resserrés, condition désavantageuse pour les relations commerciales. — Tout autre est l'Europe occidentale : les eaux de l'Océan y pénètrent de toutes parts par une multitude de mers intérieures et de golfes, de sorte qu'aucun point ne se trouve bien éloigné de la mer, qui est aujourd'hui plus que jamais le grand trait d'union entre les peuples. De plus, nulle part on n'y rencontre ni déserts ni montagnes d'accès difficile, comme dans les autres parties du monde : plateaux et plaines, montagnes et vallées s'y distribuent de la façon la plus heureuse. Il en est de même des eaux courantes : trois de ses principaux fleuves, le Rhin, le Rhône et le Danube (par l'Inn), prenant naissance à peu de distance les uns des autres, au cœur de la chaine des Alpes, et allant, dans trois directions différentes, porter leurs eaux aux extrémités les plus reculées, ouvrent des débouchés faciles du centre à la circonférence.

168. **CLIMAT ET PRODUCTIONS.** — Le climat, partout tempéré, sauf sur les hauteurs et dans le voisinage de l'océan Glacial, est plus sain, plus doux et plus uniforme que dans les autres parties du monde. Les eaux tièdes du Gulf-Stream échauffent la région du nord-ouest; les vents marins de l'ouest, qui soufflent la majeure partie de l'année, apportent partout une humidité suffisante. — Dans la grande plaine orientale, soustraite à l'influence de ces souffles bienfaisants, le climat est plus sec et plus excessif : l'hiver y amène des froids terribles, et l'été des chaleurs très gênantes.

169. L'Europe produit partout le blé et d'autres céréales, sauf dans les pays de l'extrême nord, où l'on ne récolte qu'un peu d'orge. Les trois péninsules méridionales cultivent certains végétaux des pays chauds, le riz, le maïs, le mûrier, l'oranger, l'olivier. La vigne y prospère, ainsi que dans la majeure partie de l'Europe centrale et occidentale. Les pays compris entre la zone relativement chaude de la Méditerranée et les contrées glacées du nord sont riches en céréales, en prairies où l'on élève beaucoup d'animaux domestiques, chevaux, bêtes à cornes, etc., et en forêts.

DEVOIRS. — Tracer à main levée :

1° Le littoral de l'Europe depuis la mer de Kara jusqu'au détroit de Gibraltar; écrire les noms des principaux accidents géographiques : mers, golfes, détroits, caps, presqu'îles, embouchures des fleuves;

2° Le littoral de l'Europe depuis le détroit de Gibraltar jusqu'à la mer d'Azof; écrire les noms, comme ci-dessus;

3° La direction des montagnes, le cours des fleuves.

4° Un navigateur va de l'embouchure de la Néva à celle du Don, en suivant toujours les côtes, quels sont les principaux accidents géographiques qu'il relèvera?

5° Même question pour le voyage de retour.

EUROPE POLITIQUE

170. **DIVISION POLITIQUE**. — L'Europe se partage en **20 États** jouissant d'une souveraineté complète.

Le tableau suivant indique leurs noms, leur situation, leur étendue, leur population absolue et relative.

Situation.	ÉTATS	Milliers de kilom. car.	Millions d'habitants	Habitants par kilom. car.	Situation.	ÉTATS	Milliers de kilom. car.	Millions d'habitants	Habitants par kilom. car.
Au nord-ouest	Grande-Bretagne et Irlande	315	40	126	A l'est	Russie (avec la Finlande)	5490	106	19
	Pays-Bas	33	4.9	149	Au sud	Roumanie	131	5.6	42
	Belgique	29	6.5	220		Serbie	48	2.3	49
	Luxembourg	2.6	0.2	84		Turquie et Bulgarie	265	8.7	33
	France	536	38.5	72		Grèce	65	2.4	37
Au centre	Suisse	41	3	73		Monténégro	9	0.2	25
	Autriche-Hongrie	676	43.5	69		Italie	286	31	109
	Allemagne	540	52	97		Espagne	504	18	36
Au nord	Danemark	38	2.3	60		Portugal	92	5	55
	Norwège	325	2	6					
	Suède	450	4.9	11		EUROPE	9770	380	39

171. **ÉTATS DE L'EUROPE**. — Les États de l'Europe sont :

Au nord-ouest : le *Royaume-Uni de Grande-Bretagne et d'Irlande*, plus communément désigné sous le nom d'*Angleterre*, cap. Londres; — les *Pays-Bas*, cap. la Haye; — la *Belgique*, cap. Bruxelles; — le *Luxembourg*; — la *France*, cap. Paris;

172. **Au centre** : la *Suisse*, cap. Berne; — l'*Autriche-Hongrie*, cap. Vienne; — l'*Allemagne*, cap. Berlin;

Au nord : le *Danemark*, cap. Copenhague; — la *Norwège*, cap. Christiania; — la *Suède*, cap. Stockholm;

173. **A l'est** : la *Russie*, cap. St-Pétersbourg;

Au sud : la *Roumanie*, cap. Bucharest; — la *Serbie*, cap. Belgrade; — la *Turquie*, cap. Constantinople; — la *Grèce*, cap. Athènes; — le *Monténégro*, cap. Cettigne; — l'*Italie*, cap. Rome; — l'*Espagne*, cap. Madrid; — et le *Portugal*, cap. Lisbonne.

174. **FORMES DE GOUVERNEMENT**. — **La France** est organisée en *république unitaire*; la **Suisse**, en *république fédérative*, composée de 23 petites républiques cantonales; la **Russie**, en *monarchie absolue*. **Tous les autres gouvernements** de l'Europe sont des *monarchies constitutionnelles héréditaires*.

175. **L'empire d'Allemagne** est une *confédération de 25 États*, ayant à sa tête le roi de Prusse. — **L'Autriche et la Hongrie** forment *deux États distincts*, gouvernés par le même empereur; il en est de même de la **Suède et de la Norwége**, soumises à un roi commun.

176. **ETENDUE COMPARÉE**. — La superficie totale de l'Europe est, en chiffres ronds, de 9 800 000 kilomètres carrés.

177. **La Russie**, avec ses 5 millions et demi environ de kilomètres carrés, en occupe donc plus de la moitié; mais un tiers, au moins, de cette immense surface se compose de terrains stériles, de lacs ou de marais.

178. **Les pays les plus étendus**, après la **Russie**, sont : l'*Autriche-Hongrie* (676 mille kilomètres carrés), l'*Allemagne* (540), la *France* (528), l'*Espagne* (504), la *Suède* (450), la *Norwège* (325), l'*Angleterre* (315), l'*Italie* (286), etc.

179. **POPULATION COMPARÉE**. — La population totale de l'Europe est d'environ 380 millions d'hommes; soit, en moyenne, 39 habitants, à peu près, par kilomètre carré.

180. **Les États qui ont la plus forte population absolue** sont : la *Russie* (106 millions d'habitants), l'*Allemagne* (52), l'*Autriche-Hongrie* (43), l'*Angleterre* (40), la *France* (38), l'*Italie* (31), et l'*Espagne* (18).

181. **Les pays relativement les plus peuplés**, c'est-à-dire ceux où la population est le plus pressée, sont : la *Belgique* (220 habitants par kilomètre carré), les *Pays-Bas* (149), le *Royaume-Uni* (126), *Angleterre* seule (192), l'*Italie* (109), l'*Allemagne* (97), et la *France* (72).

182. Parmi **les contrées les plus faiblement peuplées**, nous citerons : l'*Espagne* (36 habitants par kilomètre carré), la *Grèce* (37), la *Turquie* (33), la *Russie* (19), la *Suède* (11), et la *Norwège* (6).

183. **GRANDES PUISSANCES**. — L'*Angleterre*, la *France*, l'*Autriche-Hongrie*, l'*Allemagne*, la *Russie* et l'*Italie*, ont une supériorité marquée sur les autres États, à cause du chiffre considérable de leur population. Ce sont les six grandes puissances.

GÉOGRAPHIE ETHNOGRAPHIQUE

ET RELIGIEUSE

184. **RACES**. — Tous les Européens appartiennent au **type blanc** et se divisent en **quatre grandes familles** : *latine, anglo-celtique, germaine* et *slave*.

185. Les peuples **latins** parlent des idiomes dérivés de la langue latine : cette famille comprend les *Italiens*, les *Français*, les *Espagnols*, les *Portugais* et les *Roumains*.

186. Les **Anglo-Celtes**, appelés aussi *Anglo-Saxons* et *Anglo-Normands*, qui peuplent la Grande-Bretagne et l'Irlande, servent de trait d'union entre les familles latine et germaine; car leur vocabulaire se compose de mots dérivés, les uns du latin, les autres du germain.

187. La famille **germaine** comprend les *Allemands* (Allemagne, Autriche, Suisse), les *Hollandais*, les *Flamands* de la Belgique, et les *Scandinaves* (Danemark, Suède, Norwège).

188. La famille **slave** comprend les *Russes*, les *Polonais*, les *Tchèques* de la Bohême, les *Serbes*, les *Bulgares*, etc.

189. En dehors de ces familles on trouve un certain nombre de **groupes moins importants** : les *Magyars* de la Hongrie; les *Turcs*, les *Grecs* ou *Hellènes*, les *Arnautes* ou *Albanais*, les *Arméniens* de la presqu'île des Balkans; les *Celtes* (Bretagne française, Irlande, côtes occidentales de la Grande-Bretagne); les *Juifs*, disséminés partout, mais particulièrement nombreux en Pologne, dans la Russie occidentale, l'Autriche-Hongrie et la Roumanie, etc.

190. **RELIGIONS**. — A part cinq à six millions de Turcs qui sont *musulmans*, et un nombre à peu près égal de *Juifs*, tous les peuples de l'Europe sont **chrétiens**.

191. Le **catholicisme** en revendique à peu près la moitié; *tous les peuples de race latine* (moins les Roumains), les *Irlandais*, la *moitié des Allemands*, les *Polonais* et la *grande majorité des Slaves Autrichiens* sont enrôlés sous sa bannière.

192. La plupart des *Anglo-Celtes* et des *Hollandais*, *presque tous les Scandinaves*, les *Allemands du nord*, etc., appartiennent à l'une ou à l'autre des mille sectes que le **protestantisme** a fait éclore.

193. Le **schisme grec**, qui se décerne à lui-même le titre d'**Église orthodoxe**, est la religion des *Russes*, des *Roumains*, des *Bulgares*, des *Serbes* et des *Grecs*.

GÉOGRAPHIE ÉCONOMIQUE

194. **AGRICULTURE**. — Le territoire européen peut se diviser en **cinq grandes régions agricoles** : la région du *nord-ouest*, la région du *nord*, la région de l'*est*, la région du *centre* et la région du *sud*.

195. La région du **nord-ouest** comprend l'*Angleterre*, la *France septentrionale*, la *Belgique*, les *Pays-Bas*, le *Danemark* et la *Suède méridionale*; c'est la mieux cultivée et la plus riche. Elle possède d'immenses étendues de *prairies* et d'excellentes *terres de labour*. On y élève beaucoup de *bœufs* et de *chevaux* de races améliorées, et on y récolte de grandes quantités de *céréales*; mais les hommes s'y pressent en si grand nombre, que la production agricole est inférieure à la consommation.

196. La région du **nord**, comprenant la *Norwège*, la *Suède* et la *Russie septentrionale*, tire sa principale richesse de ses *forêts de sapins* : on n'y trouve que peu de *pâturages*, et de maigres champs d'*orge*.

197. La région de l'**est** renferme les *riches terres à blé* de la *Russie centrale*, de la *Pologne*, de la *Hongrie* et de la *Roumanie*, et les *steppes de la Russie méridionale* : nulle part on n'élève un aussi grand nombre de *chevaux* que dans la Russie et la Hongrie.

198. La région du **centre** comprend l'*Autriche*, l'*Allemagne*, la *Suisse* et la *France centrale* : elle

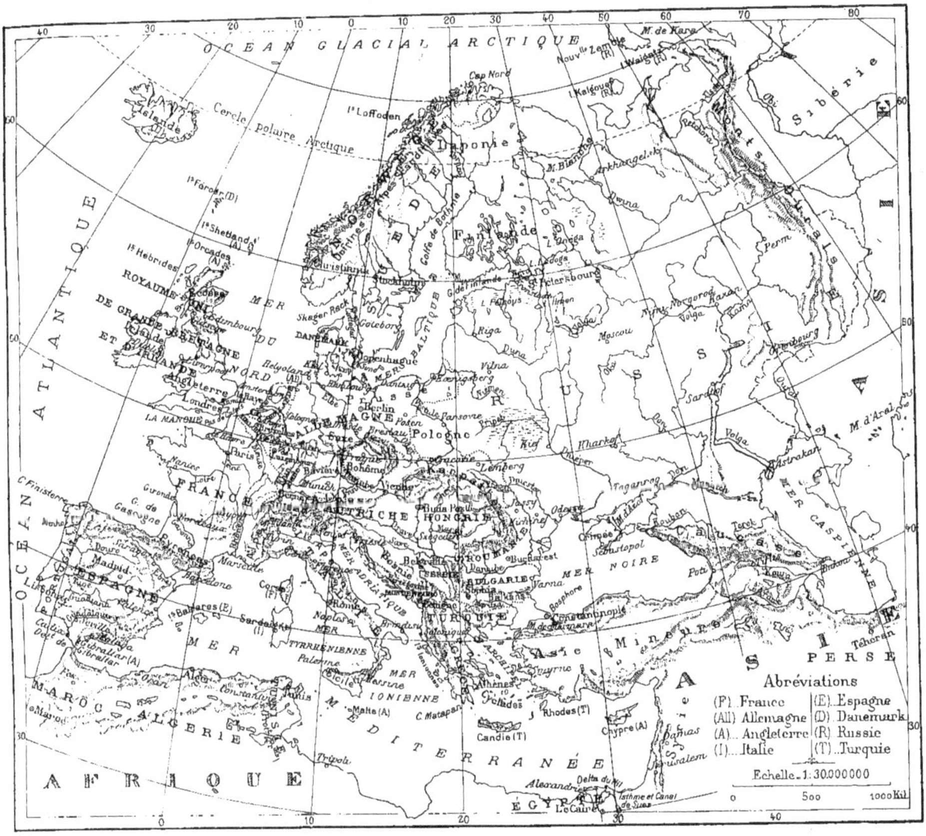

est montueuse, *boisée*, et d'une fertilité médiocre dans sa majeure partie; néanmoins elle nourrit à peu près ses habitants. La *pomme de terre*, dont on retire un mauvais alcool, et la *betterave à sucre* sont deux des principaux produits agricoles de l'Allemagne.

199. La région du **sud**, comprenant les *trois péninsules méditerranéennes* et le *midi de la France*, est la plus pauvre après celle du nord; elle produit pourtant assez de *céréales* pour la nourriture des habitants, qui sont d'une extrême sobriété. On y élève beaucoup de *moutons* et de *chèvres*. Ses produits caractéristiques sont les *vins*, l'*huile d'olive*, les *fruits* et la *soie*.

200. **INDUSTRIE.** — L'**Angleterre** est la première puissance industrielle de l'Europe et du monde, celle qui produit le plus de *houille*, de *fer*, de *machines* et de *tissus*. L'**Allemagne**, qui vient après, lui est notablement inférieure. La **France** n'occupe que le troisième rang pour la quantité des produits manufacturés, mais elle est au premier pour la qualité et le bon goût.

201. Eu égard à leur population, la **Belgique** et la **Suisse** prennent place parmi les pays les plus industriels. Au contraire, les *péninsules méridionales*, et, plus encore la *Russie*, n'ont qu'une industrie peu développée.

202. **COMMERCE.** — L'Europe demande aux autres parties du monde, en premier lieu, des **matières premières** nécessaires à ses manufactures : *or* et *argent* de la Californie, du Mexique, de l'Australie, etc.; *cuivre* du Chili et du Japon; *laines* et *peaux* de l'Australie, du Cap, de la république Argentine; *soies* de la Chine, du Japon, de l'Inde, du Levant; *coton* des États-Unis, etc.

203. En second lieu, des **substances alimentaires** : *blé* des États-Unis et de l'Inde; *sucre* des États-Unis et des Antilles; *café* du Brésil, des Antilles, de Java; *épices* des îles de la Sonde; *thé* de la Chine, etc.

204. Le gros des marchandises que l'Europe expédie dans les autres parties du monde consiste surtout en **produits manufacturés**, en *tissus* principalement.

205. Les peuples les plus industriels sont aussi les plus commerçants : l'**Angleterre** tient la tête pour le commerce comme pour l'industrie : son commerce extérieur (17 milliards) est presque égal à celui de la *France* (7 1/2 milliards) et de l'*Allemagne* (10 milliards) réunies.

206. Proportionnellement au chiffre des habitants, ce sont les *Pays-Bas* qui font le plus de commerce (1,300 fr. par tête). Viennent ensuite : la *Suisse* (568), la *Belgique* (486), l'*Angleterre* (470), la *France* (196) et l'*Allemagne* (194). — La *Russie* est au dernier rang (31).

207. **PORTS DE COMMERCE.** — Les principaux ports de commerce de l'Europe sont :

1° **Sur l'Atlantique** : **Londres** et **Liverpool**, en Angleterre, les deux premiers ports du monde; **Hambourg**, en Allemagne; *Amsterdam*, dans les Pays-Bas; **Anvers**, en Belgique; le **Havre** et *Bordeaux*, en France; *Lisbonne*, en Portugal; *Cadix*, en Espagne;

208. 2° **Sur la Méditerranée** : *Barcelone*, en Espagne; **Marseille**, en France; *Gênes*, en Italie; *Trieste*, en Autriche; *Constantinople*, en Turquie; *Odessa*, en Russie.

ANGLETERRE

209. GÉOGRAPHIE PHYSIQUE. — Le **Royaume-Uni de Grande-Bretagne et d'Irlande**, plus communément désigné sous le nom d'**Angleterre**, se compose de deux grandes îles, la **Grande-Bretagne** et l'**Irlande**, et de plusieurs petites : *Wight; Jersey, Guernesey, Aurigny*, etc. (îles anglo-normandes), les *Sorlingues; Man, Anglesey;* les *Hébrides*, les *Orcades* ou *Orkney* et les *Shetland*.

210. La **Grande-Bretagne**, plate au sud-est (Angleterre), montueuse à l'ouest (pays de Galles) et au nord (Écosse), est arrosée par l'*Humber*, la *Tamise* et la *Severn*. — L'**Irlande**, montueuse sur ses bords, est traversée par le *Shannon*.

211. GÉOGRAPHIE POLITIQUE. — Le Royaume-Uni se divise en trois parties : **Angleterre** (avec le pays de Galles), **Écosse** et **Irlande**, subdivisées administrativement en **116** ***comtés*** ou ***shires***, et en un grand nombre de corporations urbaines ou *bourgs*.

212. Les **villes** principales sont, en **Angleterre** : **LONDRES**, 4 millions $^1/_2$ d'hab., sur la Tamise, capitale du royaume, la ville la plus peuplée et la plus commerçante du monde ; — les ports de *Plymouth*, 98[1] ; *Southampton*, 65 ; *Portsmouth*, 180 ; *Brighton*, 120 ; et *Douvres*, sur la Manche ; *Hull*, 225 ; *Sunderland*, 140 ; et *South-Shields*, 78, avant-port de *Newcastle*, 218, la « cité du charbon », sur la mer du Nord ; **Liverpool**, 630, sur la mer d'Irlande ; *Cardiff*, 170, à l'embouchure de la Severn ; et *Bristol*, 230, sur un de ses petits affluents.

213. Parmi les **villes de l'intérieur**, nous citerons : *Oxford* et *Cambridge*, célèbres par leurs universités ; **Birmingham**, 505, sans rivale dans l'industrie du fer ; *Nottingham*, 222, renommée pour ses soieries et ses dentelles ; *Sheffield*, 350, pour sa coutellerie ; **Manchester**, 535, la « métropole du coton » ; avec vingt autres villes manufacturières des comtés d'York et de Lancastre : *Oldham*, 146 ; *Bradford*, 230 ; *Leeds*, 410, etc.

214. Les principales villes de l'**Écosse**, **Édimbourg**, 261, la capitale ; **Glascow**, 658, port de commerce et ville manufacturière ; *Dundee*, 155 ; *Aberdeen*, 125, sont situées au bord de la mer ou sur des rivières navigables. — De même celles d'**Irlande** : **Dublin**, 245, la capitale ; *Belfast*, 256 ; *Cork*, 75, etc.

215. **COLONIES.** — L'étendue des colonies anglaises atteint près de **28 millions de kilomètres carrés**, et leur population **350 millions** d'âmes. — Les principales sont :

Dans la **Méditerranée**, *Gibraltar, Malte* et *Chypre;*

En **Asie**, *Aden*, à l'entrée de la mer Rouge ; l'**empire Indien** (290 millions d'hab.), *Ceylan, Singapour, Hong-Kong;*

216. En **Océanie**, l'**Australie**, la *Nouvelle-Zélande*, l'archipel *Fidji*, une partie de la *Nouvelle-Guinée* et de *Bornéo;*

En **Amérique**, la **Puissance du Canada**, *Terre-Neuve*, la *Jamaïque*, une dizaine des *Petites Antilles*, la *Guyane anglaise*, etc. ;

[1] La population des villes est indiquée en milliers d'habitants.

L. Thuillier, del[t]

En **Afrique**, les colonies du **Cap** et de *Natal*, les ***territoires du Zambèze***, l'*Ouganda*, l'***Afrique orientale anglaise***, etc.

217. En résumé, le domaine colonial de l'Angleterre atteint en étendue près du cinquième des terres, et dépasse en population le cinquième du genre humain.

218. GÉOGRAPHIE ÉCONOMIQUE. — L'**agriculture** anglaise est très productive, mais la majeure partie des terres est consacrée aux pâturages et aux prairies ; les agriculteurs anglais ont créé des races perfectionnées de *chevaux*, de *bœufs* et de *moutons*.

219. Grâce à ses mines de **houille** et de **fer**, qui sont les plus productives du monde, l'Angleterre est le premier des pays pour l'**industrie**[1] et le **commerce**. — Elle fabrique surtout des **tissus** : *cotonnades* de Manchester, *draps* de Leeds et de Norwich, ***soieries*** et ***tulles*** de Nottingham ; — des **objets en fer et en acier** : *machines* et *outils* de Birmingham, *coutellerie* de Sheffield, etc. ; et construit beaucoup de **navires** en bois et en fer.

[1] Les chiffres suivants feront comprendre mieux que de longs discours la supériorité industrielle de l'Angleterre.

Production de la houille (1897) : *Angleterre*, 205 millions de tonnes ; Etats-Unis, 182 ; Allemagne, 120 ; Autriche-Hongrie, 36 ; France, 31 ; Belgique, 21 ; le reste du monde, 33.

Production de la **fonte**, **du fer** et de l'**acier** : *Angleterre*, **14** millions $^1/_2$ de tonnes ; Etats-Unis, 20 ; Allemagne, **12** ; France, 4 ; le reste du monde, 9.

Nombre de broches employées à l'industrie du coton : *Angleterre*, 41 millions ; Etats-Unis, 10 et demi ; Allemagne, 4.65 ; France, 4.6 ; le reste du monde, 11 et demi.

220. La **marine marchande** de l'Angleterre et de ses colonies dépasse en puissance toutes les flottes réunies du reste du monde.

221. **STATISTIQUE.** — *Superficie du Royaume-Uni*, 315 000 kilom. car. (France, 536) ; avec *les colonies*, 28 millions de kilom. car. *Population du Royaume-Uni*, 40 millions ; avec les colonies, 390 millions. *Armée*, 237 000 hommes (France, 615 000), dont près de la moitié dans les colonies. *Marine militaire*, 700 bâtiments (France, 400), montés par 80 000 *hommes* (France, 44 000). *Dette publique*, 17 milliards (France, 35) ; *budget national*, 3 200 millions (France, 3 400) ; *budgets locaux*, 1750 millions (France, 1 400). *Commerce général*, plus de 17 milliards (France, 7 $^1/_2$) ; MARINE MARCHANDE (colonies comprises), 23 000 *voiliers* et 11 850 *vapeurs* (France, 1235), jaugeant ensemble 10 400 000 *tonneaux* (France, 900 000). *Chemins de fer*, 34 500 kilom. (France, 41 600).

PAYS-BAS

222. Le royaume des Pays-Bas est plus connu sous le nom de **Hollande**. Sur les onze **provinces** dont il se compose, trois : *Frise, Groningue* et *Drenthe*, sont comprises entre les golfes du Dollart et du Zuyderzée ; les

huit autres : *Over-Yssel*, *Gueldre*, *Limbourg*, *Brabant septentrional*, *Utrecht*, *Zélande*, *Hollande méridionale* et *Hollande septentrionale*, sont situées dans les terres basses et marécageuses des **deltas de la Meuse et du Rhin**.

223. Le **Rhin** s'y divise en plusieurs branches : *Wahal*, *Leck*, *Vieux-Rhin*, *Yssel*. Sur plusieurs points, le sol est inférieur au niveau de la mer; il est protégé par des digues immenses.

224. Parmi les **villes principales**, nous citerons : la Haye, 196, la capitale; les deux ports d'**Amsterdam**, 503, et de **Rotterdam**, 298; — à l'intérieur, *Utrecht*, 98, centre des chemins de fer hollandais; *Leyde*, 54, célèbre par son université; — au sud, *Maëstricht*, 34, dont la population est française par la langue.

225. La Hollande possède de magnifiques **colonies** : **Java**, *Sumatra* et les autres **îles de la Sonde**, une partie de *Bornéo* et de la *Nouvelle-Guinée*, dans les Indes orientales; — la *Guyane hollandaise*, *Curaçao*, etc., en Amérique.

226. **GÉOGRAPHIE ÉCONOMIQUE.** — L'agriculture des Pays-Bas est des plus productives; les prairies basses (polders) nourrissent beaucoup de chevaux et de vaches laitières.

Mais l'industrie est entravée par le manque de houille; la *construction des navires*, quelques *filatures* et *tissages*, la *taille des diamants* à Amsterdam, en sont les principales branches.

227. Le commerce extérieur est plus développé qu'en aucun autre pays (1230 francs par tête, en moyenne; Angleterre, 470; France, 196).

228. **STATISTIQUE.** — *Superficie*, 33000 kil. car.; *population*, 5000000 : 152 hab. par kilom. car. *Dette publique*, 2250 millions; *budget*, 300 millions. *Commerce*, plus de 5600 millions; *marine marchande*, 440 voiliers et 170 vapeurs, jaugeant 838000 tonneaux; *chemins de fer*, 2700 kilom.

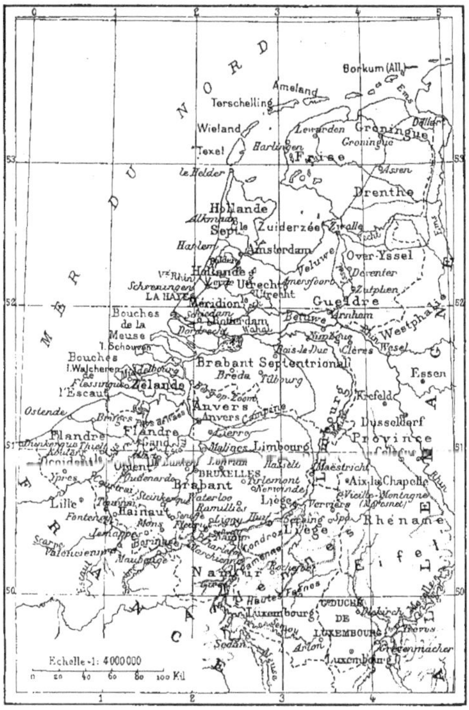

BELGIQUE[1]

229. Sur les neuf **provinces** dont se compose la Belgique, six : *Flandre occidentale*, *Flandre orientale*, *Hainaut*, *Brabant méridional*, *Anvers* et *Limbourg*, sont situées dans une plaine, basse au nord, faiblement ondulée au sud; — les trois autres : *Liège*, *Namur* et *Luxembourg*, occupent les plateaux boisés de **l'Ardenne**.

230. La plaine du nord est arrosée par l'*Escaut* et ses affluents. — La *Meuse* et ses affluents, la *Sambre*, la *Semoy*, etc., traversent l'Ardenne en coulant dans des vallées **extrêmement profondes**.

231. Les **villes principales** de la Belgique sont : **Bruxelles**, 205 (450, avec les faubourgs), grande et belle ville sur la Senne; **Anvers**, 271, la principale place de guerre et le grand port de commerce du royaume; **Liège**, 168, cité manufacturière, renommée pour ses fabriques d'armes; **Gand**, 160, au confluent de l'Escaut et de la Lys. Ces villes et un grand nombre d'autres, *Bruges*, *Ypres*, *Malines*, *Louvain*, etc., que l'industrie avait rendues si florissantes, possèdent de splendides églises et de magnifiques hôtels de ville.

232. **L'État indépendant du Congo**, dont le roi des Belges est souverain, est, de fait, sinon en droit, une colonie de la Belgique.

233. **GÉOGRAPHIE ÉCONOMIQUE.** — La Belgique est un **pays agricole et manufacturier**. La plaine du nord est très productive, sauf dans les terres sablonneuses de la Campine; mais il n'en est pas de même de l'Ardenne, marécageuse et froide.

En revanche la région des Ardennes possède de riches **mines de houille et de fer**. La Belgique extrait annuellement près de 21 millions de tonnes de houille (France, 31); Liège, Charleroi et Mons (Borinage) sont les principaux centres d'extraction.

234. **L'industrie manufacturière** est partout très active. Verviers fabrique des *draps*, Courtrai des *toiles*, Malines et Louvain des *dentelles*, Gand des *tissus de coton*, Liège et Seraing des *machines* et des *armes*, etc.

235. **STATISTIQUE.** — *Superficie*, 29460 kil. car.; *population*, 6586000; 224 hab. par kil. car.; *dette publique*, 2600 millions; *budget*, 425 millions. *Commerce extérieur*, 3250 millions; *marine marchande*, 5 voiliers et 56 vapeurs, jaugeant 85000 tonneaux; *chemins de fer*, 4500 kilom.

LUXEMBOURG

236. Le grand-duché de Luxembourg (2600 kil. car.; 220000 hab.), capitale *Luxembourg*, est situé au sud-est de la Belgique. C'est un État indépendant qui fait partie de l'union douanière allemande.

[1] En vertu du droit public européen, la Belgique, reconnue trop faible pour lutter contre ses voisins, jouit des avantages d'une neutralité perpétuelle. Elle devrait donc se regarder comme étant à l'abri de toute tentative d'invasion. Mais il arrive aussi quelquefois que la force supprime le droit et rend illusoires les plus sérieuses garanties. C'est pour cela que le gouvernement belge a cru devoir prendre des mesures propres à faire respecter la neutralité du pays. Dans ce but, au camp retranché d'*Anvers*, qui existe depuis longtemps, il a ajouté plus récemment les fortifications de *Liège* et de *Namur*, pour intercepter la route naturelle de Paris à Cologne et à Berlin. L'armée belge est relativement considérable.

La Suisse est également un État neutre, que protège d'ailleurs la nature de son sol, tout hérissé de montagnes, et que ses vaillants habitants sauraient défendre au besoin. L'armée permanente ne comprend que l'effectif nécessaire pour grouper, en cas de guerre, tous les hommes valides.

SUISSE

237. **GÉOGRAPHIE PHYSIQUE.** — La Suisse est couverte de hautes montagnes sur les deux tiers au moins de sa surface : les **Alpes**, au sud, au centre et à l'est, et le **Jura**, à l'ouest, enserrent une haute **plaine** qui s'étend du Léman au lac de Constance, dans le bassin de l'Aar.

238. La Suisse donne naissance à deux grands **fleuves**, le **Rhin** et le **Rhône**, et au *Tessin*, affluent du Pô. Le Rhin recueille, par l'*Aar*, la majeure partie des eaux du pays.

239. La Suisse est riche en **lacs** charmants; les principaux sont : le lac *Majeur*, que traverse le Tessin; le *Léman*, où le Rhône purifie ses eaux troubles; le *lac de Constance*, formé par le Rhin. Tous les autres, *lacs de Zurich, des Quatre cantons, de Brienz, de Thoune, de Neuchâtel* et *de Bienne*, appartiennent au bassin de l'Aar.

240. **GÉOGRAPHIE POLITIQUE.** — La Suisse est une république fédérative composée de **22 cantons.**

241. Six de ces petites républiques cantonales, *Schaffouse*, *Bâle*, *Soleure*, *Neuchâtel*, *Vaud* et *Genève*, sont situées dans la région du Jura; — six, *Fribourg*, *Berne*, *Lucerne*, *Argovie*, *Zurich* et *Thurgovie*, dans la haute plaine; — les dix autres, *Appenzell*, *Saint-Gall*, *Glaris*, *Zug*, *Schwiz*, *Unterwalden*, *Uri*, *Grisons*, *Tessin* et *Valais*, appartiennent à la région alpestre.

242. La Suisse n'a point de grandes villes; les plus considérables sont: **Berne**, 55, sur l'Aar, capitale de la république; *Bâle*, 98, cité industrielle sur le Rhin; *Zurich*, 146, ville savante et grand centre industriel; enfin **Genève**, 82, à l'extrémité du Léman, enrichie par le concours des étrangers.

243. **GEOGRAPHIE ÉCONOMIQUE.** — La Suisse est un pays agricole et industriel. Elle possède de nombreux *pâturages*, qui nourrissent beaucoup de *vaches laitières*. — **L'industrie** utilise, dans un grand nombre de *filatures* et de *tissages*, la force motrice fournie par les chutes d'eau. L'*horlogerie* est localisée dans les vallées du Jura; *la Chaux-de-Fonds* et *Genève* sont les deux centres de cette industrie. Mais la principale source de la richesse des Suisses est encore l'*exploitation des touristes étrangers*, qui viennent chaque année, par centaines de mille, visiter les montagnes, les glaciers et les lacs.

244. Le **commerce** de la Suisse s'élève à près de 1860 millions. Les principaux articles d'exportation sont, en première ligne, les *tissus de coton et de soie* et l'*horlogerie*; en second lieu viennent les *fromages*, le *lait condensé*, etc.

245. **STATISTIQUE.** — *Superficie*, 41 346 kilom. car.; *population*, 3 040 000; 73 hab. par kilom. car. — *Dette publique*, 84 millions; *actif de l'État*, 188 millions; *budget*, 92 millions; — *commerce extérieur*, 1 860 millions; *chemins de fer*, 3800 kil.

J. Thuillier, del.

AUTRICHE-HONGRIE

246. **GÉOGRAPHIE PHYSIQUE.** — Toute la partie occidentale de l'Autriche, comprise entre le Danube et l'Adriatique, est hérissée de montagnes, ramifications des **Alpes**; une branche va, sous le nom d'*Alpes Dinariques*, se souder aux massifs de la péninsule des Balkans.

247. Toute la partie de la Hongrie située sur la rive gauche du Danube est entourée par la chaîne des **Karpathes**, qui se développe en un vaste demi-cercle, sous les divers noms de *Petites Karpathes*, *Fatra*, *Tatra*, *Beskides*, *Karpathes* proprement dites, et *Alpes de Transylvanie*.

248. Enfin les hauteurs moins élevées du *Bœhmer-Wald*, des monts Métalliques (*Erz-Gebirge*), des monts des Géants (*Riesen Gebirge*) et des *Sudètes*, forment la ceinture de la Bohême.

249. La *Bohême*, la *Moravie*, la *Galicie* et la *Transylvanie*, sont des régions de **plateaux**. — La Hongrie occupe une grande **plaine**, nue, sans arbres, et d'une monotonie désespérante, qui s'étend des dernières ramifications des Alpes aux premiers soulèvements du plateau transylvain.

250. Les principaux **cours d'eau** de l'empire austro-hongrois sont, en premier lieu : le **Danube**, avec ses affluents la *Drave* et la *Save*, sur la rive droite, et la *Theiss*, sur la rive gauche; — en second lieu, l'*Elbe* supérieure et son affluent la *Moldau*, qui recueillent les eaux de la Bohême; — enfin l'*Oder*, la *Vistule*, le *Dniester*, etc., qui prennent naissance au nord des Karpathes.

La Hongrie renferme le *lac Balaton*.

251. **GÉOGRAPHIE POLITIQUE.** — L'empire austro-hongrois se compose de deux États, l'*empire d'Autriche* et le *royaume de Hongrie*, réunis sous le sceptre d'un même souverain, mais pourvus chacun d'un gouvernement distinct.

252. Sur les **14 provinces** qui composent l'**empire d'Autriche**, deux : la *Dalmatie* et l'*Istrie*, sont situées sur l'Adriatique; sept : la *Carniole*, la *Styrie*, la *Carinthie*, le *Tyrol*, le duché de *Salzbourg*, la *haute Autriche* et la *basse Autriche*, dans la région alpestre; cinq : la *Bohême*, la *Moravie*, la *Silésie* autrichienne, la *Galicie* et la *Bukovine*, à l'extérieur du demi-cercle formé par les Karpathes.

253. Les **villes** principales de l'empire d'Autriche sont, après **VIENNE**, 1365, la capitale, jolie ville, industrielle et commerçante, bâtie sur la rive droite du Danube : le port militaire de *Pola*, 40, et le port commerçant de **Trieste**, 160, sur l'Adriatique; — *Gratz*, 115, capitale de la Styrie; *Salzbourg*, 28, renommée pour la beauté de ses environs; *Linz*, 48, sur le Danube; — **Prague**, 184, sur la Moldau, capitale de la Bohême; *Brunn*, 95, capitale de la Moravie; — dans la Galicie, *Cracovie*, 76, l'ancienne capitale, et *Lemberg*, 128, la capitale actuelle; enfin, dans la Bukovine, *Czernowitz*, 57, sur le Pruth.

254. Le **royaume de Hongrie** comprend la *Hongrie*, qui en forme la partie principale; la *Transylvanie*, à l'est; la *Slavonie* et la *Croatie*, au sud-ouest.

255. Les **villes** principales sont : **Buda-Pesth**, 518, la capitale, sur les deux rives du Danube; *Szégédin*, 87, sur la Theiss; *Temeswar*, ancienne capitale du banat; — *Agram*, 37, sur la Save, principal centre littéraire et

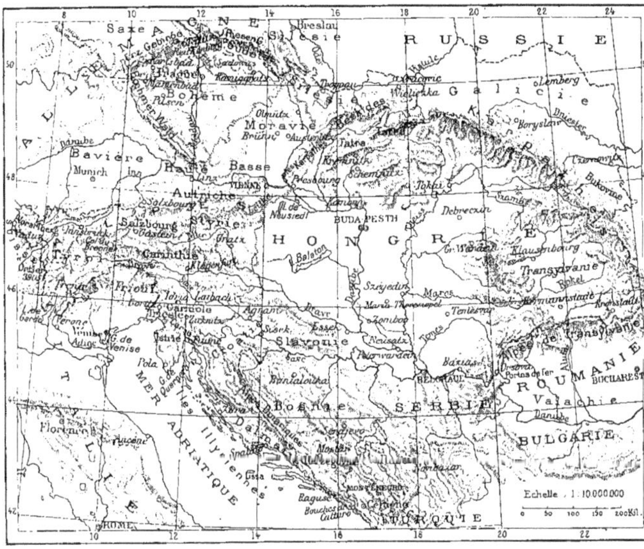

politique des Slavons et des Croates; et *Fiume*, 29, port franc, sur le golfe de Quarnero.

256. Depuis 1878, l'Autriche occupe et administre les deux provinces de **Bosnie**, cap. *Sérajévo*, et d'**Herzégovine**, cap. *Mostar* (51 000 kilom. car.; 1 570 000 hab.), qui font pourtant encore officiellement partie des États du sultan.

257. **GÉOGRAPHIE ETHNOGRAPHIQUE**. — Nul État européen ne renferme une population composée d'éléments plus divers que l'Autriche-Hongrie : on y parle une vingtaine de langues, et il s'y publie des journaux et revues en dix-sept idiomes différents. Le fond de la population appartient aux quatre grandes familles *allemande, slave, magyare* et *latine*.

258. Les **Allemands** (environ 10 millions) peuplent les provinces occidentales et ont de nombreuses colonies en Hongrie. Inférieurs aux Slaves par le nombre, ils ont cependant, dans l'ensemble de la monarchie, la supériorité que donnent la culture intellectuelle, l'union que crée la communauté de langue, de souvenirs et d'aspirations, et aussi l'exercice du pouvoir, qu'ils ont été seuls à détenir durant de longs siècles.

259. Les **Slaves** (environ 17 millions), dont le nom (slave, esclave) rappelle la dure sujétion dans laquelle ils furent longtemps maintenus par les Allemands, ont sur ceux-ci l'avantage du nombre; mais ils sont divisés en un grand nombre de nationalités, dont chacune a sa langue spéciale, avec ses aspirations et ses intérêts particuliers : enfin une dernière cause de leur infériorité politique, c'est qu'ils sont partagés entre les deux États qui composent l'empire. Les **Slaves du Nord**, *Tchèques* (7 millions), en Bohême; *Moraves*, en Moravie; *Polonais* et *Ruthènes*, dans la Galicie et la Bukovine, appartenant aux États autrichiens, sont dominés par l'élément allemand. — Les *Slovaques* de la Hongrie septentrionale, et les **Slaves du Sud**; *Slovènes*, dans la Carniole; *Esclavons*, dans la Slavonie; *Serbes* et *Croates*, dans la Croatie, l'Istrie, la Bosnie et l'Herzégovine, dépendent de la couronne de Hongrie, où les Magyars ont la prépondérance.

260. Les **Magyars** (environ 7 millions et demi) habitent la plaine de la Hongrie et la Transylvanie orientale. Ils descendent de ces terribles Hongrois (Huns, ogres), qui firent trembler l'Europe au IXe siècle.

261. Les populations de l'empire qui se rattachent à la famille **latine** sont les *Italiens* du Trentin, les *Ladins* du Frioul et de Goritz, et les *Roumains* (plus de 2 millions et demi) de la Transylvanie.

262. A ces éléments déjà si variés il faut ajouter les *Juifs* (plus d'un million et demi), maîtres du commerce, de la presse, des chemins de fer, de l'industrie; et environ 100 000 *Tziganes* (Bohémiens), en Hongrie et parmi les Slaves du Sud.

263. L'unité religieuse n'existe pas beaucoup plus que l'unité politique parmi les populations de l'Autro-Hongrie. Les trois quarts, il est vrai, sont catholiques, mais ils appartiennent à trois *rites* différents, *romain* (28 millions), *grec-uni* (parmi les Slaves) et *arménien*. — On compte 3 millions de *grecs schismatiques* parmi les populations slaves. — Ce sont elles aussi, avec les Magyars, qui fournissent les neuf dixièmes des 3 millions et demi de protestants, *luthériens, calvinistes, unitariens*, etc., que renferme la monarchie. — N'oublions pas les *Juifs* (1 860 000).

264. Le morcellement des populations austro-hongroises en tant de nationalités rivales et jalouses, dont les traditions historiques, les sentiments religieux, les aspirations et souvent les intérêts sont contraires, est une source de difficultés sans cesse renaissantes et une cause de faiblesse pour la monarchie. Le système dualiste, qui l'a scindée en deux États distincts, n'a donné satisfaction à l'orgueil des Magyars qu'en mécontentant les autres peuples, surtout les Slaves, qui, forts de leur nombre, aspirent à jouer un rôle moins effacé. Le seul lien qui maintient un semblant d'unité dans cet assemblage incohérent consiste dans les sentiments de respect, d'affection et de fidélité que tous portent à la personne du souverain : lien fragile, surtout à notre époque.

265. **GÉOGRAPHIE ÉCONOMIQUE**. — Le sol de l'empire austro-hongrois se partage ainsi : un tiers en *forêts*, bien aménagées et productives dans les Alpes, dévastées dans les Karpathes; — un tiers en *pâturages* et *prairies*, nourrissant beaucoup de *bœufs*, de *moutons*, et plus de *chevaux* qu'aucun autre pays, sauf la Russie; — enfin un tiers en *cultures*, produisant des *céréales* (principalement dans la plaine hongroise), des *plantes industrielles*, parmi lesquelles la betterave à sucre (Bohême) occupe le premier rang; et des *vins*, dont les plus renommés sont ceux de Tokai (Hongrie).

266. L'empire est riche en **mines** de *fer* (provinces alpestres et Bohême); de *houille* (Bohême, Silésie, Moravie, Galicie, etc.); la production dépasse celle de la France; — de *sel*, en Transylvanie et à Wieliczka, près de Cracovie, etc.

267. Toute la moitié sud-orientale de la monarchie, à partir d'une ligne qui irait de Trieste à Lemberg, est à peu près dépourvue d'industrie manufacturière; au contraire, la basse Autriche et la Bohême, avec la Silésie et la Moravie, sont couvertes d'usines de tout genre pour le travail des *métaux* et la mise en œuvre de la *laine*, du *lin*, du *coton*, etc. De plus, la Bohême fabrique des *cristaux* renommés, des *instruments de musique*, du *sucre* de betterave et beaucoup de *bière*.

268. **STATISTIQUE**. — SUPERFICIE de l'empire austro-hongrois, 625 000 kil. car. (France, 536 000); POPULATION, 43 millions et demi (France, 38); par kil. car., 69 (France, 72). — **ARMÉE**, 350 000 hommes (France, 615 000); MARINE MILITAIRE, 140 *bâtiments* (France, 400) portant 860 *canons* et montés par 8 000 *matelots* (France, 44 000). — **FINANCES** : *Dette publique*, 16 milliards (France, 35); *budget*, 2 990 millions (France, 3 440). — *Commerce général*, 4.2 milliards (France, 7 ½); *marine marchande*, 1 850 *voiliers* et 233 *vapeurs* (France, 1 235), jaugeant ensemble 270 000 *tonnes* (France, 900 000); *chemins de fer*, 33 000 kilom. (France, 41 600).

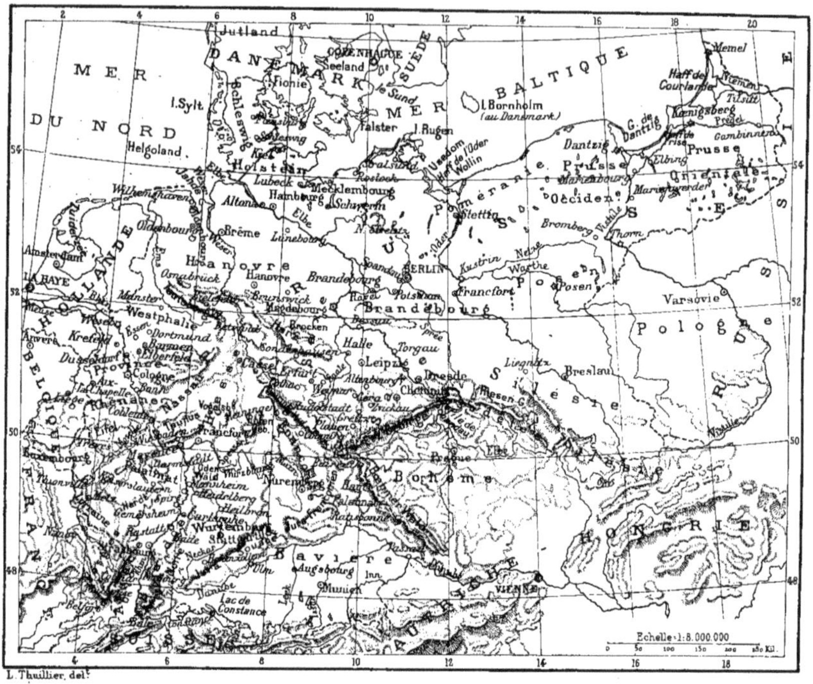

L. Thuillier, del.

EMPIRE D'ALLEMAGNE

269. GÉOGRAPHIE PHYSIQUE. — L'Allemagne comprend deux **régions naturelles** bien distinctes : **au sud** se dressent de hauts **plateaux**, traversés par des chaînes de **montagnes** d'élévation moyenne : *Vosges*, *Hardt* et *Eifel*, sur la rive gauche du Rhin ; *Forêt-Noire*, *Jura souabe et Jura franconien*, *Fichtel-Gebirge*, *Erz-Gebirge*, *Harz*, etc., entre le Rhin et l'Elbe.

270. Au nord s'étend une grande **plaine**, parsemée de *lacs* et de *marais* tourbeux, qui court le long des rivages de la mer du Nord et de la Baltique.

271. Les principaux **fleuves** de l'Allemagne sont : le *Danube*, dont elle ne possède que le cours supérieur ; — le *Rhin*, l'*Ems*, le *Wéser* et l'*Elbe*, qui se jettent dans la mer du Nord ; — l'*Óder*, la *Vistule* et le *Niémen*, tributaires de la Baltique.

272. GÉOGRAPHIE POLITIQUE. — L'**empire allemand** se compose de 25 *États* souverains et d'un territoire conquis, l'*Alsace-Lorraine*. **Les seuls États importants sont** : les royaumes de **Prusse**, de *Bavière*, de *Saxe* et de *Wurtemberg*, avec les grands duchés de *Bade*, de *Hesse* et de *Mecklembourg*. **Les autres sont insignifiants.**

273. Le **royaume de Prusse** renferme plus des trois cinquièmes de la population totale. Il se compose de 12 provinces, savoir : 4 sur la Baltique : *Schleswig-Holstein, Poméranie, Prusse occidentale, Prusse orientale* ; — 2 au **sud-est** : *duché de Posen* et *Silésie* ; — 3 au **sud** : *Brandebourg*, *Saxe prussienne* et *Hesse-Nassau* ; — 3 à l'ouest : *province Rhénane*, *Westphalie* et *Hanovre*.

274. La **Prusse** a pour capitale **Berlin**, 1680, sur la Sprée, ancien chef-lieu du **Brandebourg**, aujourd'hui cap. de l'empire allemand ; la forteresse de *Spandau* et *Potsdam* sont des dépendances naturelles de Berlin.

275. Parmi les autres **villes** de la Prusse, nous citerons : *Kiel*, dans le **Holstein**, port de guerre sur la Baltique ; un canal maritime le fait communiquer avec la mer du Nord ; — *Stettin*, 140, dans la **Poméranie** ; *Dantzig*, 125, dans la **Prusse occidentale**, et *Kœnigsberg*, 173, dans la **Prusse orientale**, ports de guerre et de commerce ; — *Posen*, place très forte, dans le **duché** de ce nom ; — **Breslau**, 378, chef-lieu de la **Silésie prussienne**.

276. Dans la **Saxe** prussienne, *Halle*, 116, et *Magdebourg*, 214, villes industrielles : Magdebourg, sur l'Elbe, est une place forte de premier ordre ; *Francfort-sur-le-Main*, 229, dans la province de **Hesse-Nassau**, l'un des principaux marchés d'argent du monde entier ; *Wiesbaden*, la plus somptueuse des villes de bains de l'Allemagne.

277. Dans la **province rhénane**, les places fortes de *Coblentz* et **Cologne**, 322, sur le Rhin ; *Aix-la-Chapelle*, 126, qui fut la résidence favorite de Charlemagne ; les villes industrielles de *Dusseldorf*, 176 ; *Krefeld*, 107 ; *Elberfeld*, 140 ; *Barmen*, 127 ; *Essen* (usines Krupp), 96, avec nombre d'autres grandes cités manufacturières du bassin houiller de la Ruhr. — Dans l'ancien royaume **de Hanovre**, *Hanovre*, 165, la capitale.

278. La **Bavière** a pour villes principales : **Munich**, 410, la capitale, riche en musées d'art, et *Nuremberg*, 162, célèbre par ses jouets. — **La Saxe** : **Dresde**, 336, la capitale ; **Leipzig**, 400, siège de la cour de cassation de l'empire, ville très commerçante ; *Chemnitz*, 161, cité manufacturière. — **Le Wurtemberg** : **Stuttgart**, 158, la capitale.

279. Le grand-duché de **Bade**: **Carlsruhe**, 84, la capitale. — Le grand-duché de **Hesse**: *Mayence*, 77, place très forte au confluent du Main et du Rhin. — Enfin il reste à citer **les trois villes libres** et grands ports de commerce: *Brême*, 142, sur le Wéser; **Hambourg**, 625, sur l'Elbe, avec *Altona*, 149, pour avant-port; et *Lubeck*, 70, sur la Baltique.

280. L'**Alsace-Lorraine**, allemande de force, mais française de cœur, renferme les places fortes de *Strasbourg*, 136, et de *Metz*, 60, avec la ville industrielle de *Mulhouse*, 83.

281. L'Allemagne possède plusieurs **colonies**: l'*Afrique orientale allemande*, l'*ouest africain allemand;* les territoires de *Cameroun* et de *Togo*, sur le golfe de Guinée; — en Océanie, la *partie nord-est de la Nouvelle-Guinée*, l'archipel de la *Nouvelle-Bretagne*, les *Mariannes*, les *Carolines*, etc.

282. **GÉOGRAPHIE ÉCONOMIQUE.** — L'a**griculture** allemande produit surtout du *seigle*, des *pommes de terre*, des *betteraves à sucre*, et des *vins* sur les coteaux du Rhin. La plaine du nord nourrit d'excellents *chevaux*.

283. Les **mines** les plus productives sont celles de *houille* (120 millions de tonnes; France, 31), de *fer*, de *zinc*, de *plomb*, de *cuivre*, d'*argent* et de *sel*.

284. L'**industrie** allemande fabrique surtout des *objets en fer* et en *acier*, des *tissus* et des *jouets*.

285. **STATISTIQUE.** — SUPERFICIE, 540000 kilom. car. (France, 536000); POPULATION, 52 millions (France, 38); par kilom. car., 97 (France, 72). — ARMÉE, 600000 hommes (France, 615000); MARINE MILITAIRE, 97 *bâtiments* (France, 400), montés par 26000 *hommes* (France, 44000). — *Dette publique* de l'empire, 2735 millions; des États, 13 milliards (France, 35); *budget national*, 1820 millions; des États, 3530 millions (France, 3440 millions, plus 1300 millions de budgets locaux). — *Commerce spécial*, 10200 millions (France, 7600); MARINE MARCHANDE, 3700 *navires*, dont 1171 *vapeurs* (France, 1235), jaugeant ensemble 1555000 *tonnes* (France, 900000); *chemins de fer*, 48650 kilom. (France, 41600).

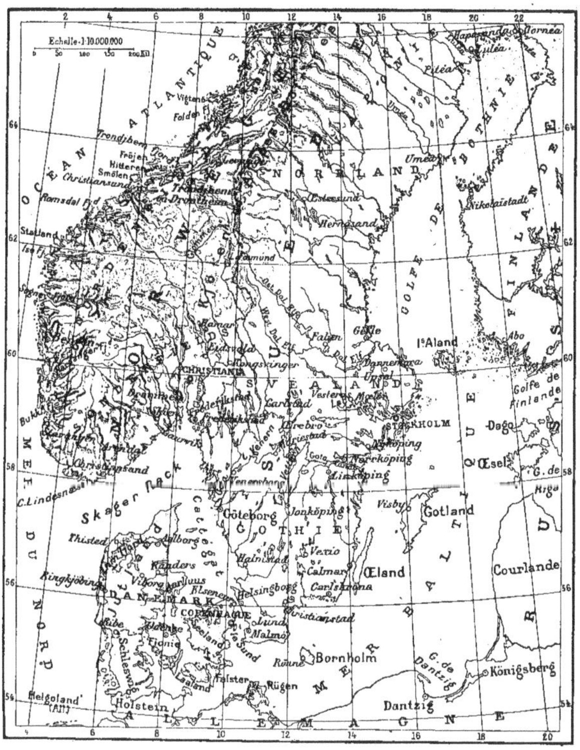

DANEMARK

286. Le Danemark, pays plat et marécageux, se compose de la partie septentrionale du *Jutland* et des îles *Séeland*, *Fionie*, *Laaland* et *Bornholm*, situées dans la mer Baltique.

287. La capitale, **Copenhague**, 334, dans l'île Séeland, est un port de commerce considérable. — Les deux autres villes les plus peuplées sont: *Aarhuus*, dans le Jutland, et *Odense*, dans l'île Fionie.

288. Le Danemark possède plusieurs **colonies**: les îles *Féroer*, l'*Islande*, la côte occidentale du *Groenland*, et trois des *petites Antilles*.

289. L'*élevage* des bestiaux, qui sont proportionnellement plus nombreux en Danemark qu'en aucun autre pays d'Europe, la *culture* des terres et la *pêche* sont les principales sources de la richesse des Danois.

SUÈDE ET NORWÈGE

290. **GÉOGRAPHIE PHYSIQUE.** — La Norwège est couverte par les *Dofrines* ou *Alpes scandinaves*, dont la mer du Nord vient battre le pied; la côte est entaillée de golfes profonds et étroits (*fjords*), qui s'enfoncent jusqu'au cœur des montagnes, et frangée d'une double ou triple ceinture d'*îles* et d'*îlots*. Sur le versant suédois, le sol s'abaisse, en terrasses échelonnées, jusqu'aux plaines qui bordent le golfe de Bothnie et la mer Baltique.

291. La Suède renferme une quarantaine de **lacs** dépassant 100 kilom. car. d'étendue; les plus considérables sont les lacs *Venern*, *Vettern* et *Mœlar*.

292. **GÉOGRAPHIE POLITIQUE.** — La Suède et la Norwège forment deux États complètement distincts, sous un même roi.

293. Les **villes** principales sont: en **Suède**, **Stockholm**, 289, la capitale, sur le lac Mœlar; *Norköpping*, grand centre industriel; enfin les deux ports commerçants de *Malmö* et de *Göteborg*, 120; — en **Norwège**, **Christiania**, 150, la capitale, ville industrielle et commerçante; et les ports de *Drammen*, *Stavanger*, *Bergen* et *Trondjhem*.

294. **GÉOGRAPHIE ÉCONOMIQUE.** — Les *terrains improductifs* occupent les deux tiers du sol de la Scandinavie, les *forêts* environ un quart, les *cultures* un quinzième en Suède et un centième seulement en Norwège. Le reste se compose de *prairies*.

295. La principale **industrie** de la Scandinavie est l'*exploitation des bois*. — La Norwège possède la plus forte *marine à voiles* du monde, après celle de l'Angleterre.

STATISTIQUE	DANEMARK	SUÈDE	NORWÈGE	*FRANCE*
Étendue (kilomètres carrés).	38 300	450 000	323 000	536 000
Population (millions d'hab.)	2.3	5	2	38
Habitants par kilomètre carré.	60	11	6	72
Commerce (millions de fr.).	940	980	600	7 600
Marine (bâtiments)	3650	2 769	7 200	15 530
— (tonnage).	345 000	500 000	1 085 000	900 000
Chemins de fer (kilomètres).	2450	10 225	1 950	41 600

RUSSIE

296. **GÉOGRAPHIE PHYSIQUE.** — La Russie d'Europe se compose d'une **plaine** immense, qui s'étend des bords de l'océan Glacial aux rivages de la mer Noire et de la Caspienne. Les hauteurs les plus élevées qui la traversent (*plateau de Valdaï*) n'atteignent même pas l'élévation de nos collines de Normandie.

297. A l'est, la chaîne des **monts Ourals** sert de limite entre l'Europe et l'Asie sur une longueur de 3000 kilomètres; son plus haut sommet n'a pas 1700 mètres d'altitude.

298. Le **climat** de la Russie est tout différent de celui de l'Europe occidentale : ses principaux caractères sont la *prédominance des vents* d'est, la *rareté* et l'*insuffisance des pluies*, et surtout un *écart énorme entre les froids de l'hiver et les chaleurs de l'été*. L'hiver dure, sans discontinuer, 5 à 6 mois dans le sud, 7 à 8 dans le nord, et il est partout très rigoureux. Astrakan, à l'embouchure du Volga, a des hivers plus froids qu'Hammerfest (Norwège), située près du cap Nord, et des étés aussi chauds que Naples. Le thermomètre y descend jusqu'à 30° au-dessous de zéro, pour remonter jusqu'à 40° au-dessus.

Ces caractères du climat de la Russie trouvent leur explication dans l'éloignement de l'Atlantique.

299. **Les fleuves russes ont un cours lent**, à cause de l'horizontalité du sol, et un faible débit, par suite de l'insuffisance des pluies. Ils suivent deux directions opposées.

300. **Les principaux fleuves de la Russie sont :**

Dans le **versant du Nord** : la *Petchora* et le *Mezen*, qui se jettent dans l'océan Glacial; la *Dwina*, tributaire de la mer Blanche; la *Duna*, le *Niémen* et la *Vistule*, qui débouchent dans la mer Baltique.

301. Dans le **versant du Sud** : le *Dniester* et le *Dniéper*, qui portent leurs eaux à la mer Noire; le *Don*, tributaire de la mer d'Azof; enfin le *Volga*, le plus long fleuve d'Europe, et l'*Oural*, qui se jettent dans la Caspienne.

302. La Russie renferme **les plus grands lacs** de l'Europe; ils sont groupés autour du golfe de Finlande. Les principaux sont : au sud du golfe, les lacs *Péipous* et *Ilmen;* à l'est, les lacs *Onéga* et *Ladoga*, qui ont pour émissaire la *Néva*, le fleuve de Saint-Pétersbourg; au nord, les innombrables **lacs de la Finlande**, dont le plus considérable est le *Saïma*.

303. **GÉOGRAPHIE POLITIQUE.** — La partie européenne de l'empire russe se divise **en 68 gouvernements**, et comprend :

1° Le *grand-duché de Finlande*, qui conserve encore une certaine indépendance administrative.

2° L'ancien *royaume de Pologne*, traité en pays conquis.

304. 3° **La Russie** proprement dite, dont les principales régions sont : à l'ouest, les *provinces Baltiques* (Esthonie, Livonie et Courlande), la *Lithuanie*, la *Russie Blanche* et la *Petite Russie;* — au sud, la *Bessarabie* et la *Nouvelle Russie*, dont fait partie la presqu'île de Crimée; — au centre, la *Grande Russie* ou *Moscovie*, qui s'étend de la province du Don à l'océan Glacial; — enfin la *Russie orientale*, à l'est.

305. **Les villes principales sont :**

Dans la Finlande, *Helsingfors*, 77, la capitale, port de commerce; — dans les **provinces Baltiques**, **Saint-Pétersbourg**, 1265, la capitale de tout l'empire, ville magnifique, fondée en 1703 par Pierre le Grand, à l'embouchure de la Néva; le port militaire de *Kronstadt* en défend les abords; *Riga*, 280, grand port de commerce.

306. Dans la **Pologne russe**, **Varsovie**, 640, la capitale de l'ancien royaume; *Lodz*, 315, ville industrielle, enrichie par ses manufactures de coton; *Vilno*, 159, la ville principale de la Lithuanie; — dans la **Russie-Blanche**, *Bobruisk* et *Brest-Litovsk*, importantes places de guerre.

307. Dans la **Petite-Russie**, **Kief**, 247, sur le Dniéper, la ville sainte des Russes; et *Kharkof*, 174, renommée pour ses foires; — dans la **Nouvelle-Russie**, *Odessa*, 405, port de commerce sur la mer Noire, l'un des principaux marchés de grains du monde entier; les ports militaires de *Nicolaïef*, principal arsenal de la flotte russe, et de *Sébastopol*, dans la Crimée.

308. Dans la **Grande-Russie** ou **Moscovie**, **Moscou**, 1035, ancienne capitale de l'empire, dont elle est restée le centre national, ville industrielle et commerçante; *Nijni-Novgorod*, 95, sur le Volga, célèbre par sa foire annuelle, qui dure du 15 juillet au 25 août.

309. Dans la **Russie orientale**, *Kazan*, 134, sur le Volga, autrefois capitale d'un puissant royaume tartare; *Astrakan*,113, port de pêche et de commerce, en relation avec la Perse.

310. La *Russie d'Europe* n'est que la moindre partie (à peine le quart) de l'**empire russe**, qui comprend en outre la *Caucasie*, l'*Asie centrale* et la *Sibérie*, pays immenses, mais à peine peuplés.

311. **GÉOGRAPHIE ETHNOGRAPHIQUE.** — La **population** de la Russie d'Europe s'élève à un peu plus de 105 millions, soit 20 habitants par kilomètre carré, en moyenne. Dans la Pologne, la Petite Russie et le gouvernement de Moscou, elle dépasse 60 habitants par kilomètre, tandis qu'elle n'est que de 3 par dix kilomètres dans le gouvernement d'Arkhangel. La population de tout l'empire dépasse actuellement 130 millions, et l'accroissement annuel 1 million et demi.

312. Les cinq sixièmes environ appartiennent à la **race slave**, qui comprend : 1° les **Russes**, divisés en *Grands Russiens* ou *Moscovites*, *Blancs Russiens* et *Petits Russiens;*

2° Les *Polonais*, les *Ruthènes* et les *Lithuaniens*, groupés le long des frontières prussienne et autrichienne.

A ces éléments il faut ajouter les *Allemands*, nombreux dans les provinces Baltiques; — les *Finlandais*, les *Vogoules*, les *Samoyèdes* et autres populations d'origine finnoise, dans le bassin de l'océan Glacial; — des *Tartares* et des *Turcs*, dans la Russie orientale; — enfin des *Juifs*, disséminés en Pologne et dans les provinces occidentales.

313. Les Polonais et la **majeure** partie des Ruthènes sont *catholiques* (7 à 8 millions); les Finlandais et les Allemands *protestants;* les Turcs et les Tartares *musulmans*. Presque tous les Russes appartiennent au *schisme grec* ou à des sectes sorties de son sein.

314. **GÉOGRAPHIE ÉCONOMIQUE.** — Les neuf dizièmes environ de la population russe vivent de l'**agriculture**. La Pologne, la Bessarabie et surtout la région dite des *terres noires* (Tchernoziom), comprise entre le cours moyen du Dniéper et celui du Volga, produisent du *blé*, beaucoup de *seigle* et de *pommes de terre*. Les terres pauvres du nord ne récoltent que de l'*avoine*. On cultive la *betterave à sucre* sur une grande échelle dans les provinces du sud-ouest, le *lin* et le *chanvre* dans les provinces baltiques et dans le bassin supérieur du Volga.

315. La Russie nourrit plus de **chevaux** que tout autre pays; leur nombre dépasse 20 millions (France, moins de 3 millions), soit 20 chevaux pour 100 habitants (France, 8).

316. **La pêche** est très active dans la Caspienne, à l'embouchure du Volga, dans la mer d'Azof et dans l'océan Glacial; elle fournit une énorme quantité de poisson (250 millions de kilogrammes par an), ressource précieuse dans un pays où la religion impose l'abstinence durant un tiers de l'année.

317. Au point de vue de la valeur agricole, le sol russe se divise de la manière suivante : un tiers est occupé par des **terrains improductifs** (*toundras* ou marais glacés du nord, *steppes* salés du bas Volga, etc.); un tiers se compose de **forêts**, qui couvrent des gouvernements presque entiers dans le centre de la Grande Russie et dans la Russie orientale; enfin le dernier tiers comprend les **terres cultivées** (22 pour cent de l'ensemble du territoire) et les **prairies** (12 pour cent).

318. La région des **Terres noires**, deux fois grande comme la France, est d'une fertilité prodigieuse.

Mais la culture est **arriérée**; le tiers des champs reste en jachère, sans rien produire, et ceux qui sont ensemencés ne donnent guère que le quart de ce que produisent les campagnes de la France et de l'Angleterre sur une égale étendue.

319. Le **régime de la propriété** est lui-même très défectueux. Près de la moitié du sol (47 pour cent) appartient à l'empereur ou à sa famille, près du quart (23 pour cent) à la noblesse, et un peu moins du tiers (30 pour cent) aux paysans (moujiks). — Ceux-ci, dans la Grande Russie et la Russie orientale, ne possèdent généralement en propre qu'une maison et un jardin; les terres sont la **propriété collective** de la commune (mir), qui les distribue entre les familles, d'après le nombre de bras dont elles disposent, pour une période de 3, 5, 10, et quelquefois 20 ans; ce temps écoulé, il est procédé à un nouveau partage.

L. Thuillier, del.t

320. La Russie possède, dans l'Oural, de riches **mines** de *fer*, de *cuivre*, de *platine*, d'*argent* et d'*or;* des sources de *pétrole* très abondantes dans le Caucase, à Bakou; des *houillères* sur plusieurs points de la plaine.

321. **L'industrie** manufacturière fait de rapides progrès. Les gouvernements de Perm et de Toula possèdent de grands *établissements métallurgiques*. On fabrique beaucoup de *cotonnades* dans les environs de Moscou et en Pologne. Les usines pour le *filage* et le *tissage du lin* sont nombreuses dans le bassin du haut Volga.

322. Le **commerce extérieur** de la Russie est à peine supérieur à celui de la Belgique. Les *céréales* sont le principal article d'exportation.

Les **ports** les plus commerçants sont: *Saint-Pétersbourg* et *Riga*, sur la Baltique; *Odessa*, sur la mer Noire. — Pour le commerce intérieur, l'énorme développement des **fleuves navigables** (37000 kilom.), tous reliés entre eux par des **canaux**, supplée à l'insuffisance des chemins de fer.

323. **STATISTIQUE.** — SUPERFICIE DE LA RUSSIE D'EUROPE, avec la Pologne et la Finlande, 5428000 kilom. car.; de tout l'EMPIRE RUSSE, 22430000 kil. car. (France, 536000). POPULATION DE LA RUSSIE D'EUROPE, 106 millions (France, 38); par kil. carré, 19 (France, 72); population de l'EMPIRE RUSSE, 130 millions. — ARMÉE, 896000 hommes (France, 615000). MARINE MILITAIRE, 360 *bâtiments* (France. 400), montés par 42000 *hommes* (France, 44000). — FINANCES: *dette publique*, environ 16 milliards (France, 35); *budget*, environ 4200 millions (France, 3400). — *Commerce général*, 3400 millions (France, 7 1/2); MARINE MARCHANDE, 1755 *voiliers* et 391 *vapeurs* (France, 1235), jaugeant ensemble 322000 tonneaux (France, 900000); *chemins de fer*, 37700 kilom. (France, 41600).

ROUMANIE [1]

324. **GÉOGRAPHIE PHYSIQUE ET POLITIQUE.** — Sur les trois provinces qui composent la Roumanie, deux, la *Moldavie* et la *Valachie*, sont des *plaines* sur lesquelles les *Karpathes* et les *Alpes de Transylvanie* s'abaissent par gradins boisés, de pente assez douce; la troisième, la *Dobroudja*, est un *plateau stérile*, de faible élévation. Les plaines de la Moldavie et de la Valachie sont largement arrosées par le **Danube** et par ses affluents, le *Séreth*, le *Pruth*, etc.

325. Les **villes** principales sont: *Jassy*, 66 (Juifs en majorité), capitale de l'ancienne principauté de **Moldavie**; *Galatz*, 60, port de commerce important sur le Danube; — dans la **Valachie**, **Bucharest**, 232, capitale du royaume; elle s'approvisionne par le port de *Giurgevo*, sur le Danube.

326. **GÉOGRAPHIE ÉCONOMIQUE.** — La Roumanie est un pays exclusivement agricole; il n'y existe, pour ainsi dire, pas d'industrie. La plaine produit beaucoup de **céréales**; les collines sont couvertes de *pâturages* et de *vignes*, généralement mal soignées; les montagnes sont revêtues de belles *forêts*, et renferment des *mines de houille* et des *sources de pétrole*, encore inexploitées, avec des *mines de sel* que le gouvernement exploite à son compte.

327. Les **céréales** sont le principal article d'exportation.

328. La **commission européenne du Danube**, créée en 1856 et composée de représentants des principales puissances, a son siège à *Galatz*. Elle est indépendante du gouvernement roumain et jouit de certains pouvoirs souverains sur la partie du fleuve en aval de Braïla.

329. **STATISTIQUE.** — *Superficie*, 130000 kil. car.; *population*, 5400000; 41 hab. par kilom. carré; *armée*, 60000 hommes, 13000 chevaux, 360 canons. — *Commerce*, 580 millions; *chemins de fer*, 2900 kilomètres.

[1] Consulter, pour les détails, la carte de la page suivante.

L. Thuillier. del.

PRESQU'ILE DES BALKANS

330. **GÉOGRAPHIE PHYSIQUE.** — La presqu'île des Balkans est nettement limitée au nord par le cours du Danube et de la Save. Elle est presque tout entière recouverte d'un chaos de **montagnes**, parmi lesquelles on remarque la chaîne des *Balkans*, à l'est, et la chaîne du *Pinde*, au sud.

331. Après le **Danube** et la *Save*, le principal fleuve de la péninsule est la *Maritza*.

332. **Les côtes, très découpées, présentent** les *golfes de Salonique*, d'*Égine*, de *Nauplie*, sur la mer Égée; de *Corinthe*, sur la mer Ionienne; la curieuse presqu'île *Chalcidique*, avec ses trois doigts effilés; et la presqu'île de *Morée*, que rattache au continent l'*isthme de Corinthe*, coupé par un *canal*.

333. **DIVISION POLITIQUE.** — La presqu'île des Balkans renferme quatre États indépendants, la *Serbie*, la *Turquie*, le *Monténégro* et la *Grèce*, et un État vassal de la Turquie, la *Bulgarie*.

SERBIE

334. La Serbie (48000 kilom. car.; 2 1/2 millions d'hab.) a pour capitale *Belgrade*, 59, au confluent du Danube et de la Save, tête de ligne des deux grandes voies ferrées de Constantinople et de Salonique, qui relient la péninsule au réseau de l'Europe centrale.

335. Comme tous les autres États de la péninsule, la Serbie est un pays *exclusivement agricole*. — Le *commerce* (90 millions) est peu considérable. Les principaux articles d'exportation sont les *moutons*, les *porcs* et les *pruneaux*.

TURQUIE

336. La Turquie ou **empire ottoman** ne comprend plus, en Europe, que trois provinces, la *Thrace*, la *Macédoine* et l'*Albanie*, avec quelques **îles**, dont la principale, la *Crète* ou *Candie*, est gouvernée par un prince grec.

337. **Les villes principales** sont: **Constantinople**, 800 à 1200, la capitale, à l'entrée du Bosphore; *Andrinople*, 70, sur la Maritza; *Salonique*, 150, port de commerce, l'un des principaux débouchés de l'Europe centrale sur la Méditerranée.

338. L'*agriculture* est très arriérée; l'*industrie* à peu près nulle; le *commerce* peu développé. Les principaux articles d'exportation sont les *raisins*, la *soie* et les *céréales*.

339. **L'empire turc** comprend, **en Asie**, l'*Asie Mineure*, la *Syrie* et une partie de l'*Arabie*; — **en Afrique**, l'*Égypte* (État vassal) et la *Tripolitaine*.

340. **STATISTIQUE.** — *Superficie* de la Turquie d'Europe, 168 000 kilom. car.; 5 millions et demi d'hab.; de tout l'empire, 4 129 000 kilom. carrés, 34 millions d'hab., — *Armée*, 250 000 hommes environ. *Marine de guerre*, 120 bâtiments, 3 000 matelots. *Budget*, 425 millions.

BULGARIE

341. La Bulgarie, à laquelle s'est réunie la Roumélie orientale (ensemble 96 000 kilom. car.; 3 millions d'hab.), forme une principauté vassale du sultan. Les **villes** principales sont: dans la **Bulgarie**, *Sofia*, 47, capitale de la principauté; — dans la **Roumélie orientale**, *Philippopoli*, sur la Maritza.

342. La plaine bulgare est très fertile en *céréales*; le blé forme le principal article d'exportation (commerce, 145 millions).

GRÈCE

343. La Grèce comprend deux **provinces** continentales, la *Thessalie* et l'*Hellade*, la presqu'île de *Morée* et un grand nombre d'**îles**, l'*Eubée* et les *Cyclades*, dans l'Archipel; *Céphalonie*, *Corfou*, etc., dans la mer Ionienne.

344. **Athènes**, 112, la capitale, est surtout célèbre par ses monuments antiques; le *Pirée* lui sert de port. Parmi les autres **villes**, citons deux ports commerçants : *Hermoupolis*, dans l'île de Syra, et *Patras*, dans la Morée, sur le golfe de Corinthe.

345. Les Grecs cultivent la *vigne* et l'*olivier*, élèvent beaucoup de *moutons* et de *chèvres*, mais s'adonnent de préférence au *commerce maritime*. Les *raisins de Corinthe* et les *minerais* sont les deux principaux articles d'exportation.

346. **STATISTIQUE.** — *Superficie*, 65 000 kil. carrés; 2 1/2 millions d'hab.; *armée*, 25 000 hommes; *flotte*, 70 bâtiments, 3 000 matelots; *commerce*, 200 millions; *marine marchande*, 1100 voiliers, 118 vapeurs, ensemble 326 000 tonneaux.

MONTÉNÉGRO

347. Le Monténégro, cap. *Cettigne*, est situé entre l'Albanie et la Bosnie.

ITALIE

348. **GÉOGRAPHIE PHYSIQUE.** — L'Italie se compose d'une partie continentale, la *plaine du Pô;* d'une longue *presqu'île*, affectant la forme d'une botte; et de plusieurs *îles*, Sicile, Sardaigne, etc.

349. **La plaine du Pô** est entourée, au nord et à l'ouest, par les **Alpes**, qui s'élèvent audessus en escarpements très raides.—**La partie péninsulaire** est presque tout entière recouverte par les **Apennins**. On y trouve pourtant quelques **plaines**: la fertile *vallée de l'Arno*, en Toscane, la *Campagne romaine*, malsaine et triste, la gracieuse *Campanie*, la *Pouille*, nue et desséchée. — **La Sardaigne** et la **Sicile** sont également montueuses.

350. L'Italie renferme deux **volcans** : le *Vésuve*, près du golfe de Naples, et l'*Etna*, en Sicile.

351. Les principaux **fleuves** de l'Italie sont: le *Pô* et l'*Adige*, qui se jettent dans l'Adriatique; l'*Arno* et le *Tibre*, sur le versant occidental de la péninsule.

352. **GÉOGRAPHIE POLITIQUE.** — Le royaume d'Italie comprend les **16 provinces historiques** suivantes : au nord, la *Ligurie*, le *Piémont*, la *Lombardie*, la *Vénétie* et l'*Émilie;*

Au centre, la *Toscane*, les *Marches*, l'*Ombrie* et le *Latium;*

Au sud, la *Campanie*, les *Abruzzes*, la *Pouille*, la *Basilicate* et les *Calabres;* — les deux îles de *Sicile* et de *Sardaigne*.

353. Rome, 490, sur le Tibre, capitale du royaume, est le centre du monde chrétien, la résidence du souverain pontife.— Les États de l'Église, dont le pape a été dépossédé (1859-1870), comprenaient l'ancien *Latium*, l'*Ombrie*, les *Marches* et la *Romagne* (partie orientale de l'Émilie).

354. Parmi les autres villes de l'Italie, nous citerons :

Au nord, **Gênes**, 230, dans la **Ligurie**, le premier port de commerce du royaume; — **Turin**, 352, ancienne capitale du **Piémont**; — **Milan**, 470, dans la **Lombardie**, importante place de commerce; — **Venise**, 156, cité déchue; — *Bologne*, 150, ville principale de l'Émilie.

355. Au centre, dans la **Toscane**, **Florence**, 210, sur l'Arno, célèbre par la splendeur de ses monuments et par la richesse de ses musées; — *Livourne*, 105, port de commerce.

356. Au sud, dans l'ancien **royaume des Deux-Siciles**, **Naples**, 536, bâtie au pied du Vésuve, sur un golfe magnifique; — *Brindisi*, port à l'entrée de l'Adriatique; — dans l'île de **Sicile**, *Messine*, 153, sur le détroit de ce nom; *Catane*, 130, au pied de l'Etna, et Palerme, 288, port sur la côte septentrionale.

357. Au nord des Marches se trouve la **petite république de Saint-Marin** (8000 hab.), dont l'origine remonte à l'an 300; c'est le plus ancien État chrétien.

358. **GÉOGRAPHIE ÉCONOMIQUE.** — L'agriculture, très soignée et très productive dans la plaine du Pô et la Toscane, l'est très peu dans le reste du royaume. La récolte des céréales est insuffisante aux besoins des habitants.

359. Le *fer* de l'île d'Elbe, le *soufre* de la Sicile et les *marbres de Carrare* sont les principaux produits des mines.

360. Faute de houille, l'industrie n'a pu se développer que dans la Lombardie, où les usines utilisent la force motrice des rivières alpines. Les *soieries* de Milan, les *mosaïques* et les *glaces* de Venise jouissent d'une réputation méritée.

361. Le commerce extérieur n'atteint pas le quart de celui de la France. La soie entre pour un tiers environ dans la valeur des produits exportés; viennent ensuite l'*huile d'olive*, les *vins*, les *fruits*, le *soufre*.

362. **STATISTIQUE.** — *Superficie*, 290 000 kil. car. (France, 536); *population*, 31 500 000 hab. (France, 38); par kil. car., 109 hab. (France, 72). — *Armée*, 220 000 hommes (France, 615 000). MARINE MILITAIRE, 300 *navires* (France, 400), montés par 25 000 *hommes* (France, 44 000). FINANCES : *budget*, 1 700 millions (France, 3400); *intérêts de la dette publique*, 600 millions (France, 1050). — COMMERCE, 2 620 millions (France, 7 1/2 milliards); *marine marchande*, 6 350 navires, dont 351 vapeurs (France, 1235), jaugeant ensemble 765 000 tonneaux (France, 900 000). — *Chemins de fer*, 15 650 kilom. (France, 41 600).

ESPAGNE

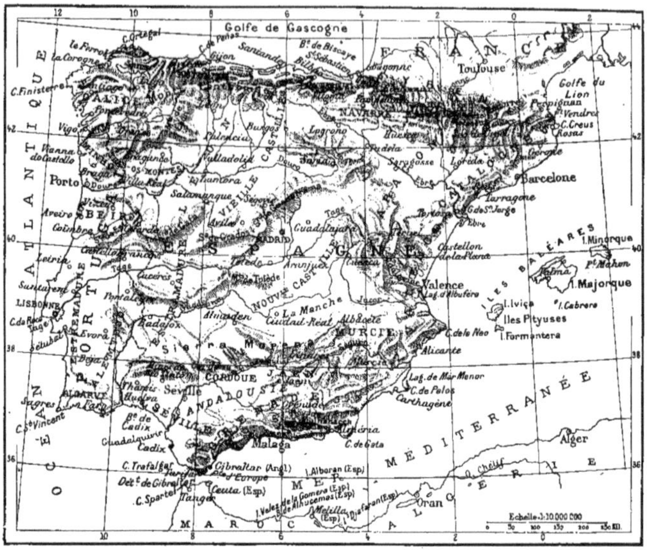

363. **GÉOGRAPHIE PHYSIQUE.** — La péninsule ibérique, dont l'Espagne occupe les cinq sixièmes, est, après la Suisse, le pays le plus élevé d'Europe. — A part la ***vallée de l'Èbre***, une ***zone maritime*** assez large, au sud-est, et la ***plaine de l'Andalousie***, au climat africain, l'Espagne ne présente que **montagnes et plateaux.**

364. Les **Pyrénées** et les ***monts Cantabriques*** en recouvrent tout le nord. — Au centre, s'étendent **deux plateaux** arides (*Vieille-Castille et Léon*, — *Nouvelle-Castille et Estramadure*), séparés l'un de l'autre par une chaîne de montagnes (*Sierras de Guadarrama, de Gata*, etc.). Le plateau méridional s'appuie sur la ***Sierra-Morena***. — La ***Sierra-Nevada*** forme un massif isolé.

365. Les **fleuves** de l'Espagne sont : l'***Èbre***, qui se jette dans la Méditerranée; le ***Guadalquivir***, le ***Guadiana***, le ***Tage***, le ***Douro*** et le ***Minho***, tributaires de l'Atlantique.

366. **GÉOGRAPHIE POLITIQUE.** — Le royaume d'Espagne renferme les **14 provinces historiques** suivantes :

Au nord-est, les *provinces Basques*, la *Navarre*, l'*Aragon* et la *Catalogne;*

A l'est, *Valence* (avec les îles Baléares) et *Murcie;*

Au sud, *Grenade* et *Andalousie;*

Au centre, *Estramadure*, *Nouvelle-Castille*, *Vieille-Castille* et *Léon;*

Au nord-ouest, *Asturies* et *Galice*.

367. Les **villes principales** de l'Espagne sont :

Madrid, 500, la capitale située dans la **Nouvelle-Castille**, sur le Manzanarès.

368. Au nord, les deux ports de *Bilbao* et de *Saint-Sébastien*, dans les **provinces basques**; — *Pampelune*, dans la **Navarre**; — *Saragosse*, sur l'Èbre, capitale de l'**Aragon**; — et, dans la **Catalogne**[1], **Barcelone**, 272, le premier port de commerce et le principal centre industriel du royaume.

369. A l'est, *Palma*, 60, port gracieux et animé de l'île Majorque; **Valence**, 170, renommée pour ses oranges; et *Alicante* aux vins fameux.

[1] **La petite république d'Andorre** (6000 hab.), située en pleines Pyrénées, au nord de la Catalogne, est tributaire de la France et de l'évêque d'Urgel (Espagne) : elle date de Charlemagne.

370. Au sud, **Grenade**, 73, ancienne capitale des rois Maures, célèbre par son magnifique palais de l'Alhambra; **Malaga**, 134, qui exporte des vins et des raisins; — dans l'**Andalousie**, le port militaire de *Cadix;* **Séville**, 143, et *Cordoue*, 55, sur le Guadalquivir, toutes deux justement fameuses pour leurs superbes monuments mauresques.

371. Sur les plateaux du centre, *Tolède*, dont l'archevêque est primat du royaume; *Salamanque*, célèbre par son université; *Valladolid*, qui fut la capitale de l'Espagne jusqu'au milieu du XVIe siècle (1561).

372. Au nord-ouest, *Oviédo*, la principale ville des **Asturies**; — dans la **Galice**, *le Ferrol* et *la Corogne*, ports de guerre et de commerce; *Santiago* ou *Saint-Jacques de Compostelle*, l'un des plus anciens pèlerinages du monde chrétien.

L'Espagne a perdu, dans le cours du XIXe siècle, l'immense empire qu'elle possédait en Amérique; le *Mexique*, la *Colombie*, le *Vénézuéla*, l'*Équateur*, le *Pérou*, le *Chili*, l'*Argentine*, etc., se constituèrent en républiques indépendantes, de 1810 à 1824; en 1898, les États-Unis lui enlevèrent *Cuba* et *Porto-Rico* (Antilles), avec les *Philippines* (Océanie). Elle a vendu (1899) à l'Allemagne les *Mariannes* et les *Carolines*.

Les colonies espagnoles sont :

En **Afrique**, *Ceuta* et les autres présidios ou bagnes de la côte marocaine; les **Canaries**, qui forment une province assimilée à celles de la péninsule; les îles *Fernando-Pô*, *Annobon*, etc., dans le golfe de Guinée;

374. **GÉOGRAPHIE ÉCONOMIQUE.** — L'Espagne est un pays pauvre; elle ne récolte pas assez de céréales pour nourrir ses habitants, qui sont cependant d'une sobriété remarquable. Les *vins*, l'*huile d'olive*, les *oranges* et autres *fruits*, sont les produits caractéristiques de l'**agriculture** espagnole.

375. Le sous-sol est riche en **mines** de *fer* (Sommorostro, près de Bilbao), de *plomb argentifère* (Carthagène, Linarès), de *mercure* (Almaden), de *cuivre* (Rio-Tinto et Tharsis); mais l'exploitation en est souvent très difficile, parce que les voies de communication font défaut.

376. L'**industrie** est peu développée, sauf à **Barcelone** et dans les villes voisines, qui possèdent de nombreuses manufactures.

377. Le **commerce** est pourtant en progrès. Les principaux articles d'exportation sont les vins, l'*huile d'olive*, les *fruits* et le *liège*, avec les *minerais* et *métaux bruts* (cuivre, fer, plomb et mercure).

378. **STATISTIQUE.** — *Étendue* (y compris les Canaries), 504 000 kilom. car.; *population*, 18 millions; 36 hab. par kilom. car. — *Armée*, 100 000 hommes; MARINE DE GUERRE, 50 *navires*, armés de 500 *canons* et montés par 8 000 *hommes*. — FINANCES : *budget*, 860 millions; *dette publique*, 7 milliards. — *Commerce*, 1360 millions; MARINE MARCHANDE, 1580 *navires*, dont 436 *vapeurs*, jaugeant ensemble 506 000 tonneaux; *chemins de fer*, 12 900 kilomètres.

PORTUGAL

370. **GÉOGRAPHIE PHYSIQUE.** — Le Portugal, situé à l'ouest des plateaux espagnols, est en grande partie couvert de montagnes; la principale est la *Sierra de Estrella.* Il renferme deux régions plates, la *plaine du Tage* et les *landes arides de l'Alemtejo.* — Il est traversé par le *Douro* et le *Tage*, et séparé de l'Espagne par le cours inférieur du *Minho* et du *Guadiana.*

380. **GÉOGRAPHIE POLITIQUE.** — Le royaume de Portugal se divise en **six provinces** : *Entre-Douro-et-Minho, Tras os montes, Beira, Estremadure, Alemtejo* et *Algarve*, auxquelles il faut ajouter les îles *Açores* et *Madère.*

381. **Lisbonne**, 300, la capitale, est une grande et belle ville, sur la rive droite du Tage.

382. **Porto** ou **Oporto**, 140, à l'embouchure du Douro, est la seconde ville du royaume, sous le triple rapport de la population, du commerce et de l'industrie. — *Coïmbre* est le siège d'une université célèbre.

383. Le Portugal a perdu (1821) la plus riche de ses **colonies**, le Brésil; il possède encore :

En **Afrique**, les *îles du Cap Vert*, l'*Angola* et le *Mozambique;*

En **Asie**, *Goa* (Hindoustan) et *Macao* (Chine);

En **Océanie**, une *partie de Timor.*

384. **GÉOGRAPHIE ÉCONOMIQUE.** — L'*agriculture*, aussi arriérée qu'en Espagne, donne les mêmes produits.

L'*industrie*, spécialement celle des tissus, est en progrès, mais bien éloignée encore de pouvoir suffire aux besoins des habitants.

Le **vin** figure pour près de la moitié dans la valeur de l'exportation; viennent ensuite le *liège*, le *poisson*, le *cuivre*, etc.

385. **STATISTIQUE** — *Étendue*, 92000 kilom. car.; *population*, 5 millions d'hab, 55 par kilom. car. — *Armée*, 34000 hommes; FLOTTE, 26 *bâtiments*, montés par 4800 *matelots.* — *Budget*, 300 millions; *dette publique*, 3700 millions. — *Commerce*, 320 millions; MARINE MARCHANDE, 286 *navires*, dont 47 *vapeurs*, jaugeant ensemble 78000 *tonneaux; chemins de fer*, 2300 kilomètres.

GÉOGRAPHIE ETHNOGRAPHIQUE

DE L'ASIE [1]

a. **POPULATION.** — La population de l'Asie est évaluée à environ 800 millions d'hommes, soit plus de la moitié des êtres humains actuellement existants. L'empire chinois en possède plus de 400 millions, et l'Inde anglaise près de 300 millions.

La **population relative** est de 19 habitants par kilomètre carré, en moyenne, pour l'ensemble de l'Asie (Europe, 36). Elle se répartit d'ailleurs d'une manière très inégale : ainsi, tandis que l'Asie russe ne compte pas même un habitant par kilomètre carré, l'Inde anglaise en a 85, le Japon 107; l'empire chinois, dans son ensemble, 35; la Chine propre, 95, et, dans plusieurs de ses provinces orientales, 300 et même davantage.

b. **RACES.** — Les deux tiers des Asiatiques appartiennent au *type jaune*, un tiers au *type blanc.* — Il y a quelques tribus sauvages de *type nègre*, dans certaines vallées écartées de l'Himalaya et du Dekkan.

c. **Race blanche.** — Les populations de race blanche sont groupées dans l'Asie occidentale et dans l'Inde, en deçà du Gange. Elles comprennent les *tribus du Caucase*, les *Arméniens*, les *Syriens*, les *Arabes*, les *Persans*, les *Afghans* et la majeure partie des *Hindous.* — Ces derniers, que l'Angleterre a soumis à son sceptre, ont une civilisation assez brillante; mais les autres peuples que nous venons de nommer végètent dans une demi-barbarie, sous des gouvernements despotiques. Il y a beaucoup de tribus nomades, à peu près indépendantes, dans l'Arabie, la Syrie et l'Iran, pays où les déserts occupent d'immenses étendues.

d. **Race jaune.** — A la race jaune appartiennent les *Chinois*, les *Mongols*, les *Japonais*, les *Annamites*, les *Siamois*, les *Cambodgiens*, les *Birmans*, les *Thibétains*, les *Turcomans*, les *Kirghis*, les *Tartares*, et enfin les *tribus sauvages de la Sibérie.*

e. Les **Chinois**, habitués à ne voir dans les étrangers que des barbares, se sont montrés, jusqu'au milieu de notre siècle, opposés à toute idée de progrès; mais ils commencent à se familiariser avec les inventions modernes; ils possèdent des bateaux à vapeur, des télégraphes, des fusils et des canons perfectionnés, dont ils ne savent pas se servir. — Leur civilisation, beaucoup trop vantée d'abord en Europe, a été peut-être trop décriée ensuite; c'est la plus ancienne qui existe, et elle a marqué de son empreinte tous les peuples de l'Extrême-Orient, *Annamites, Cambodgiens, Siamois, Birmans, Japonais* mêmes; ces derniers imitent maintenant avec succès les peuples européens.

f. Les *Mongols* et les *Kirghis* sont pasteurs, et mènent, au milieu des steppes, une vie nomade et à peu près indépendante.

Les **tribus sauvages de la Sibérie**, *Samoyèdes, Ostiaks, Toungouses, Iakoutes*, etc., vivent principalement de la chasse et de la pêche. Ces misérables populations, d'ailleurs très clairsemées, se rapprochent beaucoup des Esquimaux et des Peaux-Rouges de l'Amérique du Nord.

g. **RELIGIONS.** — Les quatre grandes religions, *christianisme, mahométisme, brahmanisme* et *bouddhisme*, qui dominent dans le monde, ont pris naissance en Asie et y comptent toujours des sectateurs.

h. Malheureusement c'est la part du **christianisme** qui est, de beaucoup, la plus faible. Il y a environ 3 millions et demi de **catholiques**, et un nombre bien plus restreint encore de *protestants*, dispersés dans l'Asie Mineure, la Syrie, l'Inde et l'Extrême-Orient, où ils sont noyés au milieu de populations païennes. Même en y ajoutant les *Arméniens* et les *Grecs schismatiques* de l'Asie russe, de l'Asie Mineure et de la Syrie, on n'arrive qu'à un chiffre relativement minime.

i. Le **mahométisme** domine dans l'Asie occidentale et centrale, Asie Mineure, Syrie, Arabie, Perse, Afghanistan, Turkestan; il compte 50 millions de sectateurs dans l'Inde, et 20 millions dans les provinces occidentales de la Chine.

j. Le **brahmanisme** est la religion des quatre cinquièmes environ des **Hindous.** Il a consacré parmi eux le régime des **castes**, qui maintient, étrangères les unes aux autres et séparées par des barrières infranchissables, les familles d'une même localité, lorsqu'elles appartiennent à des castes différentes. Au sommet de la hiérarchie sociale trônent les *brahmes* ou brahmanes, ministres du culte, et vénérés comme des dieux. Au-dessous, pour ainsi dire, de l'humanité, végètent les misérables « hors caste », connus sous le nom de *parias.* Ils sont réputés immondes, et leur contact ou même leur ombre engendre une souillure qui ne peut s'effacer que par des expiations pénibles et coûteuses.

k. Le **bouddhisme**, dont le chef suprême est le **talaï-lama** de Lhassa, souverain du Thibet, est la religion principale des peuples de l'Extrême Orient (Chine, Indo-Chine et Japon). Les ministres du culte bouddhique, nommés *talapoins* à Siam, *lamas* au Thibet et en Mongolie, *bonzes* en Chine et au Japon, vivent habituellement dans des monastères. Quelques grandes lamaseries du Thibet et de la Mongolie possèdent des revenus considérables et renferment des milliers de religieux. — Les Thibétains et les Mongols sont des bouddhistes convaincus et fervents; mais les Chinois, très superstitieux d'ailleurs, attachent fort peu d'importance aux idées surnaturelles; pour eux la religion est toute dans le culte extérieur, et elle n'a point d'influence sur leur conduite.

[1] Nous insérons ici quelques remarques, touchant les populations de l'Asie et de l'Océanie, qui ne peuvent trouver place aux pages 27 et 39.

GÉOGRAPHIE ETHNOGRAPHIQUE

DE L'OCÉANIE

a. La division des îles océaniennes en trois grands groupes, Malaisie, Mélanésie et Polynésie, correspond aux trois **races** principales, *malaie*, *nègre* et *kanake*, qui en forment la population indigène.

b. La race **malaie**, de beaucoup la plus nombreuse (40 millions environ), est une variété du type jaune. Elle a refoulé dans les bois de l'intérieur, où ils vivent à l'état sauvage, les premiers habitants des îles de la Malaisie : *Battas* de Sumatra, *Dayaks* de Bornéo, *Alfourous* de Célébès, *Negritos* des Philippines, etc. — Les Malais, établis sur les bords de la mer et le long des fleuves, ont été longtemps de redoutables pirates avant de devenir des cultivateurs laborieux et de dociles manœuvres.

c. Les **Malais des îles de la Sonde**, soumis aux Hollandais, pressurés par leurs chefs indigènes et par les agents du gouvernement colonial, mènent une vie misérable dans un des pays les plus riches du globe. Pour mieux conserver le prestige de ses fonctionnaires, le gouvernement hollandais a pris soin de maintenir les indigènes dans l'ignorance. Ils sont tous *musulmans*, et à peine tolèrerait-on les missionnaires qui voudraient se dévouer à leur conversion. — Au contraire, les **Malais des Philippines**, devenus *catholiques* par les soins du gouvernement espagnol, peuvent être rangés « parmi les hommes les plus heureux de la terre, parmi les peuples les plus civilisés de l'Extrême-Orient » (E. Reclus).

d. Les **nègres** de la Mélanésie (1 million à 2 millions et demi) diffèrent beaucoup entre eux de couleur, de langage et de mœurs. Tous étaient autrefois *fétichistes*, anthropophages et voleurs fieffés. La plupart sont encore tels aujourd'hui. Cependant un certain nombre, convertis par les missionnaires, sont *chrétiens* et à demi civilisés.

e. Les **Kanaks** de la Polynésie (300000 environ) descendent d'émigrés malais; pris en masse, ce sont, dit-on, les plus beaux des hommes. Tous parlent la même langue, douce et harmonieuse, avec quelques différences de dialectes. Ils sont indolents et voluptueux. Cette race est menacée d'une extinction prochaine, le chiffre des naissances étant presque partout inférieur à celui des décès. — On compte parmi les Kanaks environ 75000 *catholiques*, autant de *protestants;* le reste est *fétichiste.*

f. Outre les races indigènes dont nous venons de parler, la population de l'Océanie comprend un grand nombre de *Chinois* (Malaisie et îles Sandwich); — près de 4 millions d'*Anglais* (Australie et Nouvelle-Zélande), et quelques *Français* (Nouvelle-Calédonie).

ASIE PHYSIQUE

I. — SITUATION. — MERS

386. **SITUATION.** — L'Asie, située au nord-est de l'ancien continent, s'avance (cap Tchélioușkine) d'une dizaine de degrés dans la zone polaire; au sud (presqu'île de Malacca), elle atteint presque l'équateur. — Elle se rattache à l'Afrique par l'**isthme de Suez**, et n'est séparée de l'Amérique, au nord-est, que par le **détroit de Béring**. Ses limites, du côté de l'Europe, *monts Ourals*, *fleuve Oural*, *Manytch*, sont plutôt conventionnelles que naturelles.

387. Elle est baignée, au nord, par l'**océan Glacial arctique**; à l'est, par l'**océan Pacifique**; au sud, par l'**océan Indien**; à l'ouest, par la **Méditerranée**.

388. **ÉTENDUE.** — L'Asie est, de beaucoup, la plus considérable des cinq parties du monde : son étendue égale 42 millions de kilomètres carrés, soit plus de quatre fois celle de l'Europe.

389. **MERS ET GOLFES.** — Les mers et les principaux golfes de l'Asie sont :

1° La *mer de Kara* et le *golfe de l'Obi*, formés par l'**océan Glacial**;

2° La *mer de Béring*, la *mer d'Okhotsk*, la *mer du Japon*, la *mer Jaune* (avec le *golfe du Pé-tché-li*), la *mer Orientale*, la *mer de Chine* et les deux *golfes du Tonkin et de Siam*, formés par l'**océan Pacifique**;

390. 3° Le *golfe du Bengale*, la *mer d'Oman* (avec le *golfe Persique*), et la *mer Rouge*, formés par l'**océan Indien**;

4° L'*Archipel*, la *mer de Marmara* et la *mer Noire*, formées par la **Méditerranée**.

391. **PRESQU'ILES.** — L'Asie présente, au sud, **trois grandes presqu'îles** : l'*Indo-Chine*, le *Dekkan* et l'*Arabie*; trois autres plus **petites**, à l'est : le *Kamtchatka*, la *Corée* et la *presqu'île de Malacca*, qui est un prolongement de l'Indo-Chine; enfin, une à l'ouest, l'*Asie Mineure*.

392. **ILES.** — Les principales îles de l'Asie sont :

1° Dans l'**océan Glacial arctique**, l'*archipel de la Nouvelle-Sibérie*;

2° Dans le **Pacifique**, l'île *Sakhalin* (aux Russes); l'archipel Japonais (*Kouriles*, *Yéso*, *Nipon*, *Sikok*, *Kiou-Siou*, îles *Liéou-Kiou*); *Formose* et *Haïnan* (aux Chinois);

393. 3° Dans l'**océan Indien**, les îles *Nicobar*, *Andaman*, *Ceylan*, *Maldives*, *Laquedives* (aux Anglais);

4° Dans la **Méditerranée**, *Chypre* (aux Anglais), *Rhodes* et les *Sporades* (aux Turcs).

394. **CAPS.** — Les principaux caps sont : le cap *Tchéliouskine*, au nord de la Sibérie; le cap *Oriental*, sur le détroit de Béring; le cap *Lopatka*, à l'extrémité du Kamtchatka; et le cap *Comorin*, au sud du Dekkan.

395. **DÉTROITS.** — Les principaux détroits sont : le *détroit de Béring*, qui fait communiquer l'océan Glacial avec le Pacifique; le *détroit de Malacca*, qui unit la mer de Chine au golfe du Bengale; le *détroit d'Ormuz*, à l'entrée du golfe Persique; le *détroit de Bab-el-Mandeb* et le *canal de Suez*, aux deux extrémités de la mer Rouge; le *détroit des Dardanelles* et le *Bosphore*, qui font communiquer la Méditerranée avec la mer Noire.

II. — RELIEF DU SOL

396. **MONTAGNES ET PLATEAUX.** — Le nœud principal des montagnes de l'Asie est le **plateau de Pamir**, vaste dos de pays de 4000 à 5000 m. d'altitude, auquel les Hindous ont donné le nom de « toit du monde ».

397. Du Pamir se détachent :

1° Au sud-est, le *Karakoroum* et la puissante chaîne de l'**Himalaya**, qui renferme les plus hauts sommets du globe (*Gaourisankar*, 8840 m.). — *Les montagnes de l'Indo-Chine et de la Chine méridionale* sont soudées à l'Himalaya.

398. 2° A l'est, la longue chaîne du **Kouen-Loun**, qui sous divers noms (*Altijn-Tagh*, *Nan-Chan*, etc.), s'épanouit en nombreux massifs dans la Chine centrale et septentrionale et se prolonge ainsi jusqu'au Pacifique. — Entre l'Himalaya et le Kouen-Loun s'étend le vaste **plateau du Thibet**, région froide et désolée, d'une altitude moyenne de 4000 m.

399. 3° Au nord-est, les *monts Célestes* ou *Thian-Chan*, auxquels font suite les massifs de l'*Altaï*, des monts *Saïan* et les chaînes des monts *Yablonoï* et *Stanovoï*, qui se prolongent jusqu'au détroit de Béring. — Entre ces hauteurs et le Kouen-Loun s'étend le *plateau de la Mongolie*, avec le *désert de Gobi* ou *Chamo*.

400. 4° Au sud, l'*Hindou-Kouch* et les *monts Soliman*, qui abaissent leur flanc occidental sur le *plateau de l'Iran*.

Les monts *Elbours*, au sud de la Caspienne, se rattachent au Pamir par une série de hauteurs qui séparent le plateau de l'Iran des plaines du Turkestan. — A l'ouest de l'Iran se dressent les *monts d'Arménie* (Ararat, 5160 m.), et le *plateau de l'Asie Mineure*, bordé au sud par la chaîne du *Taurus*.

401. Parmi les **hauteurs isolées**, il convient de citer :

La chaîne peu élevée des *monts Ourals*, sur la limite de l'Europe et de l'Asie;

La puissante chaîne du *Caucase* (Elbrouz, 5662 m.), entre la Caspienne et la mer Noire;

402. Le *plateau de l'Arabie*, bordé à l'ouest par des montagnes assez élevées (1500 à 2000 m. (le *Sinaï* forme un massif isolé);

Le *plateau du Dekkan*, incliné vers l'est, et bordé à l'est et à l'ouest par les *Ghâtes*.

403. **PLAINES.** — L'Asie renferme une plaine immense qui se développe de la mer de Béring à la Caspienne, et des rivages de l'océan Glacial au plateau de l'Iran et à la chaîne des monts Célestes. Cette plaine, froide et presque déserte, va s'élargissant de l'est à l'ouest; elle comprend la **Sibérie** et le **Turkestan**. — Parmi les autres, moins considérables, nous citerons la *plaine de la Chine*, dans les bassins inférieurs du Hoang-ho et du Yang-tsé-kiang; — celle de l'*Hindoustan*, entre l'Himalaya et le plateau du Dekkan; — et la *Mésopotamie*, entre le Tigre et l'Euphrate.

III. — FLEUVES ET LACS

404. Les principaux fleuves de l'Asie sont :

L'*Obi*, grossi de l'*Irtych*; l'*Iénisséi*, grossi de l'*Angara*, qui lui apporte les eaux du *lac Baïkal*; et la *Léna*, tributaires de l'**océan Glacial**;

405. L'*Amour*, le **Hoang-ho** ou Fleuve Jaune, le **Yang-tsé-kiang** ou *Fleuve Bleu*, le *Si-kiang et le* **Mékong**, qui se jettent dans le **Pacifique**;

406. Le *Salouen*, l'*Irraouaddi*, le **Brahmapoutra**, le **Gange**, le **Sindh** ou **Indus**, et le *Chatt-el-Arab*, formé par la réunion du **Tigre** et de l'**Euphrate**, qui gagnent l'**océan Indien**.

407. Les eaux des plateaux de l'Iran et de la Kachgarie, des plaines du Turkestan et de la Sibérie sud-occidentale s'écoulent dans des **lacs salés**, dont quelques-uns forment de véritables **mers intérieures**. Les principaux de ces lacs sont :

La **mer Caspienne**, qui reçoit l'*Oural* et le *Kour*;

La **mer d'Aral**, dans laquelle se jettent l'*Amou-Daria* (Oxus) et le *Syr-Daria* (Yaxarte);

408. Le lac **Balkach**, alimenté par l'*Ili*;

Le *Lob-Nor*, marécage dans lequel se perd le *Tarim*;

Le lac *Hamoun*, dans la partie orientale de l'Iran;

Enfin le *lac Asphaltite* ou *mer Morte*, dont le niveau est près de 400 mètres plus bas que celui de la Méditerranée.

409. **Déserts.** — Les principaux déserts de l'Asie sont ceux de l'*Arabie*, de la *Syrie*, de l'*Iran*, du *Turkestan* (Kara-Koum, Kyzil-Koum, etc.), le *désert de Thar*, sur la rive gauche de l'Indus, enfin le *désert de Gobi* ou *Chamo*.

410. **CONSIDÉRATIONS GÉNÉRALES.** — Les hauts plateaux de l'Asie centrale et les montagnes qui s'y rattachent rendent les *communications extrêmement difficiles* entre le nord et le midi, comme entre l'est et l'ouest. L'isolement forcé que cette configuration du sol a imposé aux peuples limitrophes a été cause que les antiques civilisations de l'Asie se sont développées, indépendamment les unes des autres, en trois groupes complètement distincts : le groupe chinois, le groupe hindou et le groupe occidental (Assyrie, Perse).

411. **CLIMAT.** — Par suite de sa grande *étendue* et de ses *formes lourdes et massives*, l'Asie est soustraite à la bienfaisante influence des vents marins; sauf dans les péninsules de l'Inde et de l'Indochine et dans une partie de la Chine, où souffle la mousson, le *climat est partout excessif*; après les chaleurs torrides de l'été, l'hiver amène des froids épouvantables. De plus, les hauts plateaux du centre et de l'ouest sont balayés par des *vents secs* et ne reçoivent qu'une quantité de pluie tout-

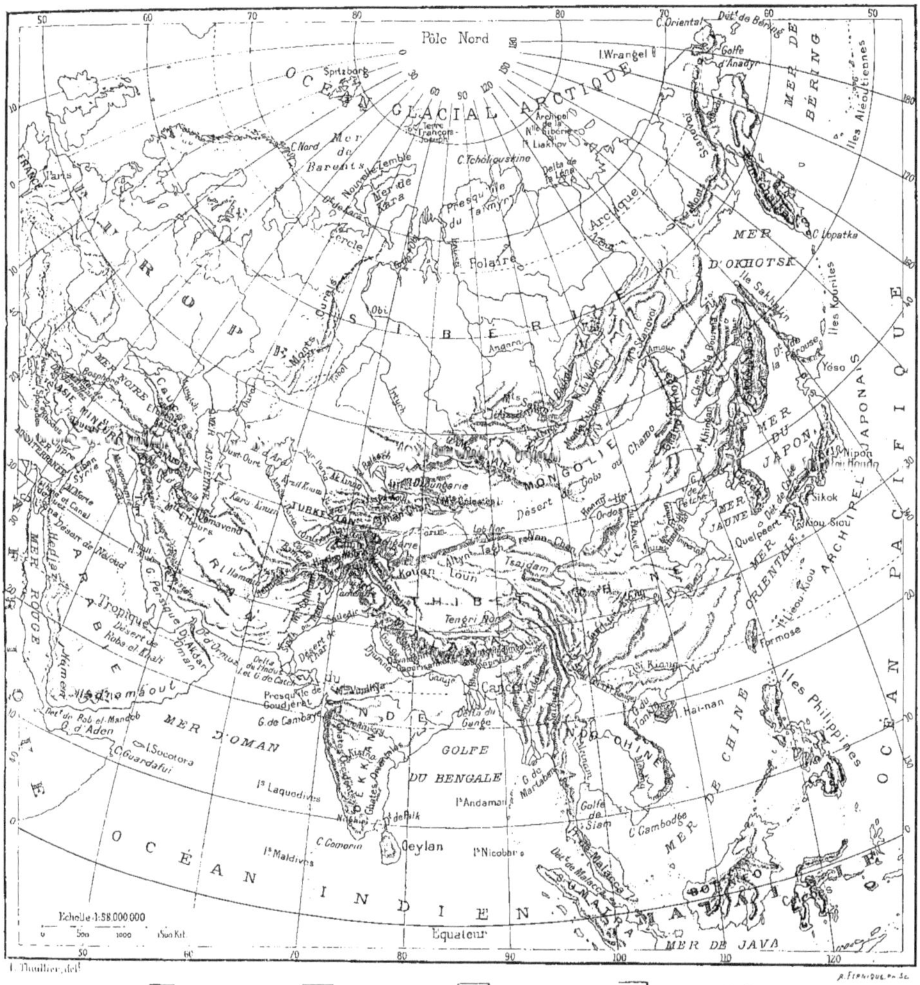

au dessous du niveau de la mer. | de 0 à 500 Mètres. | de 500 à 1000 Mètres. | au dessus de 1000 Mètres

à-fait insuffisante; c'est ce qui explique la vaste étendue des déserts dans ces régions.

412. **PRODUCTIONS.** — Les habitants des steppes herbeux de la Sibérie sud-occidentale, du Turkestan et de la Mongolie, ceux des plateaux du centre et de l'ouest, vivent surtout de l'**élevage des troupeaux**, *moutons, chevaux, chameaux.* — Les principaux **produits agricoles** de l'Asie orientale (Chine, Japon et Indo-Chine) sont : le **riz**, qui forme la principale nourriture; le maïs, le sorgho, le millet au nord de la Chine; le **blé** dans les provinces occidentales; enfin le **thé**, la **soie** et l'*opium*. — L'Inde récolte du **riz**, du **blé** en grande quantité, de l'*opium* et de la *soie*. — L'Asie occidentale produit un peu de *céréales* et beaucoup de *fruits*, de l'*opium* (Asie Mineure), du *café* (Arabie), des *vins* (Caucase et Liban) et de la **soie**.

413. Parmi les **animaux sauvages** les plus remarquables nous citerons : l'*éléphant* (Inde et Indo-Chine), le *tigre* (Inde, Indo-Chine et Chine), le *yak* ou bœuf **grognant** (Thibet); et, parmi les oiseaux, le *paon* (Indo-Chine).

DEVOIRS. — **Tracer à main levée :**

1° Le littoral de l'Asie; écrire les noms des principaux accidents géographiques;

2° La direction des montagnes; — le cours des fleuves, les lacs.

3° Un navigateur va de l'isthme de Suez au golfe de l'Obi par l'océan Indien et le Pacifique; quels sont les principaux accidents géographiques qu'il relèvera?

4° Même question pour le voyage en sens inverse.

ASIE POLITIQUE

414. — **DIVISION POLITIQUE.** — L'Asie renferme 12 principaux pays, disposés autour du plateau central en quatre groupes parfaitement distincts :

Au nord, l'**Asie russe**;

A l'est, la **Chine**, la *Corée*, le *Japon*, l'*Indo-Chine française* et le royaume de *Siam;*

Au sud, l'**Asie anglaise**, dont l'*Inde* ou *Hindoustan* forme la partie principale;

A l'ouest, l'**Asie musulmane**, comprenant cinq pays, le *Béloutchistan*, l'*Afghanistan*, la *Perse*, la *Turquie d'Asie* et l'*Arabie*.

ASIE RUSSE

415. L'Asie russe (16500000 kilom. car., 24 millions d'habitants) s'étend de la mer Noire à la mer du Japon. Elle se divise en trois grandes régions :

1° La **Caucasie** (9300000 hab., 19 hab. par kilom. car.), riche en pétrole, en mines, en vins et en fruits, chef-lieu **Tiflis**, 160, v. pr. *Poti*, port, sur la mer Noire, et *Bakou*, 112, enrichie par le pétrole.

416. 2° **L'Asie centrale** (7500000 hab., 2 hab. par kilom. car.), comprenant les *Steppes des Kirghis* et le *Turkestan*, chef-lieu **Taschkend**, 156; v. pr. *Marghilan*, *Samarcande* et *Merv*. — La Russie a soumis à son protectorat les **khanats de Khiva** et de **Bokhara**, enclavés dans ses possessions.

417. 3° **La Sibérie** (5800000 hab., 0,5 hab. par kil. car.), glacée et à peu près déserte au nord et au centre, fertile dans la partie méridionale, qui commence à se peupler, et riche en *mines d'or*, d'*argent* et de *fer*.

418. Les **villes** principales sont : à l'ouest, *Tobolsk*, *Iékatérinbourg*, *Omsk* et *Tomsk*, 52; au centre, *Irkoustk*, 50, la ville la plus civilisée de la Sibérie; *Kiakhta*, centre de commerce avec les Chinois; à l'est, les petits ports de *Vladivostock* et de *Nikolaïevsk*.

ASIE ORIENTALE

419. **CHINE.** — **La Chine** (4 millions de kilom. car., 380 millions d'hab.; 95 hab. par kilom. car.), située à l'est du plateau central, est le pays le plus peuplé du monde. Elle se divise en 18 provinces, dont plusieurs ont l'étendue et la population des plus grands États européens. La capitale, **Péking**, 500, dans la plaine du nord, le cède en population à un grand nombre d'autres villes.

420. Parmi les principales, nous citerons seulement **Tien-tsin**, 950, grand entrepôt de grains pour l'approvisionnement de la capitale; *Nanking*, sur le bas Yang-tsé-Kiang, ruinée par la révolte des Taïpings; les ports de **Chang-Haï**, 375; *Ning-Po*, 250; **Foutchéou**, 635, grand arsenal militaire; et **Canton**, 1600, le premier centre industriel de la Chine, — à l'intérieur, **Han-kéou**, 895, sur le fleuve Bleu; **Tching-tou**, 800, cap. du Tsé-tchouan, la province la plus peuplée (71 millions d'hab.); **Si-ngan**, 1000, grande cité commerçante.

421. La Chine, très fertile et admirablement cultivée, suffit à nourrir son exubérante population, qui est d'ailleurs d'une rare sobriété. Outre le **riz**, qui forme la principale nourriture des Chinois, ils cultivent l'*arbre à thé*, le *mûrier* pour l'élève des vers à soie, le *cotonnier*, dans les provinces méridionales, le *camphrier*, le *bambou*, etc.

422. Les montagnes abondent en *mines* de toutes sortes, dont l'exploitation est à peine commencée.

423. L'**industrie** chinoise est renommée pour ses produits de luxe, *bronzes*, *porcelaines*, *riches soieries*, *papier*, etc.

424. Le **commerce** est peu développé pour une population aussi considérable; il se fait surtout avec l'Angleterre et les États-Unis. A l'**exportation** figurent en première ligne la **soie brute** et les **soieries**, le **thé** et le *coton;* — à l'**importation**, l'**opium** et les **tissus** et *filés de coton et de laine*.

425. Outre la Chine proprement dite, l'**empire chinois** (11575000 kilomètres carrés; 403 millions d'hab.) comprend :

1° La **Mandchourie** (12 millions d'hab.), cap. *Moukden;* les Russes y construisent un chemin de fer aboutissant à *Port-Arthur*, qui leur a été cédé par la Chine.

2° Quatre pays sujets : la **Mongolie**;

Le **Thibet**, cap. *Lhassa*, la Rome bouddhique;

La **Dzoungarie**, capitale *Kouldja;*

Et le **Turkestan oriental**, cap. *Kachgar*.

426. **La Corée** (10500000 hab.), capitale *Séoul*, convoitée par la Russie et par le Japon.

427. **JAPON.** — L'empire du Japon (417000 kilom. car.; 44 millions d'hab.) se compose de la grande île de **Nipon**, au centre; de *Yéso* et des *Kouriles*, au nord; des îles *Sikok*, *Kiou-Siou*, *Liéou-Kiou* et *Formose*, au sud.

428. Les **villes** principales sont : **Tokio**, 1300, la capitale, située au fond d'une magnifique baie; *Yokohama*, à l'entrée de la même baie; **Kioto** ou Miako, 341, l'ancienne capitale; et **Osaka**, 504, dans l'île de Nipon; *Nagasaki*, port de l'île Kiou-Siou.

429. Le Japon exporte surtout de la *soie* et des *soieries*, du *thé*, du *cuivre* et de la *houille*.

430. **INDO-CHINE FRANÇAISE.** — L'Indo-Chine française (895000 kilomètres carrés; 24500000 hab.) comprend quatre pays :

Le **Tonkin**, capitale *Hanoï*, 150;

L'**Annam**, capitale *Hué*, 30;

La **Cochinchine**, capitale *Saïgon*, 100.

Le **Cambodge**, capitale *Pnom-Penh*, 30.

431. **SIAM.** — Le royaume de Siam (6 à 9 millions d'hab.), resserré entre les possessions de la France et celles de l'Angleterre, a pour capitale **Bangkok**, 400 à 600, sorte de Venise asiatique, sur le fleuve Meinam.

ASIE ANGLAISE

432. **L'empire anglais des Indes** (4850000 kilom. car.; 290 millions d'hab.) s'étend sur les plaines de l'Indus et du Gange, sur le plateau du Dekkan (*Inde*) et sur le bassin de l'Irraouaddi (*Birmanie*). Il se compose : 1° de provinces administrées par des fonctionnaires anglais; 2° d'États vassaux, gouvernés par des princes indigènes sous le contrôle de résidents anglais; 3° d'États alliés ou protégés, comme le *Boutan*, le *Cachemire* et le *Népaul*, dans l'Himalaya.

433. Les **villes** principales sont : **Calcutta**, 810, capitale de l'empire, grand port de commerce, sur un bras du Gange; *Mandalé*, 188, ancienne capitale de la Birmanie; *Rangoun*, 181, port sur l'Irraouaddi; *Bénarès*, 222, la ville sainte des Hindous, et *Allahabad*, 177, sur le Gange; *Lakhnau*, 272, ancienne capitale du royaume d'Aoudh; *Delhi*, 193, dernière résidence du grand Mogol; *Lahore*, 177, la ville principale du **Pandjab**.

434. Dans le Dekkan, **Bombay**, 820, grand port de commerce sur la mer d'Oman; *Haïderabad*, 415, capitale de l'État du Nizam; *Bangalore*, 180, la principale ville du royaume de Maïssour; **Madras**, 450, grand port de commerce sur le golfe du Bengale. (Les **Portugais** possèdent *Goa*, sur la côte occidentale du Dekkan; et les **Français** *Pondichéry*, sur la côte orientale, avec quatre autres petites villes).

435. Le **commerce** de cet immense empire dépasse 3300 millions, dont 1830 millions à l'**exportation**, qui consiste surtout en textiles (*coton* et *jute*), céréales (*riz* et *blé*), *opium*, *thé*, etc. — A l'**importation**, les tissus de coton figurent pour le tiers environ de la valeur totale.

436. Outre l'empire des Indes, l'Angleterre possède encore, en Asie, l'île de *Chypre*, dans la Méditerranée; *Aden*, à l'entrée de la mer Rouge; les archipels des *Laquedives* et des *Maldives;* — la grande île de **Ceylan** (3 millions d'hab.), villes principales *Colombo* et *Pointe de Galle;* — les îles *Andaman* et *Nicobar;* *Singapour*, 100, port très fréquenté sur le détroit de Malacca; la *partie septentrionale de Bornéo;* enfin *Hong-Kong*, à l'entrée de la baie de Canton.

ASIE MUSULMANE

437. L'Asie musulmane ou occidentale comprend la série des plateaux et hautes terres qui se groupent autour du golfe Persique et des plaines basses du Tigre et de l'Euphrate. Dans les États de cette région, la population, généralement clairsemée et souvent nomade, est pauvre et arriérée. Tous les gouvernements sont despotiques, et leur autorité s'exerce avec un arbitraire à peu près sans bornes.

438. **PLATEAU DE L'IRAN.** — Trois États sont situés sur le plateau de l'Iran :

Le Béloutchistan, capitale *Kélat*, sous le protectorat anglais;

L'Afghanistan, également protégé par l'Angleterre, capitale *Caboul;* villes principales, *Kandahar* et *Hérat*.

439. La **Perse** (7 à 10 millions d'hab.), capitale **Téhéran**, 210; **villes** princ. *Ispahan;* *Méched*, l'une des villes saintes des musulmans; les ports de *Recht*, sur la Caspienne, et de *Bouchir*, sur le golfe Persique; *Tebriz* ou Tauris, 180, cité industrielle.

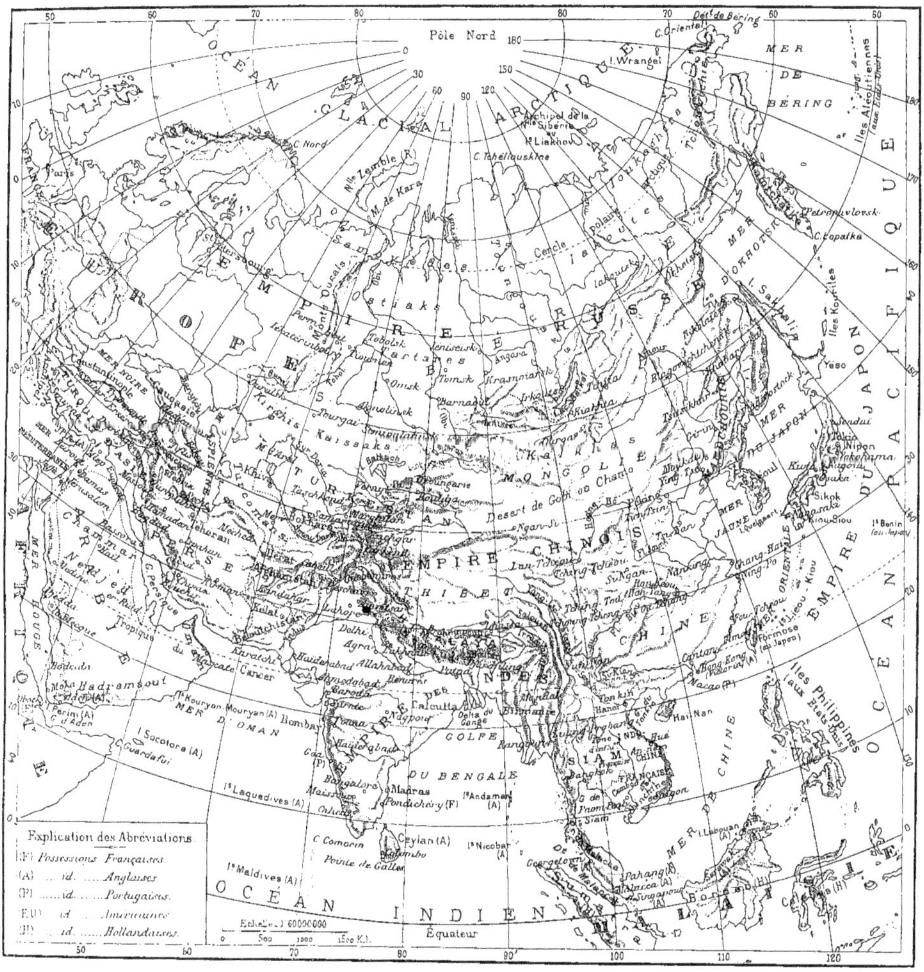

440. **TURQUIE D'ASIE.** — Les possessions de l'empire turc en Asie comprennent la presqu'île de l'*Asie Mineure*, les *plaines du Tigre et de l'Euphrate*, la *Syrie* et la côte occidentale de l'*Arabie*.

441. Les **villes** principales sont : *Bassora*, *Bagdad*, 100, et *Diarbékir*, sur le Tigre; *Erzeroum*, ville principale de l'Arménie, et *Trébizonde*, port sur la mer Noire; **Smyrne**, 186, port de commerce, sur l'Archipel.

442. Dans la Syrie, le port de *Beyrout*, 85; et, à l'intérieur, *Alep*, **Damas**, 150, l'une des plus anciennes villes du monde; **Jérusalem**, autrefois la capitale du peuple de Dieu, et maintenant la ville sainte des chrétiens.

443. En Arabie, la **Mecque**, patrie de Mahomet, et *Médine*, qui possède son tombeau, visitées chaque année par des foules innombrables de pèlerins musulmans.

444. **ARABIE.** — Outre les possessions turques, et le territoire d'Aden qui appartient aux Anglais, l'Arabie comprend plusieurs petits **États indépendants** : l'**Oman**, capitale *Mascate*, dont le sultan est pensionnaire des Anglais; le **Nedjed**, capitale *er-Riad;* et le **Chammar**, capitale *Haïl*.

(Géographie ethnographique de l'Asie, voir page 23.)

AFRIQUE PHYSIQUE

I. — SITUATION. MERS

445. **SITUATION.** — L'Afrique est située au sud-ouest de l'Ancien Continent. Elle se rattache à l'Asie par **l'isthme de Suez.**

Comme l'*équateur la traverse par le milieu*, elle appartient en majeure partie à la *zone torride.* — Entre ses deux points extrêmes, le *cap Bon* (37° 19'), au nord, et le *cap des Aiguilles* (34° 38'), au sud, on compte environ 8000 kilomètres.

446. **ÉTENDUE.** — La **superficie** de l'Afrique est de 30 millions de kilom. car.; elle est donc trois fois plus grande que l'Europe.

447. **MERS ET GOLFES.** — L'Afrique est baignée, au nord, par la **Méditerranée;** à l'est, par l'**océan Indien**; au sud et à l'ouest, par l'**océan Atlantique.**

448. Les principaux **golfes** sont :

1° Les *golfes de Gabès* et de *la Sidre* (Grande Syrte), formés par la **Méditerranée;**

2° Le *golfe Arabique* ou mer **Rouge** et le *golfe d'Aden,* formés par l'océan Indien;

3° Le grand *golfe de Guinée,* formé par **l'océan Atlantique.**

449. **ILES.** — **Les principales îles de** l'Afrique sont :

1° Dans l'**océan Indien**, *Socotora*, les *Seychelles* et les *Amirantes* (aux Anglais); *Zanzibar* (protectorat anglais); les *Comores* et **Madagascar** (protectorat français); *Maurice* (aux Anglais); et *la Réunion* (aux Français).

450. 2° Dans le **golfe de Guinée**, *Annobon* et *Fernando-Po* (aux Espagnols); *San Thomé* et l'*île du Prince* (aux Portugais).

3° Dans l'**océan Atlantique**, *Sainte-Hélène* et l'*Ascension* (aux Anglais); les *îles du Cap-Vert* et *Madère* (aux Portugais); les *Canaries* (aux Espagnols).

451. **CAPS.** — **Les** principaux caps sont : le cap *Bon*, le point le plus septentrional de l'Afrique; — le cap *Guardafui*, le point le plus oriental; — le cap des *Aiguilles* et le cap de *Bonne-Espérance*, à l'extrémité méridionale; — le cap *Lopez*, sur le golfe de Guinée, près de l'équateur; — enfin le cap *Vert*, le point le plus occidental.

452. **DÉTROITS.** — Les principaux détroits sont : le détroit de *Gibraltar*, qui unit l'Atlantique à la Méditerranée; — le *canal de Suez* [1], qui joint la Méditerranée à la mer Rouge; — le détroit de *Bab-el-Mandeb*, qui fait communiquer la mer Rouge avec l'océan Indien; — le *canal de Mozambique*, entre l'île de Madagascar et le continent.

[1] **Le canal de Suez** est un détroit artificiel, ouvert de nos jours (1859-1869), à travers l'isthme. Sa longueur, de Port-Saïd à Suez, est de 160 kilomètres; il a une profondeur de 8 mètres, avec une largeur de 22 mètres au fond, de 58 à 100 mètres au niveau de l'eau. Sa construction a coûté près de 500 millions; depuis plusieurs années, les recettes nettes s'élèvent annuellement à la somme de 40 à 50 millions. Près de 3000 navires l'ont utilisé en 1897; sur ce nombre, il y en avait 1905 anglais, 325 allemands, 202 français, 206 hollandais et 71 italiens, etc. Le trajet de l'Europe aux Indes par Suez (3000 lieues) est moitié plus court que par l'ancienne route du cap de Bonne-Espérance. Les navires mettent ordinairement deux jours à traverser l'isthme, à moins qu'ils ne voyagent de nuit en s'éclairant à la lumière électrique; dans ce cas, un jour suffit.

II. — RELIEF DU SOL

453. **VUE D'ENSEMBLE.** — L'Afrique ne possède ni épais massifs ni longues chaînes de hautes montagnes. Cependant, prise dans son ensemble, elle est la plus élevée des cinq parties du monde. La forme dominante du relief est celle de **plateau.**

454. **PLAINES.** — Les principales **plaines** sont l'immense région du **Soudan**, et l'étroite *ceinture des terres basses du littoral.* — Le **Sahara** présente aussi des plaines à l'ouest et à l'est; au centre se dressent des plateaux, comme celui de *Tassili;* et des massifs de montagnes, comme le *Djebel-Ahaggar.* La longue et étroite *vallée du Nil* en traverse la partie orientale.

455. **MONTAGNES ET PLATEAUX.** — Les principales hauteurs sont :

1° Au nord, les deux chaînes du *Petit Atlas* et du *Grand Atlas*, entre lesquels s'étend une région de *hauts plateaux.*

2° A l'est, le massif des *monts d'Abyssinie*, découpé en une multitude de fragments par d'étroites et profondes crevasses.

456. 3° **Le Plateau Austral** (1 000 m. en moyenne), qui comprend toute l'Afrique méridionale. La *bordure du plateau* est généralement plus élevée que le centre; on y remarque, à l'est, les monts *Kénia* (5 600 m.) et *Kilima-Ndjaro* (5 745 m.), les deux géants des cimes africaines; au sud, les chaînes du *Drakenberg* et des *montagnes du Cap.*

457. 4° A l'ouest, le massif du *Fouta-Djallon*, qui domine le *plateau du Soudan occidental.*

III. — FLEUVES ET LACS

458. **FLEUVES.** — Les principaux fleuves de l'Afrique sont :

Le **Nil**, le plus long des fleuves de l'Ancien monde (6 470 kilom.). Il sort de la région des grands lacs équatoriaux, sous le nom de *Nil Blanc,* reçoit le *Nil Bleu* d'Abyssinie, descend en Égypte par une série de *cataractes*, la fertilise par son débordement annuel, et se jette dans la Méditerranée par un vaste *delta.*

459. Le *Djoub*, le *Roufidji*, le *Rovouma*, le *Zambèze* et le *Limpopo*, qui se déversent dans l'océan Indien. — Le **Zambèze** forme les magnifiques chutes Victoria; il se grossit du *Chiré* dans son cours inférieur.

460. L'*Orange*, le *Counéné*, le *Couanza*, le *Congo*, l'*Ogôoué*, le *Niger*, la *Volta*, la *Gambie* et le *Sénégal*, tributaires de l'Atlantique.

461. **Le Congo**, le second fleuve du monde, — l'Amazone est le premier, — pour la puissance de son débit (50 000 m. c. par seconde), a pour affluents l'*Oubanghi-Ouellé*, le *Kassaï*, etc.; son cours est entrecoupé par les *chutes de Stanley*, près de l'équateur, et par celles qui sont en aval du Stanley-Pool.

462. Le Niger ou *Dioliba* descend du Fouta-Djallon au fond du golfe de Guinée, en décrivant une sorte de demi-cercle; son principal affluent est la *Bénoué.*

463. **LACS.** — Les principaux lacs de l'Afrique sont :

1° Au nord, les *Chotts*, ou lacs salés des hauts plateaux et du Sahara; la *région des Chotts* sahariens est inférieure au niveau de la Méditerranée.

2° A l'est, le lac *Tana*, en Abyssinie, qui se déverse dans le Nil Bleu.

464. 3° Sur le plateau austral, les **grands lacs équatoriaux, Victoria**, *Albert-Édouard*, *Albert* et *Rodolphe*, qui alimentent le Nil Blanc; — les lacs **Tanganyka**, *Bangouéolo*, *Moéro*, *Landji* et *Léopold II*, tributaires du Congo; — les lac *Nyassa* et *Ngami*, dans le bassin du Zambèze.

465. 4° Au centre du Soudan, le lac **Tchad** ou *Tzadé*, vaste marécage alimenté par les eaux du *Chari.*

466. **DÉSERTS.** — L'Afrique renferme deux déserts, le *Sahara* et le *Kalahari.* — Le **Sahara**, dont la superficie égale presque celle de l'Europe, s'étend des bords de l'Atlantique à la mer Rouge, sur une largeur moyenne de 1 600 kilom., entre l'Atlas et la Méditerranée orientale, au nord, et les plaines du Soudan, au sud. On y trouve des espaces couverts de sables (*areg*), des plateaux de roches nues (*hamâda*) ou semées de cailloux (*serir*), enfin des **oasis** pourvues d'eau : les principales sont celles du *Touât* et du *Fezzan.* Les pays élevés et montagneux du *Djebel-Ahaggar*, d'*Aïr* et du *Tibesti* sont **également** cultivés et peuplés.

467. Le désert de **Kalahari**, au sud du plateau austral, est encore plus inhospitalier que le Sahara; on y trouve peu d'oasis.

468. **CONSIDÉRATIONS GÉNÉRALES.** — L'Afrique se fait remarquer par sa *forme lourde et massive;* elle ne présente ni mers intérieures, ni golfes profonds, ni presqu'îles; aussi, bien que trois fois plus étendue que l'Europe, elle a un développement de côtes beaucoup moins considérable.

469. Le trait caractéristique de son relief consiste en ce que *ses principales chaînes de montagnes se dressent tout près des côtes.* Il en résulte que les fleuves, obligés de se frayer péniblement un passage à travers ces montagnes, ne gagnent les plaines basses du littoral que par des séries de chutes et de cascades, où toute navigation est impossible. Cette disposition du relief africain a contribué, plus encore que l'insalubrité du climat et la barbarie des habitants, à maintenir jusqu'à nos jours dans son isolement l'intérieur du continent noir.

470. **CLIMAT ET PRODUCTIONS.** — Les deux extrémités de l'Afrique, la région de l'Atlas au nord, et celle du Cap au sud, jouissent d'un climat tempéré et sain. Ce sont les seules parties susceptibles d'être colonisées par la race blanche. Peut-

J. Thuillier, delt

A. Ferniquе, ph. sc.

au dessous du niveau de la mer — de 0 à 500 Mètres — de 500 à 1000 Mètres — au dessus de 1000 Mètres.

être cependant pourrait-elle s'acclimater sur le plateau austral et en Abyssinie, où l'élévation du sol atténue les effets de la latitude. — Le Sahara a un climat brûlant et sec. — Une humidité excessive et des chaleurs continues développent une superbe végétation dans les plaines côtières et au Soudan; mais la santé des Européens y dépérit promptement, quand ils ne sont pas enlevés tout de suite par des fièvres pernicieuses.

471. Les colons européens ont introduit les cultures et les animaux de l'Europe méridionale dans les contrées tempérées du nord et du sud. — En dehors de ces pays, les nègres cultivent surtout diverses sortes de millet et le manioc, qui constituent, avec la banane et autres fruits, la base de l'alimentation dans un grand nombre de peuplades Leurs animaux domestiques, généralement peu nombreux, consistent en poules et en chèvres. Le chameau est propre au Sahara, où l'on élève aussi des moutons. Sur plusieurs points du plateau austral, une petite mouche nommée tsétsé fait périr les bœufs, les chevaux et les moutons.

472. Parmi les *animaux sauvages* de l'Afrique, il convient de citer le lion, l'éléphant, le rhinocéros, le zèbre, la girafe, l'hippopotame, diverses espèces d'antilopes et de singes, le crocodile, l'autruche, etc.

473. Les principaux *produits commerciaux* de l'Afrique sont : l'ivoire, la gomme arabique, le copal, le caoutchouc, divers fruits oléagineux, arachides, cocos, les plumes d'autruche, l'or et le diamant.

DEVOIRS. — Tracer à main levée :

1° Le littoral de l'Afrique; écrire les noms des principaux accidents géographiques;

2° La direction des montagnes; — le cours des fleuves; les lacs.

3° Un navigateur fait le tour de l'Afrique de l'est à l'ouest, en partant du delta du Nil; quels sont les principaux accidents géographiques qu'il relèvera?

4° Même question pour le voyage en sens inverse.

AFRIQUE POLITIQUE

474. **DIVISION POLITIQUE.** — On ne trouve en Afrique qu'un petit nombre d'*États indépendants reconnus par les gouvernements européens :* Maroc, république de Libéria, État indépendant du Congo, république Sud-Africaine et État libre d'Orange.

475. Les autres *États nègres*, naguère encore très nombreux, ont disparu ou sont devenus plus ou moins vassaux des puissances européennes. L'Abyssinie seule conserve son indépendance.

476. La majeure partie de l'Afrique est aujourd'hui divisée entre la France, l'Angleterre, l'Allemagne, le Portugal et la Belgique. La France domine au nord et au centre, l'Angleterre à l'est (bassin du Nil) et au sud.

I. LITTORAL DE LA MÉDITERRANÉE

477. Les pays situés sur le littoral de la Méditerranée sont :

1° Le **Maroc** (8 à 9 millions d'habitants), capitale *Fez*, 70; v. pr. *Maroc*, et les ports de *Tanger* et de *Mogador*. — *Ceuta*, sur le détroit de Gibraltar, appartient à l'Espagne. — Le sultan du Maroc revendique les oasis du TOUAT, v. pr. : *In-Salah*, qui rentrent dans la zone d'influence française.

478. 2° L'**Algérie** (4430000 hab.), colonie française depuis 1830, v. pr. *Alger*, 122 (y compris le faubourg de *Mustapha*, 30), *Oran* et *Constantine*.

479. 3° La **Tunisie** (1900000 hab.), soumise au protectorat français; v. pr. *Tunis*, 170, résidence du bey, et *Sfax*.

480. 4° Le vilayet de **Tripoli** (1 million d'hab.), dépendant de la Turquie; il comprend la TRIPOLITAINE, v. pr. *Tripoli*, 30, résidence du gouverneur; l'oasis de GHAT; le FEZZAN; et le BARKAH, v. pr. *Bengazi*.

481. **L'Égypte** (près de 10 millions d'hab.), dans la vallée du Nil, capitale *le Caire*, 570, à la naissance du Delta; v. pr. *Alexandrie*, 320, et *Damiette*, ports sur la Méditerranée.

482. Officiellement et en droit, l'Égypte est gouvernée par un vice-roi ou khédive, tributaire de la Turquie; mais en fait, depuis 1882, elle est administrée par les **Anglais**.

II. — COTE ORIENTALE

483. Les principaux pays de la côte orientale sont :

1° **L'Abyssinie** ou **Éthiopie** (8 à 10 millions d'hab.), État indépendant gouverné par un empereur ou négus. Cet État comprend, outre l'ABYSSINIE, v. pr. *Adoua* et *Gondar* : le CHOA, v. pr. *Ankober*; une partie du pays des GALLAS et l'oasis de *Harrar*.

484. A l'est de l'Abyssinie, dont ils visent à s'emparer, les **Italiens** fondent péniblement la colonie ERYTHRÉE (200000 hab.), v. pr. *Massaouah*, dans une île de la mer Rouge. Ils essayent aussi de s'établir sur la côte orientale du pays des SOMALIS, v. pr. *Magdochou*. — Les **Français** occupent *Obock*, et les **Anglais** *Zeila* et *Berbera*, sur le golfe d'Aden.

485. 2° **L'Afrique orientale anglaise**, comprise entre l'océan Indien, le Djoub et le haut Nil, v. pr. *Mombaze*.

486. 3° Le sultanat de **Zanzibar**, soumis au protectorat anglais. Les villes principales sont : *Zanzibar*, 100, avec les ports de *Bagamoyo* et *Dar-es-Salam*, situés sur le continent.

487. **L'Afrique orientale allemande**, comprise entre le littoral zanzibarien et le Tanganyka; v. pr. *Oudjidji*, sur le lac.

488. La colonie portugaise de **Mozambique**, entre le cap Delgado et la baie Delagoa; v. pr. *Mozambique*, et *Sofala*, ports sur le canal de Mozambique; *Lourenço-Marquès*, sur la baie Delagoa; *Tété*, sur le Zambèze.

489. 6° La grande île de **Madagascar** (3 à 4 millions d'hab.), soumise au protectorat français; v. pr. *Tananarive*, 100, capitale des Hovas; *Tamatave* et *Majanga*, ports de commerce.

III. — AFRIQUE MÉRIDIONALE

490. L'Afrique méridionale renferme les deux **républiques des Boers**, descendants d'émigrés hollandais : **république Sud-Africaine ou Transvaal** (870000 hab., dont 245000 blancs), cap. *Pretoria;* — et **État libre d'Orange** (207000 h.), cap. *Bloemfontein*.

491. Sur la côte occidentale, s'étend la colonie aride et déserte de l'**Ouest africain allemand** (200000 hab.).

492. Tout le reste de l'Afrique méridionale fait partie des **possessions anglaises**. Celles-ci comprennent :

1° **La colonie du Cap** (1 million 750000 hab.); v. pr. *le Cap*, 50, et *Port-Elisabeth;* avec le territoire des Betchouanas (*Betchoualand*), v. pr. *Kimberley*, au centre de riches mines de diamants.

2° **La colonie de Natal**, v. pr. *Durban*, avec le pays des Cafres zoulous.

3° Le protectorat des pays situés des deux côtés du Zambèze moyen jusqu'aux lacs Tanganyka et Nyassa, établi malgré les droits antérieurs du Portugal.

IV. — COTE OCCIDENTALE

493. Les principaux pays de la côte occidentale sont :

2° La colonie portugaise d'**Angola**, v. pr. *Mossâmedès*, *Saint-Philippe de Benguella* et *Saint-Paul-de-Loanda*.

494. 2° **L'État indépendant du Congo** (environ 14 millions d'hab., dont moins de 2000 Européens), créé en 1885 et gouverné par le roi des Belges, chef-lieu *Boma*, sur l'estuaire du Congo.

495. 3° Le **Congo français**, v. pr. *Libreville*, sur l'estuaire du Gabon, et *Brazzaville*, sur le Stanley-Pool.

4° La colonie allemande de **Cameroun**.

496. 5° Les **possessions européennes des côtes de Guinée** : aux **Anglais**, les ports de *Lagos*, *Cape-Coast*, les colonies de *Sierra-Leone* et de la *Gambie;* — aux **Français**, le Dahomey, *Porto-Novo*, *Assinie*, *Grand-Bassam;* — aux **Allemands**, la colonie de *Togo*.

497. 6° Aux **Portugais**, les établissements de la *Guinée portugaise* et les *îles du Cap-Vert*. Ils possèdent aussi *Madère* et les *Açores*.

Sur la côte des Graines, la **république de Libéria**, cap. Monrovia.

498. La colonie française du **Sénégal**, chef-lieu *Saint-Louis*.

V. — SAHARA ET SOUDAN

499. Le **Sahara occidental et central**, dont les Touareg ont été jusqu'ici les maîtres, fait partie du domaine **français**.

500. La **France** possède aussi le **Soudan occidental** (*Tombouctou*, *Macina*, *Mossi*, *pays de Kong*, etc.); — dans le **Soudan central**, le *Kanem*, l'*Ouadaï*, le *Baghirmi*, à l'est du lac Tchad, sont sous notre protectorat.

501. Les **Anglais** établissent leur protectorat, dans le **Soudan central**, sur les **royaumes de Gando et de Wourno** (Haoussa), de **Bornou**, et sur les *bassins inférieurs du Niger et de la Bénoué*.

L'Adamaoua se trouve partagé entre l'*Angleterre*, l'*Allemagne* et la *France*.

501 *bis*. Le **Soudan égyptien**, chef-lieu *Khartoum*, comprenant le **Darfour** et le **Kordofan**, ainsi que la **Nubie**, est revendiqué par les Anglais, au nom du vice-roi d'Egypte.

GÉOGRAPHIE ETHNOGRAPHIQUE

502. **POPULATION.** — La population de l'Afrique semble flotter entre 100 et 200 millions. Très dense en Egypte (246 hab. par kilom. car.; France, 72), dans la région des grands lacs, au Soudan central, etc., elle est, pour ainsi dire, nulle dans les déserts du Sahara et du Kalahari.

503. **RACES.** — La race **blanche** est représentée en Afrique par les *Arabes*, répandus au nord et à l'est, et par les *colons européens* de l'Algérie-Tunisie et de l'Afrique méridionale.

504. — La race **nègre**, qui comprend la majeure partie des Africains, forme deux grandes familles, les *Nigritiens* et les *Bantous*, avec quelques autres moins nombreuses : les *Hottentots*, dans la colonie

du Cap et l'Ouest africain allemand, les *Malgaches* (Sakalaves, etc.), de Madagascar, etc. — Les **Nigritiens** ou nègres proprement dits peuplent le Soudan, la Guinée septentrionale (Mandingues et Bambaras) et le Sénégal (Ouolofs). — Les **Bantous** occupent presque tout le plateau austral; ils s'appellent de divers noms : Cafres au sud, Matébélés dans le Sud africain anglais, Batékés dans le Congo français, etc.

505. La race **éthiopienne**, qui forme la transition entre le type blanc et le type nègre, comprend les *Abyssins*, les *Nubiens*, les *Gallas*, les *Somâlis* de l'est; les *Nyams-Nyams* et les *Monbouttous* de l'Ouellé; les *Peuls* du Soudan; les *Berbères* de la région de l'Atlas et du Sahara (Touareg).

506. **RELIGIONS.** — Le **christianisme** est la religion des colons européens, des Abyssins et d'un certain nombre d'indigènes convertis par les missionnaires.

L'**islamisme** ou **mahométisme** règne sur les Arabes, les Berbères et les Peuls; il a conquis un certain nombre de peuplades nigritiennes du Soudan et du Sénégal.

507. Les Nigritiens et les Bantous rendent un culte divin à certains animaux, à des objets inanimés, aux forces de la nature; ils attribuent un pouvoir surnaturel aux amulettes, gris-gris ou médecines que leur vendent les sorciers; c'est le **fétichisme** dans toute son abjection.

DEVOIRS. — 1° Tracer la carte politique de l'Afrique (on pourra la diviser en trois sections, que l'élève traitera en trois fois : nord-ouest, nord-est, sud; le parallèle de l'île Fernando-Po et le 10° de longitude orientale séparent les trois sections).

2° Un bateau fait le tour de l'Afrique de l'ouest à l'est en partant d'Alger; quels sont les pays le long desquels il passera et les ports où il pourra s'arrêter : 1° d'Alger au Cap; 2° du Cap à Alger?

3° Même voyage en sens inverse.

4° Donnez, d'après la carte, la liste des possessions 1° françaises, 2° anglaises, 3° portugaises, 4° allemandes, 5° italiennes, 6° espagnoles.

AMÉRIQUE PHYSIQUE

508. **SITUATION.** — L'Amérique, découverte par Christophe Colomb en 1492, est séparée de l'Europe par l'*océan Atlantique*, et de l'Asie par le *Pacifique*. L'*océan Glacial arctique* en baigne la partie septentrionale.

509. L'Amérique ou Nouveau-Monde se compose de **deux grandes presqu'îles**, **l'Amérique du Nord**, et **l'Amérique du Sud**, réunies ensemble par l'**isthme de Panama**; et d'un vaste archipel, les **Antilles**.

510. **ÉTENDUE.** — L'étendue totale de l'Amérique est d'environ 38 millions de kilomètres carrés, sans le Groenland et les terres arctiques, dont l'étendue est inconnue.

AMÉRIQUE DU NORD

I. — LITTORAL

511. **MERS ET GOLFES.** — Les mers et les principaux golfes de l'Amérique du Nord sont :

1° La *mer d'Hudson* et la *baie de Baffin*, formées par l'**océan Glacial**.

2° Le *golfe du Saint-Laurent*, le *golfe du Mexique* et la *mer des Antilles*, formés par l'**océan Atlantique**.

3° Le *golfe de Californie* ou *mer Vermeille*, formé par le **Pacifique**.

512. **PRESQU'ILES.** — Les principales presqu'îles sont, sur l'Atlantique : le *Labrador*, la *Nouvelle-Écosse*, la *Floride*, le *Yucatan*; — sur le Pacifique, la *Californie*, avec les deux presqu'îles d'*Alaska*.

513. **ILES.** — Les principales îles sont :

1° Dans l'océan Glacial, le **Groenland**.

2° Dans l'océan **Atlantique**, *Terre-Neuve*, les *Bermudes*, les *Lucayes* ou *Bahama*; les **Grandes Antilles** : *Cuba*, la *Jamaïque*, *Haïti*, *Porto-Rico*, et les **Petites Antilles**.

3° Dans le **Pacifique**, les îles *Vancouver*, de la *Reine-Charlotte*, et les *Aleoutiennes*.

514. **CAPS ET DÉTROITS.** — Les principaux caps sont : le *cap du Prince de Galles*, au nord-ouest, sur le *détroit de Béring*; — le *cap Charles*, à l'est du Labrador; — le *cap Sable*, sur le *canal de la Floride*.

515. C'est par ce canal que les eaux tièdes du **Gulf-Stream** sortent du golfe du Mexique, pour se répandre sur l'Atlantique du Nord.

II. — RELIEF DU SOL

516. **VUE D'ENSEMBLE.** — L'Amérique du Nord présente **deux chaînes côtières**; entre ces chaînes se déroule, au centre, une **plaine immense**, qui s'étend des bords de l'océan Glacial à ceux du golfe du Mexique; c'est la **Prairie**, le Far-West des Américains.

517. **MONTAGNES ET PLATEAUX.** — La chaîne orientale, nommée *monts Alléghany*, court parallèlement à l'Atlantique.

518. **La chaîne occidentale**, beaucoup plus longue, plus élevée et plus large, suit de près toute la côte du Pacifique; ce sont les **montagnes Rocheuses**; ce nom s'applique proprement à l'arête orientale de la chaîne. — Il existe, plus près du Pacifique, d'autres arêtes parallèles moins élevées (*chaîne des Cascades*, *Sierra-Nevada*, etc.)

519. Plusieurs **plateaux** d'assez grande altitude, plateaux du *Colorado*, du *Mexique*, d'*Anahuac* (Popocatepetl, 5391 m.) et les *massifs volcaniques de l'Amérique centrale*, font suite au système des monts Rocheux.

III. — FLEUVES ET LACS

520. **FLEUVES.** — Les principaux fleuves de l'Amérique du Nord sont :

Le *Mackensie*, tributaire de l'**océan Glacial**.

Le *Nelson*, grossi de la *Saskatchewan*, qui porte ses eaux à la **mer d'Hudson**.

Le *Saint-Laurent*, qui se déverse dans l'**Atlantique**.

521. **Le Mississipi-Missouri** et le *Rio Grande del Norte*, qui débouchent dans le **golfe du Mexique**. — Le Mississipi, le plus long des fleuves, a pour affluents l'*Ohio*, l'*Arkansas* et la *rivière Rouge*.

522. Sur le versant du **Pacifique**, le *Rio Colorado*, tributaire du golfe de Californie; et le *Youkon*, qui gagne la mer de Béring.

523. **LACS.** — Les principaux lacs de l'Amérique du Nord sont : le *lac Athabasca*, le *Grand lac des Esclaves*, et le *Grand lac de l'Ours*, dans le bassin du Mackensie; — le lac *Winipeg*, dans le bassin du Nelson; — les cinq **grands lacs**, *Supérieur*, *Michigan*, *Huron*, *Érié* et *Ontario*, qui se déversent dans le Saint-Laurent. — Entre les lacs Érié et Ontario, se trouve la **cataracte du Niagara**. — Citons encore le *Grand lac Salé* des Mormons, dans les montagnes Rocheuses.

AMÉRIQUE DU SUD

I. — LITTORAL

524. L'Amérique du Sud affecte la forme d'un triangle, dont les sommets seraient le *cap Gallinas*, au nord; le *cap San-Roque*, à l'est, et le *cap Horn*, au sud. Les côtes ne sont découpées que dans le sud, où on trouve plusieurs groupes d'**îles** : la *Terre de Feu*, séparée du continent par le *détroit de Magellan*; les îles *Malouines* ou *Falkland*; les *archipels de la Mère de Dieu*, *de Chonos*, l'île *Chiloé*, etc.

II. — RELIEF DU SOL

525. **MONTAGNES ET PLATEAUX.** — La **Cordillère des Andes** dresse ses pentes abruptes tout le long des rivages du Pacifique, depuis l'isthme de Panama jusqu'au cap Horn. Elle est formée, au nord, de plusieurs massifs divergents; puis elle se compose de deux chaînes, entre lesquelles s'étendent de hauts plateaux. Le principal est le *plateau de Bolivie* (4000 m.), qui égale en surface les trois quarts de la France. Cette partie centrale renferme de nombreux *volcans* (Cotopaxi, Chimborazo, 6310 m.). A partir du pic d'Aconcagua, point culminant des Andes (6970 m.), la Cordillère se réduit à une seule chaîne qui va diminuant de hauteur et de largeur.

526. Au nord-est, la *haute terre des Guyanes* est traversée par des montagnes de faible altitude (Sierra-Parima, monts Tumuc-Humac).

A l'est s'étend le *plateau du Brésil* (300 à 600 m.), que sillonnent diverses chaînes de montagnes peu élevées.

527. **PLAINES.** — L'Amérique du Sud renferme de très grandes plaines : au nord, les *Llanos* de l'Orénoque et de l'Amazone (rive gauche); — au centre, les *Selvas*, ou forêts vierges de l'Amazone (rive droite); — au sud, les savanes du *Gran Chaco* et les steppes herbeux des *Pampas*, dans lesquels paissent d'innombrables troupeaux.

III. — FLEUVES ET LACS

528. Les principaux fleuves sont :

Le *Magdalena*, grossi du *Cauca*, qui se jette dans la **mer des Antilles**;

L'*Orénoque*, l'*Amazone*, le *Tocantins*, le *Rio San-Francisco* et le *Rio de la Plata*, qui débouchent dans l'**océan Atlantique**.

495. L'**Amazone**, le plus considérable cours d'eau du globe entier, a pour affluents principaux, le *Yapura* et le *Rio Negro*, sur la rive gauche; l'*Ucayali*, le *Purus*, le *Madeira*, le *Tapajos* et le *Xingu*, sur la rive droite.

496. Le **Rio de la Plata** n'est que l'estuaire commun du *Parana* et de l'*Uruguay*. Le Parana reçoit le *Paraguay*.

497. L'Amérique du Sud ne renferme qu'un lac important, le **Titicaca**, situé au cœur de la Cordillère, à 4000 mètres d'altitude.

DEVOIRS. — Tracer à main levée :

1° Le littoral de l'Amérique du Nord; — de l'Amérique du Sud; écrire les noms des principaux accidents géographiques;

2° La direction des montagnes; — le cours des fleuves, les lacs.

3° Un navigateur va du cap Charles au cap Horn, en longeant les côtes orientales de l'Amérique : quels sont les principaux accidents géographiques qu'il relèvera?

4° Même question pour le voyage de retour.

OCÉAN GLACIAL ARCTIQUE
MER DE BÉRING
GROENLAND
MER DE HUDSON
Presqu'île du Labrador
Terre Neuve
AMÉRIQUE DU NORD
CANADA
GOLFE DU MEXIQUE
Tropique du Cancer
GRANDES ANTILLES
MER DES ANTILLES
AMÉRIQUE CENTRALE
Équateur
Iles Galapagos
AMÉRIQUE DU SUD
Plateau de Matto Grosso
Tropique du Capricorne
Pampas
Iles Malouines ou Falkland
C. Horn
OCÉAN PACIFIQUE
OCÉAN ATLANTIQUE
Echelle - 1:70000000
L. Thuillier, del.
de 0 à 500 Mètres
de 500 à 1000 Mètres
au dessus de 1000 Mètres.

AMÉRIQUE DU NORD POLITIQUE

532. **DIVISION POLITIQUE.** — Au point de vue politique, l'Amérique du Nord se divise de la manière suivante :

Au nord, la *Puissance* (Dominion) *du Canada*, qui appartient à l'Angleterre;

Au centre, la confédération des *États-Unis;*

Au sud, la république du *Mexique*, les cinq petites républiques de l'*Amérique centrale* et les colonies européennes des *Antilles*.

PUISSANCE DU CANADA

533. La Puissance du Canada (8 millions de kilom. car.; 5200000 hab.) est presque aussi étendue que l'Europe; mais les trois quarts à peu près de cet immense domaine sont inhabités et inhabitables.

534. La Puissance du Canada est une **Confédération de sept colonies**, qui s'administrent librement, sous le contrôle peu gênant d'un gouverneur anglais. Ces colonies sont : l'*île du Prince-Édouard*, la *Nouvelle-Écosse*, le *Nouveau-Brunswick*, les deux provinces canadiennes de *Québec* et *Ontario*, le *Manitoba* et la *Colombie britannique*.

535. Les **villes** principales du Dominion sont : *Halifax* (Nouvelle-Écosse), port sur l'Atlantique; **Québec**, 63, et **Montréal**, 217, ports de rivières sur le Saint-Laurent. Montréal est la principale place de commerce de toute la Puissance; **Ottawa**, 44, capitale du Dominion; *Toronto*, 181, port de commerce sur le lac Ontario; *Winipeg*, chef-lieu du Manitoba.

536. Le Canada est avant tout un pays **agricole** et **forestier**; ses deux principales industries sont l'*exploitation des bois* et la *construction des navires*. Il **exporte** principalement des *bois*, des *céréales*, du *beurre*, des *bestiaux* et des *fourrures*.

537. Les **autres possessions anglaises** de l'Amérique du Nord sont :

La grande île de *Terre-Neuve*, dont les habitants vivent surtout de la pêche;

Les îles *Bermudes*, en plein Atlantique; et les îles *Lucayes* ou *Bahama*, au sud-est de la Floride;

538. Le *Honduras britannique*, dans l'Amérique centrale;

La *Jamaïque*, qui produit un rhum estimé;

La *Dominique*, *Sainte-Lucie*, *Grenade*, la *Trinité* et autres petites Antilles.

ÉTATS-UNIS

539. **DIVISION POLITIQUE.** — La confédération des États-Unis comprend **45 États**, constitués en républiques distinctes, 4 **Territoires**, avec *Cuba*, *Porto-Rico*, les *Philippines* et les îles *Hawaï*.

540. La capitale est **Washington**, 230, dans le district fédéral de Colombia; cette ville est le siège des pouvoirs fédéraux, qui se composent d'un président responsable, élu pour quatre ans, du congrès (sénat et chambre des députés), et de la cour suprême de justice.

541. **VILLES PRINCIPALES.** — Les États-Unis renferment une centaine de villes qui ont de 20000 à 50000 habitants, une trentaine de 50000 à 100000, et à peu près autant de 100000 à un demi-million.

542. Il y en a trois qui dépassent un million; ce sont : **New-York**, la deuxième ville du monde pour la population, 3440, depuis qu'elle englobe les villes de **Brooklyn**, *Jersey City* et *Newark*, qui en sont comme les faubourgs), le port le plus commerçant après Londres et Liverpool; — **Chicago**, 1100, sur le lac Michigan; cette ville fait un grand commerce de céréales, de jambons et de lard salé; — **Philadelphie**, 1047, cité industrielle et port de rivière, sur la Delaware.

543. Parmi les autres villes nous citerons les **ports** de : **Boston**, 448, et **Baltimore**, 434, sur l'Atlantique; la **Nouvelle-Orléans**, 242, sur le bas Mississipi, capitale de la Louisiane, qui fut jadis une colonie française; et **San-Francisco**, 300, capitale de la Californie.

544. **Dans l'intérieur**, la ville commerçante de **Saint-Louis**, 452, fondée par des colons français, sur le Mississipi; *Cincinnati*, 297, sur l'Ohio, la rivale de Chicago pour les salaisons de porcs; *Pittsburg*, 239, également sur l'Ohio, au centre de la région la plus riche en houille et en pétrole.

545. *Cleveland*, 261, et *Buffalo*, 256, sur le lac Érié; *Milwaukee*, 204, sur le lac Michigan, l'un des premiers marchés de grains des États-Unis; *Omaha*, 140, et *Kansas-City*, 133, sur le Missouri, etc.

546. **GÉOGRAPHIE ÉCONOMIQUE.** — L'**agriculture** fait chaque jour de grands progrès aux États-Unis; les plaines du nord et du centre produisent des **céréales** (*maïs* et *froment*) et nourrissent d'innombrables **troupeaux** de *bêtes à cornes* et de *porcs;* celles du midi récoltent du **coton** et du *riz*.

547. Les États-Unis sont riches en **mines** : leur production en **or** (Californie), **argent** (Nevada), *cuivre*, *fer* et *plomb*, dépasse celle de tout autre pays; il en est de même du *pétrole* (Pensylvanie). Ils ne sont dépassés que par l'Angleterre pour la *houille*.

548. L'**industrie**, protégée par des droits d'entrée excessifs, s'est surtout développée dans les vieux États du nord-est; pour la *métallurgie* et la fabrication des *tissus de coton* et de *laine*, elle ne le cède qu'à l'industrie anglaise. Aucun pays ne fabrique autant de *machines*.

549. Pour la valeur du **commerce** extérieur, les États-Unis ne le cèdent qu'à l'Angleterre et à l'Allemagne. Ils **importent** surtout des *denrées coloniales* et des *tissus*. Ils **exportent** du **coton**, des **céréales**, des **viandes**, du *pétrole* et des *métaux précieux*. Leur *marine marchande*, plus de quatre fois plus forte que celle de la France, ne le cède qu'à la flotte commerciale de l'Angleterre.

550. **STATISTIQUE DES ÉTATS-UNIS.** — *Superficie*, 9212300 kilom. car. (France, 536000). — *Population*, 73 millions (France, 38); par kilom. car., 8 hab. (France, 72). — *Armée*, 150000 hommes (France, 550000); *flotte de guerre*, 110 bâtiments (France, 450), montés par 14300 matelots (France, 44000). — FINANCES : *dette publique*, 5 milliards et demi (France, 35); *budget national*, 2300 millions (France, 3400). — *Commerce*, environ 10 milliards (France, 7,5); *marine marchande*, 22600 navires (France, 15300), dont 6600 vapeurs (France, 1235), jaugeant ensemble 4770000 tonnes (France, 900000); *chemins de fer*, 294000 kilom. (France, 41600; Europe entière, environ 260000).

MEXIQUE

551. Le Mexique (1987000 kilom. car.; 12600000 hab.) se compose de **plateaux** élevés, prolongement des montagnes Rocheuses, et de **deux presqu'îles**, la *basse Californie*, nue et aride, et le *Yucatan*, couvert de forêts.

552. Les blancs ne comptent pas pour un cinquième dans la **population**; le **reste** est indien ou métis.

553. Les **villes** principales du Mexique sont : **Mexico**, 330, capitale de la république, située à plus de 2000 mètres d'altitude; *Guadalajara*, 84, renommée pour son orfèvrerie; *San Luis Potosi* et *Guanajuato*, enrichies par les mines d'argent de leur voisinage; *Puebla*, 89, sur le chemin de Mexico à la *Vera-Cruz;* cette dernière ville est le principal port de la république.

554. Le Mexique est le principal producteur d'*argent* après les États-Unis.

AMÉRIQUE CENTRALE

555. L'Amérique centrale se compose de plateaux et de hautes terres volcaniques, resserrés entre la mer des Antilles et le Pacifique.

556. Elle se divise en cinq petites républiques indépendantes, savoir :

Le **Guatémala**, capitale *Guatémala*, 70.
Le **Salvador**, capitale *San Salvador*, 16.
Le **Honduras**, capitale *Tegucicalpa*, 12.
Le **Nicaragua**, capitale *Managua*, 16.
Le **Costa-Rica**, capitale *San José*, 14.

Les Anglais possèdent le **Honduras britannique**, chef-lieu *Belize*.

ANTILLES

557. Les Antilles se composent d'une longue chaîne d'îles montueuses et volcaniques, qui s'étend depuis le canal de Yucatan jusqu'en face des bouches de l'Orénoque. — La plupart des Antilles sont des colonies européennes.

558. **GRANDES ANTILLES.** — **Haïti**, peuplée exclusivement de nègres et de mulâtres, se divise en deux républiques : **Haïti** (colonie française avant la Révolution), capitale *Port-au-Prince*, 60, à l'ouest, — et **Saint-Domingue** (ancienne colonie espagnole), capitale *Saint-Domingue*, 20, à l'est.

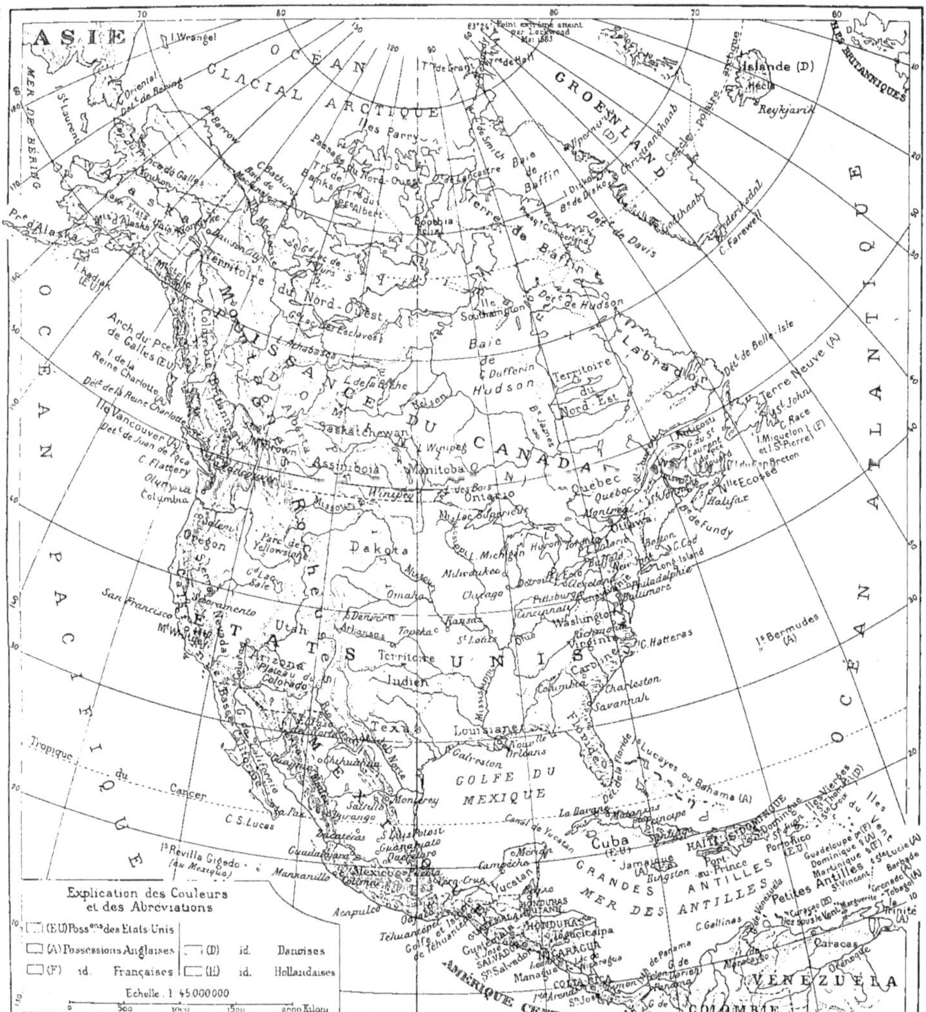

559. Les **États-Unis** possèdent **Cuba** et **Porto-Rico** (ensemble 128 000 kilomètres carrés; 2 430 000 habitants). — Cuba a pour chef-lieu le magnifique port de la Havane, 200.

560. La **Jamaïque** appartient aux Anglais.

561. **PETITES ANTILLES**. — Les **Anglais** possèdent la majeure partie des petites Antilles : *la Dominique*, *Sainte-Lucie*, *Barbade*, *Grenade*, *la Trinité*, etc.

562. La **France**, autrefois maîtresse du Canada et de la Louisiane, n'a conservé dans l'Amérique du Nord que la ***Martinique*** et la *Guadeloupe* avec leurs dépendances (et les deux îlots de *Saint-Pierre* et ***Miquelon***, au sud de Terre-Neuve).

563. *Curaçao* appartient aux Hollandais; — *Saint-Thomas* aux **Danois**, qui possèdent aussi des établissements sur la côte occidentale du ***Groenland***.

AMÉRIQUE DU SUD POLITIQUE

564. **DIVISION POLITIQUE.** — A l'exception des *Guyanes*, qui sont des colonies européennes, l'Amérique du Sud se divise en **11 républiques** indépendantes, dont les constitutions sont calquées plus ou moins heureusement sur celle des États-Unis. Ces républiques sont : le *Vénézuéla*, la *Colombie*, l'*Equateur*, le *Pérou*, la *Bolivie*, le *Chili*, l'*Argentine*, le *Paraguay* et l'*Uruguay* (anciennes colonies espagnoles) et le *Brésil* (ancienne colonie portugaise).

RÉPUBLIQUES ESPAGNOLES

565. **VÉNÉZUÉLA.** — Le Vénézuéla (2445000 hab.) a pour capitale **Caracas**, 72, et la *Guayra* pour port de commerce.

566. **COLOMBIE.** — Les États-Unis de Colombie (3320000 hab.), ont pour capitale *Santa Fé de* **Bogota**, 96; v. pr. *Medellin*, 37, et *Antioquia*, situées, comme la capitale, sur un haut plateau; les ports de *Cartagena*, sur le golfe de Darien, et de *Panama*, 25, sur le Pacifique.

567. La construction du **canal de Panama** était en voie d'exécution et avait englouti des sommes énormes, lorsque, au commencement de 1889, la compagnie concessionnaire, à bout de ressources, fut obligée de déposer son bilan. Depuis lors les travaux sont suspendus, et rien ne permet d'en prévoir la prochaine reprise. — Le passage de l'isthme s'effectue par un chemin de fer (75 kilom.) qui va de Colon à Panama.

568. **ÉQUATEUR.** — La république de l'Équateur (1200000 hab.) a pour capitale **Quito**, 80, située dans une haute vallée des Andes. Le principal port est *Guayaquil*, 51.

569. **PÉROU.** — Le Pérou (2630000 hab.), riche en mines d'argent, a pour capitale **Lima**, 101; et pour port, le *Callao*, 34, principal entrepôt du commerce de la république. Parmi les autres villes, citons *Cuzco*, l'ancienne capitale des Incas, et *Arequipa*, 29.

570. **BOLIVIE.** — La Bolivie (2000000 h.), située sur un des plateaux les plus élevés du monde, a pour capitale **Sucre**, ou Chuquisaca, 25; v. pr. *la Paz*, 62, et *Potosi*, célèbre par ses mines d'argent.

571. **CHILI.** — Le Chili (3000000 hab.) s'étend le long de la côte du Pacifique sur près de 40 degrés de latitude, depuis le Pérou jusqu'au cap Horn. La capitale est Santiago, 256; **Valparaiso**, 122, est le port le plus fréquenté de l'Amérique du Sud sur le Pacifique.

572. **ARGENTINE.** — La république Argentine (4300000 hab.) comprend les plaines de la Patagonie, les steppes herbeux des Pampas, et la majeure partie du désert du Gran Chaco. La capitale est **Buenos-Ayres**, 750, le premier port de commerce de l'Amérique du Sud. Parmi les villes principales, nous citerons : *la Plata*, 45, dont la fondation remonte à 1883; *Rosario*, le second port de la république; *Cordoba*, 46, ville savante, au centre; *Mendoza*, au pied de la Cordillère; *Tucuman* et *Salta*, au nord.

573. **PARAGUAY, URUGUAY.** — Les deux petites républiques du Paraguay et de l'Uruguay sont situées entre l'Argentine et le Brésil. — Le Paraguay (430000 hab.) a pour capitale *Asuncion* ou Assomption, 45. — La capitale de l'Uruguay (830000 hab.) est la jolie ville de **Montevideo**, 175, bâtie en amphithéâtre sur le rio de la Plata.

ÉTATS-UNIS DU BRÉSIL

574. Le Brésil, d'abord colonie portugaise jusqu'en 1808, puis empire indépendant, avec un prince de la famille royale de Portugal pour souverain, s'est constitué en république fédérative à la suite de la révolution de 1889. Le Brésil occupe un territoire immense (8300000 kilom. car.) dans les bassins de l'Amazone, du Tocantins, du Rio San Francisco et du haut Parana; mais la population (14 millions d'hab.), très clairsemée dans les États maritimes du sud-est, qui sont les plus peuplés (2 à 8 hab. par kilom. car.), est à peu près nulle à l'intérieur, dans les épaisses forêts (*selvas*) du plateau de Matto Grosso et des plaines de l'Amazone, et dans les steppes (*llanos*) de la Guyane brésilienne, repaires d'Indiens sauvages (600000).

Le Brésil se divise en 20 États.

575. **Les villes** principales sont : **Rio Janeiro**, 520, la capitale, bâtie sur une magnifique baie intérieure, capable de contenir toutes les flottes du monde; les ports de *Porto-Alègre* et *Santos*, au sud; *San Salvador* ou *Bahia*, 174, et **Pernambouc** ou **Récife**, 110, à l'est; *Bélem* ou *Para*, au nord.

GUYANES

576. **Le Brésil et le Vénézuéla** possèdent une partie des hautes terres de la Guyane : le reste est partagé entre trois colonies européennes :

La Guyane française (30000 h.)., chef-lieu *Cayenne*;

La Guyane hollandaise (70000 h.), chef-lieu *Paramaribo*;

La Guyane anglaise (285000 h.), chef-lieu *Georgetown*.

Les Anglais possèdent encore, dans l'Amérique du Sud, les îles *Malouines* ou *Falkland*.

GÉOGRAPHIE ÉCONOMIQUE

577. **RÉGION INTERTROPICALE.** — Les pays américains de la région intertropicale, *Mexique*, *Amérique centrale*, *Antilles*, *Vénézuéla*, *Colombie*, *Équateur*, *Pérou*, *Bolivie*, *Brésil* et *Guyanes*, sont, à l'exception des Antilles, relativement pauvres, malgré la richesse et la variété de leurs productions naturelles.

578. Le climat énervant et malsain des plaines basses (*terres chaudes*), qui sont les plus fertiles, ne permet point aux Européens de s'y acclimater; quant aux *terres tempérées* et *froides* des plateaux et des montagnes; elles sont généralement d'accès difficile et manquent de voies de communication; le Mexique fait cependant exception : il possède plus de 12000 kilom. de chemins de fer.

579. Les principaux **produits agricoles** qui alimentent l'exportation sont : le **café**, principalement aux Antilles et au Brésil; le Brésil en produit, lui seul, plus que le reste du monde; viennent ensuite le *sucre*, le *rhum*, le *tabac*, le *cacao*, le *coton*. — Parmi les **produits spontanés** du sol, il convient de citer de nombreux *bois d'ébénisterie et de teinture*, des *drogues médicinales*, du *caoutchouc*, etc.

580. Les plateaux du Mexique et la longue chaîne de la Cordillère sont très riches en **mines**, dont on extrait annuellement environ 20000 kilogr. **d'or** et 2300000 kilogr. d'**argent**; le Mexique seul fournit les deux tiers de cet argent. — Le Brésil possède des mines de *diamant* et de très riches gisements de *fer*.

581. L'**industrie** est à peu près nulle partout, sauf au Brésil, qui a quelques usines pour le traitement du fer et la fabrication de machines et d'instruments divers.

582. **RÉGION TEMPÉRÉE DU SUD.** — Cette région, qui comprend le *Chili*, l'*Argentine*, le *Paraguay* et l'*Uruguay*, avec la partie méridionale du Brésil, est riche en **produits agricoles**, *céréales* (Chili et Argentine) et surtout *troupeaux* (Argentine et Uruguay), qui errent dans les plaines immenses des pampas, et dont les dépouilles (laine, peaux, viande et extrait de viande) alimentent un important commerce d'exportation.

583. Le Chili possède des **mines** d'*or*, d'*argent* et de *cuivre*; mais les plus productives sont ses mines de **salpêtre**.

L'**industrie** se développe un peu dans l'Argentine.

Le Chili a environ 4300 **kilom.** de *chemins de fer*, et l'Argentine 15200.

GÉOGRAPHIE ETHNOGRAPHIQUE

DES DEUX AMÉRIQUES

584. **RACES.** — Les peuples de l'Amérique appartiennent à **trois races** différentes, la *blanche*, la *noire* et la *rouge*.

585. **BLANCS.** — Les blancs, qui sont aujourd'hui les maîtres de l'Amérique, sont venus originairement de l'Europe et appartiennent aux trois grandes familles *anglo-celte*, *germaine* et *latine*.

586. Les **Anglo-Celtes** (Anglais, Ecossais, Irlandais) et les **Germains** (Allemands et Scandinaves), — ceux-ci un peu inférieurs en nombre, — dominent aux Etats-Unis et dans la Puissance du Canada, où ils ont réalisé des merveilles à force d'audace, d'industrie et d'énergie persévérante. Le type primitif des uns et des autres s'altère peu à peu sous l'influence du climat et des labeurs dévorants qu'ils s'imposent pour arriver à la fortune, de sorte que les familles anciennement émigrées forment dès maintenant un type nouveau, le type **yankee** (prononcez *yankie*), qui se rapproche des Peaux-Rouges par ses formes sèches et anguleuses.

587. Les **Latins** sont représentés par les *Espagnols*, les *Portugais*, les *Français* et les *Italiens*. — L'élément *français* domine dans le bas Canada, où il conserve pieusement sa langue, sa religion et sa nationalité; il est nombreux dans le reste du Dominion, aux Etats-Unis et dans l'Argentine. — Les *Espagnols* dominent, non par le nombre, mais par la puissance politique et sociale, au Mexique, dans l'Amérique centrale et dans toutes les républiques de l'Amérique du Sud, moins le Brésil. — Dans ce dernier Etat, c'est l'élément *portugais* qui a le rôle prépondérant. — Les émigrants *italiens* sont dispersés en grand nombre aux Etats-Unis, au Brésil et dans l'Argentine, où ils se fondent peu à peu dans le gros de la population.

L. Thuiller, del^t

A. Ferrique Pu. Sc.

588. **ROUGES.** — Les Indiens, qui furent les premiers habitants du continent américain, ont disparu rapidement du Canada et des Etats-Unis, par suite de la guerre implacable que leur ont faite les blancs. Il semble que les Anglais protestants, maîtres de ces pays, aient pris à tâche de les anéantir; il n'en reste plus qu'un petit nombre, parqués dans des *réserves*, où ils achèvent de s'éteindre. — Au contraire, dans les régions colonisées par l'Espagne catholique, ils ont été protégés et civilisés par les missionnaires; et aujourd'hui ce sont eux qui, avec les *métis*, issus de blancs et de femmes indiennes, forment la majorité de la population dans la plupart des républiques espagnoles. — Il en reste pourtant encore beaucoup qui mènent la vie sauvage dans les forêts vierges de l'Amérique du Sud; le nombre de ces *Indios bravos* est évalué à un million et demi environ.

589. **NÈGRES.** — Les nègres, importés d'Afrique en qualité d'esclaves, ne se trouvent en groupes compacts que dans la région intertropicale. Avec les mulâtres, issus de négresses et de blancs, ils composent la majorité de la population au Brésil, dans les Guyanes, aux Antilles et dans la partie sud-est des Etats-Unis. **Ils sont maintenant tous libres.**

590. **RELIGION.** — **Les populations de l'Amérique du Sud, du Mexique, de l'Amérique centrale et des Antilles, sont catholiques; de même les Français du Canada et plus de 8 millions d'Anglo-Américains aux Etats-Unis.**

Le protestantisme domine aux Etats-Unis et dans les possessions anglaises.

Les Esquimaux des bords de l'océan Glacial, les Indios bravos des forêts de l'Amazone, les Patagons et les Fuégiens (habitants de la Terre de Feu) sont fétichistes.

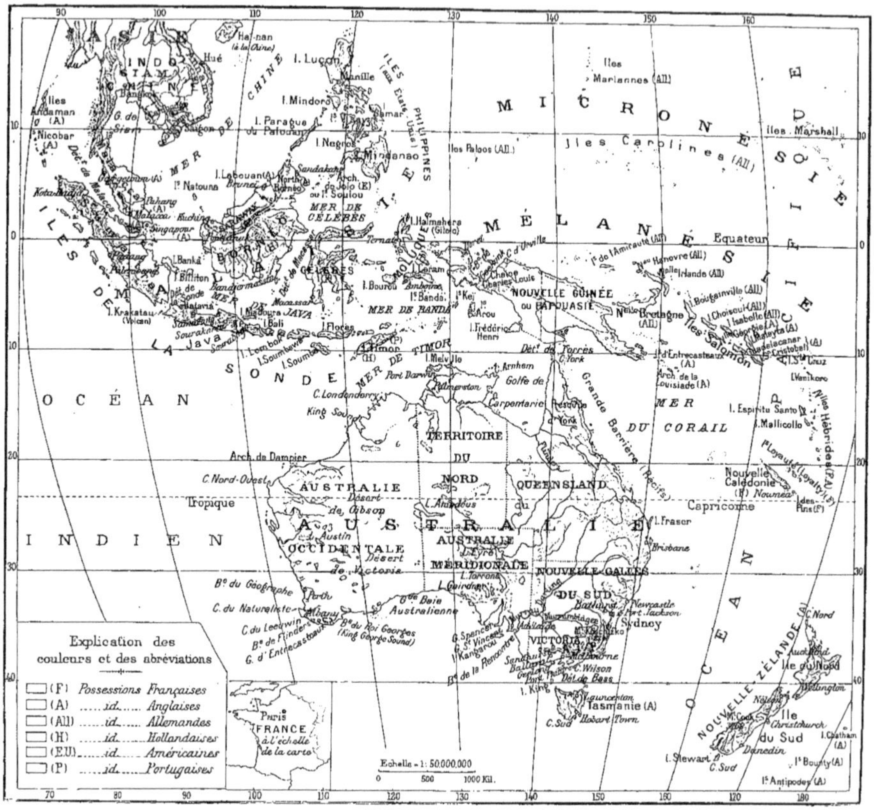

OCÉANIE

591. **GRANDES DIVISIONS.** — L'Océanie (10800000 kilom. car.; 45 millions d'hab.) comprend l'**Australie** et un grand nombre d'îles situées dans le Pacifique.

592. Elle se divise en trois groupes naturels :

La **Malaisie** (île des Malais), qui est une dépendance géographique de l'Asie ;

La **Mélanésie** (île des noirs), renfermant l'Australie et les îles adjacentes ;

La **Polynésie** (îles nombreuses), qui se compose d'une multitude de petites îles, au centre et à l'est.

593. Les *Anglais*, les *Hollandais*, les *Américains*, les *Français* et les *Allemands* se sont partagé presque toutes les terres océaniennes.

MALAISIE

594. **POSSESSIONS HOLLANDAISES.** — Les possessions de la Hollande en Malaisie (1915000 kilom. car.; 35 millions d'habitants), comprennent les îles suivantes :

Sumatra, séparée de la presqu'île de Malacca par le *détroit de Malacca*, et de Java par le *détroit de la Sonde ;*

Java avec les ports de **Batavia**, 175, la capitale, *Samarang* et *Sourabaya ; — Madoura, Bali, Lombok, Soumbawa, Florès, Timor ;*

Toutes ces îles, qui sont montueuses et volcaniques, forment l'**Archipel de la Sonde**.

595. Les **Moluques**, ou îles aux épices (*Céram, Gilolo*), etc. ;

La moitié occidentale de la **Nouvelle-Guinée** (grande île de la Mélanésie) ;

Célèbes, séparée de Bornéo par le *détroit de Macassar ;*

La majeure partie de **Bornéo**, l'une des plus grandes îles du monde.

596. Les principaux **produits** d'exportation sont : le **café**, le **sucre** et le **tabac** de Java, le *poivre* des Moluques et l'*étain* de Banka.

597. **POSSESSIONS AMÉRICAINES.** — Les États-Unis possèdent les **Philippines** : *Luçon, Samar, Mindanao, Paragua*, etc. (300000 kilom. car.; 7 millions d'hab.). — Le chef-lieu est **Manille**, 250, dans l'île Luçon. — L'exportation consiste en *sucre, chanvre, tabac* et *café*.

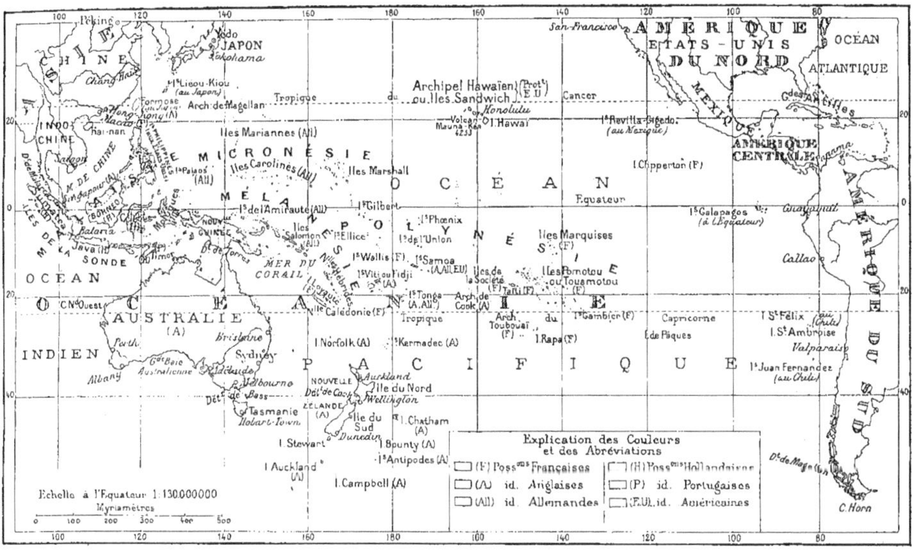

MÉLANÉSIE

598. **AUSTRALIE.** — L'Australie (7 millions 700 000 kilom. car.), située au sud-est des îles de la Sonde, est séparée de la Nouvelle-Guinée par le *détroit de Torrès*, et de la Tasmanie par le *détroit de Bass*. Elle se compose de plaines, de plateaux ondulés, et ne présente de montagnes que dans le voisinage du littoral, au sud-est, où se dressent les *Alpes* australiennes, de faible élévation. — Le seul fleuve un peu considérable est le *Murray*, grossi du *Darling*.

599. L'Australie appartient aux **Anglais**, qui y ont créé six colonies (4 100 000 hab.) :

Australie occidentale, chef-lieu *Perth*.

Australie méridionale, chef-lieu *Adélaïde*, 145, sur le golfe Saint-Vincent.

Victoria, la plus riche et la plus peuplée (1 200 000), chef-lieu **Melbourne**, 500, sur la magnifique baie de Port-Philip.

600. **Nouvelle-Galles du Sud**, rivale de la précédente en richesse et en population (1 320 000), chef-lieu **Sidney**, 410, sur le port Jackson.

Queensland, chef-lieu *Brisbane*, 100.

Tasmanie (île), chef-lieu *Hobart-Town*.

601. L'Australie est un grand pays d'élevage, qui possède plus de 80 millions de **moutons**. — Les mines d'or de Sandhurst, Ballarat (Victoria), sont parmi les plus riches du monde.

602. **AUTRES POSSESSIONS ANGLAISES.** — L'Angleterre possède encore dans la Mélanésie :

La partie sud-est de la *Nouvelle-Guinée;*

Plusieurs des *îles Salomon;*

L'*archipel Fidji*.

603 Enfin, pour terminer la liste des possessions océaniennes de l'Angleterre, nous indiquerons ici celles de la **Polynésie** :

1° **La Nouvelle-Zélande** (268 000 kilom. car.; 770 000 hab., dont 40 000 indigènes), divisée en deux îles, que sépare le *détroit de Cook*. L'île du nord est éminemment volcanique, celle du sud montueuse et beaucoup plus élevée (mont Cook, 3 768 m.). — Les **villes** principales sont : *Auckland*, 30 (60 avec les faubourgs), dans l'île du nord, le principal port de la colonie ; et *Dunedin*, 20, dans l'île du sud. — La Nouvelle-Zélande tire sa principale richesse de l'élevage du *mouton* et de l'exploitation de ses mines d'*or*.

2° *L'archipel de Cook* et plusieurs autres petites îles sans importance.

604. **POSSESSIONS ALLEMANDES.** — Les Allemands possèdent dans la Mélanésie :

La partie nord-est de la *Nouvelle-Guinée;*

L'archipel de la Nouvelle-Bretagne, auquel ils ont donné le nom d'archipel Bismark;

Plusieurs des *îles Salomon*.

605. **POSSESSIONS FRANÇAISES.** — Les possessions françaises en Océanie sont :

1° **Dans la Mélanésie : la Nouvelle-Calédonie**, avec les *îles Loyauté*, chef-lieu *Nouméa*. — Les *Nouvelles-Hébrides* sont sous le protectorat commun de la France et de l'Angleterre.

2° **Dans la Polynésie**, les îles *Wallis*, les îles *Taïti* ou *de la Société*, les *Marquises*, les îles *Pomotou* ou *Touamotou*, *Gambier*, *Toubouaï*.

POLYNÉSIE

606. La Polynésie (îles nombreuses) se compose, comme son nom l'indique, d'une multitude d'îles, généralement très petites, éparses dans le Pacifique. Les plus considérables sont les deux îles de la *Nouvelle-Zélande* (n° 603), au sud, et les *îles Sandwich* ou *archipel Hawaïen*, au nord.

607. **Les îles Sandwich ou Hawaï** (110 000 hab., dont 30 000 indigènes ou métis), montueuses et volcaniques, forment maintenant une colonie des **États-Unis**. La capitale est le port d'*Honolulu*, 30. Le principal article d'exportation est le *sucre* (87 millions).

608. Parmi les **groupes secondaires** nous citerons :

Les îles *Carolines*, *Palaos* et *Mariannes* (à l'Allemagne); *Marshall*, *Gilbert* (aux Anglais), désignées quelquefois sous le nom de Micronésie (petites îles).

609. Les îles *Wallis*, *Taïti*, *Marquises*, *Touamotou*, etc. (à la France).

610. Les îles *Tonga* et *Samoa*, dont l'Angleterre, l'Allemagne et les États-Unis se disputent le protectorat.

(Géographie ethnographique de l'Océanie, voir page 23).

II. LA FRANCE

GÉOGRAPHIE PHYSIQUE

PRÉLIMINAIRES

1. **BORNES.** — Les bornes actuelles de la France sont, au nord : la ***mer du Nord***, le ***Pas de Calais*** et la ***Manche***, qui la séparent de l'Angleterre ; à l'ouest, l'***océan Atlantique***, qui la sépare de l'Amérique ; au sud, les ***Pyrénées***, qui la séparent de l'Espagne, et la ***Méditerranée***, qui la sépare de l'Algérie ; au sud-est, les ***Alpes***, qui la séparent de l'Italie ; à l'est, le ***Jura***, qui la sépare de la Suisse, et les ***Vosges***, qui la séparent de l'Allemagne ; enfin, au nord-est, elle n'est séparée de la Lorraine devenue allemande, du Luxembourg et de la Belgique, que par une ***ligne conventionnelle***.

2. **SITUATION.** — La France, située dans la ***zone tempérée boréale***, est comprise entre 42° 20′ et 51° 5′ de latitude nord. Elle s'étend entre le mont Donon, à l'est, et la pointe Saint-Mathieu, à l'ouest, sur 12 degrés de longitude.

3. Baignée de trois côtés par la mer et jointe, d'autre part, à l'Europe centrale, la France réunit les avantages d'un pays maritime à ceux d'un Etat continental. Par la Méditerranée et la Manche, elle est en relations faciles avec les plus riches parties de l'ancien monde, tandis que l'océan Atlantique la met à proximité de l'Amérique.

4. **CONFIGURATION.** — La France affecte la forme d'un **hexagone** (figure à six côtés), dont les six angles auraient pour sommets : *Dunkerque*, au nord ; la *pointe Saint-Mathieu*, à l'ouest ; l'embouchure de la *Bidassoa*, au sud-ouest ; le *cap Cerbère*, au sud ; la ville de *Menton*, au sud-est ; et le *mont Donon*, à l'est. — La **configuration** du terrain est à remarquer : *les hauteurs exclusivement françaises, Cévennes et massif central, se dressent au cœur même du pays*, et les fleuves qui en descendent portent leurs eaux dans toutes les directions.

5. **ÉTENDUE.** — La superficie de la France est d'environ 536 000 kilomètres carrés. Elle a environ 1100 kilomètres dans sa plus grande longueur, du nord au sud, et 900 kilomètres dans sa plus grande largeur, de l'est à l'ouest.

DESCRIPTION DES COTES

6. **MER DU NORD.** — Les côtes françaises de la mer du Nord sont si basses, qu'elles ont besoin, sur plusieurs points, d'être protégées par des digues. On y trouve les deux ports de *Dunkerque* et de *Gravelines*. — Le ***détroit* ou Pas de Calais**, qui fait communiquer la mer du Nord avec la Manche, a 31 kilom. de largeur. Le *cap Gris-Nez* se trouve entre les deux ports de *Calais* et de ***Boulogne***.

7. **MANCHE.** — Du cap Gris-Nez à l'embouchure de la Somme, la côte est couverte de *dunes* ou collines de sable. De l'embouchure de la Somme au *cap de la Hève*, le littoral est formé par des *falaises*, escarpements à pic de 50 à 120 mètres d'élévation. On y trouve les ports de *Dieppe* et de *Fécamp*, et, sur la *baie de la Seine*, *le Havre* et *Honfleur*.

8. La côte devient ensuite rocheuse. Les principaux accidents qu'elle présente sont : la *presqu'île du Cotentin*, terminée par les *pointes de Barfleur* et de *la Hague* ; — les îles normandes, *Jersey*, *Guernesey*, etc., séparées du Cotentin par le *raz Blanchart* ; — la *baie du mont Saint-Michel* ; — les ports de *Caen*, sur la basse Orne ; *Cherbourg*, à l'extrémité du Cotentin ; *Granville* et *Saint-Malo*, sur la baie du mont Saint-Michel ; *le Légué-Saint-Brieuc*, *Morlaix*, *Roscoff*, et le mouillage des *îles de Batz*, sur la côte bretonne.

9. **OCÉAN ATLANTIQUE.** — Entre la baie du mont Saint-Michel et l'embouchure de la Loire, la **presqu'île de Bretagne** développe un littoral rocheux et déchiqueté par les vagues. On y remarque la belle *rade de Brest*, la *baie de Douarnenez*, le *Morbihan*, tout parsemé d'îles ; — la *pointe Saint-Mathieu*, à l'entrée de la rade de Brest ; les *pointes du Raz* et de *Pen'marck*, sans cesse battues par des vagues furieuses ; et les deux *pointes du Croisic* et de *Saint-Gildas*, des deux côtés de l'embouchure de la Loire ; — les îles d'*Ouessant*, de *Sein*, de *Groix*, *Belle-Ile*, etc.

10. Au nord de Belle-Ile, s'avance la *presqu'île de Quiberon*, célèbre dans l'histoire par la descente et le massacre d'une troupe d'émigrés (1795). — Parmi les nombreux ports de cette côte, nous citerons *Brest*, *Lorient*, *Vannes*, *le Croisic*, enfin *Saint-Nazaire*, à l'embouchure de la Loire.

11. De l'embouchure de la Loire à celle de la Gironde, la côte est basse et vaseuse ; les terres semblent s'y exhausser par un lent soulèvement du sol. L'île de *Noirmoutier*, séparée du continent par la *baie de Bourgneuf*, s'y rattache au sud par un seuil qui découvre à marée basse. — L'île d'*Yeu* s'éloigne de la côte, mais celles de *Ré* et d'*Oléron* n'en sont séparées que par des détroits sans profondeur : Ré par le *pertuis Breton*, Oléron par le *pertuis de Maumusson*. Entre elles s'ouvre le *pertuis d'Antioche*, par lequel les navires gagnent les ports de la *Rochelle* (*la Pallice*) et de *Rochefort*.

12. L'embouchure de la Gironde est marquée par les deux *pointes de la Coubre* et de *Grave* ; le *phare de Cordouan* s'élève au milieu pour en éclairer l'entrée. De l'embouchure de la Gironde à celle de la Bidassoa, la côte, baignée par le *golfe de Gascogne*, est formée de plusieurs rangées de *dunes*. Toute cette partie du littoral est presque rectiligne. Le seul accident remarquable qu'elle présente est le ***bassin d'Arcachon***. Les deux ports qu'on y trouve, ***Bordeaux*** et ***Bayonne***, ne sont pas situés au bord de la mer.

13. **MÉDITERRANÉE.** — Depuis le *cap Cerbère* jusqu'au delta du Rhône, le littoral, baigné par le *golfe du Lion*, dessine une grande courbe concave ; il est bas et bordé d'étangs à eau saumâtre : *étangs de Leucate*, *de Sijean*, *de Thau*, etc., qui sont un foyer permanent de fièvres malignes. — *Port-Vendres*, *Agde* et *Cette*, sont à peu près les seuls ports de ce rivage inhospitalier. — L'île marécageuse de la *Camargue* s'étend entre les deux branches du **delta du Rhône** ; elle renferme l'*étang de Valcarès*.

14. Du delta du Rhône à la frontière italienne, la côte présente une courbe convexe ; elle est élevée, rocheuse et découpée d'une multitude de golfes et de baies sur lesquelles sont établis les ports. Nous citerons notamment l'*étang de Berre*, les ***ports de Marseille***, *Toulon*, *Cannes* et *Nice*. — On y remarque le *cap Sicié*, la *presqu'île de Giens* ; les *îles d'Hyères* et de *Lérins*, au doux climat ; enfin la **Corse**, située à 160 kilomètres du littoral français.

15. **UTILISATION DES CÔTES.** — Le littoral procure aux navires de guerre et de commerce l'abri de ses *ports* ; à l'agriculture, d'excellents *engrais* dans le varech et la tangue ; à l'industrie, les plantes marines, dont on extrait la *soude* ; aux valétudinaires, aux enfants débiles, aux gens fatigués et aux riches oisifs, l'air pur et fortifiant et les distractions de ses plages, qui ont mis en vogue tant de **stations balnéaires** ; les unes, comme *Boulogne*, *Dieppe*, *Fécamp*, *Trouville*, etc., fréquentées surtout durant l'été ; d'autres, comme *Cannes*, *Nice*, *Menton*, etc., attirant les étrangers en foule pendant l'hiver ; d'autres enfin, comme *Arcachon* et *Biarritz*, recommandées pour la saison d'automne.

16. Environ 80 000 marins se livrent à la **pêche côtière**. Le **hareng** se pêche dans la mer du Nord et la Manche ; la **sardine** sur les côtes de l'Atlantique ; le **thon** est surtout abondant dans la Méditerranée. Il existe des parcs d'*huîtres* sur plusieurs points, notamment à Cancale (baie du mont Saint-Michel), dans le Morbihan, à Marennes et dans le bassin d'Arcachon.

17. Environ 380 navires, montés par 8200 marins, sont employés à la **grande pêche**, sur le banc de Terre-Neuve et sur les côtes d'Islande, où les **morues** sont le plus abondantes. Les ports qui y prennent la part la plus active sont : Bordeaux (150 navires), Saint-Malo, Saint-Servan (50), Dunkerque, Gravelines, etc.

18. Les marais d'où l'on tire le **sel**, en faisant évaporer l'eau de mer, se divisent en deux groupes : celui de l'ouest comprend les marais échelonnés le long de la côte et dans les îles de l'Atlantique depuis le Croisic jusqu'à la Gironde ; l'autre, celui de la Méditerranée, est de beaucoup le plus productif.

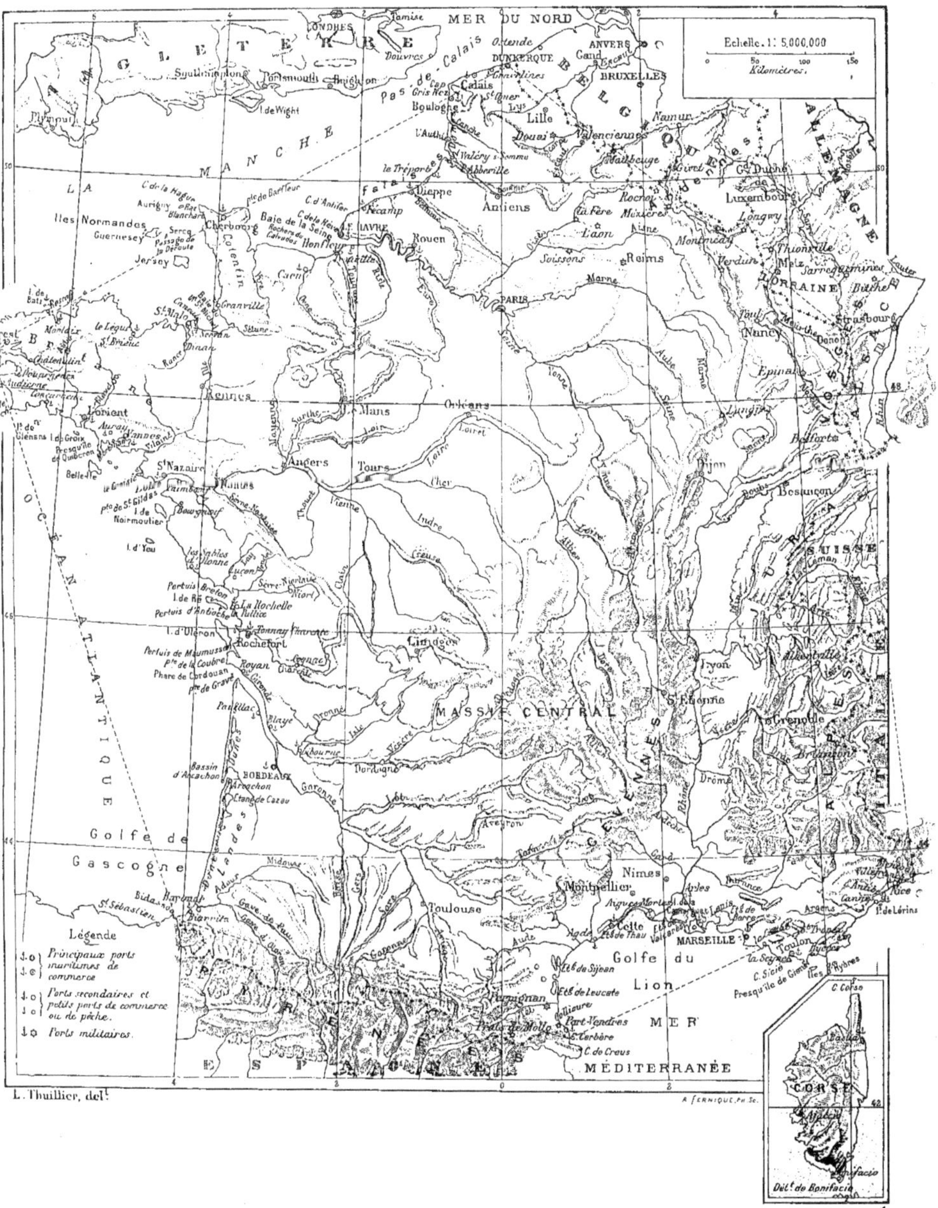

L. Thuillier, del[t]

A. FERNIQUE, PH. SC.

GÉOLOGIE

19. **NOTIONS FONDAMENTALES.** — On sait que, d'après l'hypothèse la plus communément admise, le globe terrestre ne serait qu'une masse de matières en fusion, recouverte d'une croûte solide d'assez faible épaisseur : une feuille de carton entourant une sphère d'un mètre de diamètre donnerait une idée assez exacte des proportions réciproques de cette croûte et de la masse des substances fondues qu'elle enserre.

20. Les **roches** dont se compose l'enveloppe terrestre se divisent en deux grandes classes, savoir : les roches *cristallines*, comme le granite, le porphyre, le basalte, etc., qui forment des masses fissurées dans tous les sens ; et les roches *sédimentaires*, qui se présentent en couches ou strates superposées les unes aux autres.

21. Les **roches cristallines**, directement issues du foyer central, forment les **terrains ignés** (de *ignis*, feu) ou **plutoniens** (de *Pluton*, dieu des enfers).

22. Les **roches sédimentaires**, déposées lentement au fond des eaux, constituent les **terrains stratifiés** ou **neptuniens** (de *Neptune*, dieu des mers).

23. Les terrains se divisent en quatre grands groupes, qui correspondent à autant d'époques géologiques. Ce sont, par ordre d'ancienneté, les terrains *primaires, secondaires, tertiaires* et *quaternaires*.

I. — CONSTITUTION GÉOLOGIQUE DU SOL FRANÇAIS

24. **VUE D'ENSEMBLE.** — Les terrains qui composent le sol français appartiennent, par parts sensiblement égales, aux *époques primaire, secondaire* et *tertiaire*. Ceux de l'époque *quaternaire* n'ont qu'une étendue insignifiante.

25. La France se divise en un petit nombre de **régions géologiques** nettement caractérisées : 1° **deux massifs**, le *massif central* et le *massif armoricain,* formés de roches cristallines ; — 2° **trois grands bassins géologiques**, formés par des roches sédimentaires et disposés autour du massif central ; ce sont : le *bassin parisien*, le *bassin de la Garonne*, le *bassin du Rhône ;* — 3° **cinq régions de montagnes**, *Pyrénées, Alpes, Jura, Vosges* et *Ardennes*, qui forment la ceinture de la France.

26. **ÉPOQUE PRIMAIRE.** — Les terrains de l'époque primaire, comprenant les **terrains primitifs** (*schistes cristallins*), les **terrains primaires** (*gneiss* et *micaschistes*) et les **roches éruptives anciennes** (*granite* et *porphyre*), forment un peu plus du tiers de la superficie de la France.

27. La majeure partie du *massif central*, la *Vendée*, le *littoral de la Bretagne* et *l'ouest de la Normandie*, sont formés de **terrains primitifs** et de **roches éruptives**. On en trouve des coulées assez étendues dans les *Pyrénées*, les *Alpes*, les *Vosges méridionales* et la *Corse*.

28. Les **terrains primaires** occupent le *centre et l'est du massif armoricain*, l'*Ardenne*, les *Vosges centrales et septentrionales ;* ils constituent les deux tiers de la chaîne des *Pyrénées*, où ils s'étendent en bande continue, d'une extrémité à l'autre.

29. En somme, à la fin de l'époque primaire, le *massif armoricain*, le *massif central*, l'*Ardenne*, les *Vosges* et la moitié de la *Corse* étaient émergés du sein des eaux. Plusieurs massifs des *Alpes du Dauphiné et de la Provence* formaient des îles distinctes.

30. Les terrains de l'époque primaire sont les plus *pauvres en produits agricoles*, les plus *riches en mines* et en *sources minérales*. On y trouve en particulier ces précieux dépôts de **houille**, qui sont la principale force de l'industrie moderne.

31. **ÉPOQUE SECONDAIRE.** — Les terrains de l'époque secondaire se divisent en trois étages, le *trias*, le *jurassique* et le *crétacé*.

32. Le **trias** ou **terrain triasique**, ainsi nommé parce qu'il se présente en trois couches principales, est formé de *grès* et d'*argiles*. Il constitue le *revers occidental des Vosges* et se rencontre sur plusieurs points des *Pyrénées*, des *Alpes* (en Provence) et du *massif central*, où il est adossé aux terrains primaires.

33. Le **terrain jurassique**, qui doit son nom au Jura, est beaucoup plus étendu. Il se compose de *calcaires* mêlés de *grès*. Il constitue le *massif du Jura* et près des deux tiers des *Alpes françaises*. Une large bande de ce terrain *environne le bassin de Paris*, à l'est, au sud et à l'ouest ; une autre est adossée à la *partie méridionale du massif central* et se prolonge jusqu'au massif armoricain.

34. Le **terrain crétacé** est surtout composé de *craie* et de *calcaires crayeux*. Il se présente, adossé aux formations jurassiques, à l'*intérieur des trois grands bassins géologiques*. Il occupe de vastes étendues en *Champagne*, dans la *Saintonge*, l'*Angoumois*, etc.

35. En résumé, à la fin de l'époque secondaire, la mer séparait encore le massif central des Pyrénées et des Alpes, et un grand golfe occupait la majeure partie du bassin de la Seine et le bassin moyen de la Loire ; mais le massif central, déjà uni au massif armoricain, était rattaché aux systèmes montagneux de l'Europe centrale par les Vosges et l'Ardenne.

36. Les terrains de l'époque secondaire se prêtent généralement mieux à la culture que ceux de l'époque primaire. Ils conviennent surtout aux *arbres fruitiers* et portent plusieurs de nos *vignobles* les plus renommés.

37. **ÉPOQUE TERTIAIRE.** — L'époque tertiaire vit se combler peu à peu les trois bassins géologiques de Paris, de la Garonne et du Rhône. Les terrains de cette époque se composent d'*argiles plastiques*, de *calcaires d'eau douce*, de *molasse* (sorte de calcaire grossier mêlé de grès), de *sable* et d'*argile*. Ce sont les meilleurs de tout le territoire.

38. L'époque tertiaire fut témoin d'**éruptions volcaniques** sur plusieurs points du massif central. De puissantes couches de *basalte* et d'autres roches éruptives y recouvrent çà et là le granite du noyau primitif.

39. **ÉPOQUE QUATERNAIRE.** — Les dépôts de l'époque quaternaire ou moderne n'occupent, en France, que des espaces très limités, le long des cours d'eau et sur divers points des côtes. Ces *alluvions* constituent un sol d'une fertilité exceptionnelle, témoin la plaine de la Limagne (Auvergne) et les prairies basses (polders) de la Flandre septentrionale.

II. — RICHESSES DU SOUS-SOL FRANÇAIS

40. **EAUX MINÉRALES ET THERMALES.** — La France possède environ 5000 sources minérales et thermales, dont on utilise un peu plus d'un millier. Elles se répartissent en **quatre groupes** principaux : *Pyrénées, massif central, Alpes, région de l'est.*

41. Les plus renommées sont, dans les **Pyrénées** : *Eaux-Chaudes, Eaux-Bonnes, Cauterets, Barèges, Bagnères-de-Bigorre, Bagnères-de-Luchon, Aulus, Amélie-les-Bains*, etc.

42. Dans le **massif central**, *Chaudes-Aigues, Saint-Nectaire, Mont-Dore, la Bourboule, Royat, Néris, Bourbon-l'Archambault, Vichy, Saint-Alban, Saint-Galmier, Vals*, etc.

43. Dans les **Alpes**, *Uriage, Allevard, Saint-Gervais ;* — dans la **région de l'est**, *Salins*, dans le Jura ; *Luxeuil, Plombières, Bourbonne-les-Bains, Contrexéville* et *Vittel*, dans les Vosges.

44. En dehors de ces quatre grands groupes, il convient de mentionner *Saint-Amand*, sur la frontière belge ; *Enghien*, près de Paris ; *Bagnoles*, au sud de la Normandie ; *Pougues*, près de Nevers ; et *Orezza*, dans la Corse.

45. **SALINES ET MINES DE SEL GEMME.** — Les principales **salines** ou sources salées que possède la France sont celles de *Dax* et de *Salies-de-Béarn*, au sud-ouest ; de *Salins*, dans le Jura, etc. — Nos **mines de sel gemme** sont situées à Varangeville et sur divers autres points, dans le terrain triasique de la Lorraine.

46. **PIERRES, ARGILES,** etc. — Les **pierres à bâtir** se rencontrent partout : le *granite* est exploité dans le massif armoricain et dans les Vosges ; le *basalte* dans le massif central ; divers *calcaires*, dans les environs de Paris et en Bourgogne. Les pierres à *chaux* et à *plâtre* sont également très communes ; le *ciment* (calcaire mêlé d'argile) se trouve à Boulogne-sur-Mer, à Vassy (département de l'Yonne), à Grenoble, etc. — Les principales carrières de **marbre** sont situées dans les Pyrénées, les Alpes, les Vosges, sur le pourtour du massif central et dans le Maine ; les Pyrénées fournissent les beaux marbres rouges et verts de Campan et le marbre statuaire de Saint-Béat.

47. On exploite l'*ardoise* à Fumay, dans les Ardennes ; à Trélazé, près d'Angers ; la *pierre meulière* à la Ferté-sous-Jouarre (Seine-et-Marne) et à Bergerac ; le *kaolin*, employé dans la fabrication de la porcelaine, à Saint-Yrieix (Limousin) et aux Pieux (Cotentin) ; les *phosphates de chaux*, recherchés pour l'amendement des terres, dans la Picardie, l'Artois, l'Ile-de-France, la Lorraine.

48. **MINERAIS.** — La France est peut-être le pays d'Europe le plus pauvre en métaux. Il suffira de citer les mines de *plomb argentifère* de Pontpéan (Bretagne), de Pontgibaud (Auvergne) et de Villefranche de Rouergue ; celles de *manganèse* de la Romanèche (Saône-et-Loire) ; les *pyrites de fer* de Saint-Bel (Lyonnais), pour la fabrication de l'acide sulfurique.

49. Le minerai de **fer** est disséminé çà et là sur toute l'étendue du territoire. Il est surtout exploité dans l'est ; le département de *Meurthe-et-Moselle* fournit les quatre cinquièmes de la production totale.

50. **HOUILLE.** — La France possède des mines de houille sur un grand nombre de points, mais la plupart sont assez pauvres et d'une exploitation coûteuse.

51. Le principal gisement houiller de la France est celui des bassins de *Valenciennes* et du *Boulonnais* (**groupe du Nord et du Pas-de-Calais**) dont la production est de beaucoup supérieure à celle de tous les autres réunis.

52. La plupart des autres bassins houillers sont disséminés sur le pourtour et à l'intérieur du massif central. Les plus importants sont ceux du *Creusot, Blanzy, Épinac, Decize*, etc., qui forment le **groupe de Bourgogne et Nivernais** ; — *Commentry, Saint-Éloy*, etc. (**groupe du Bourbonnais**).

53. *Saint-Étienne, Rive-de-Gier, Firminy* (**groupe de la Loire**) ; — *Alais, Aubenas* et *le Vigan* (**groupe du Gard**) ; — *Aubin, Carmaux*, etc. (**groupe du Tarn et de l'Aveyron**). — A citer encore les mines de lignite de *Fuveau* et de *Manosque*, en **Provence**.

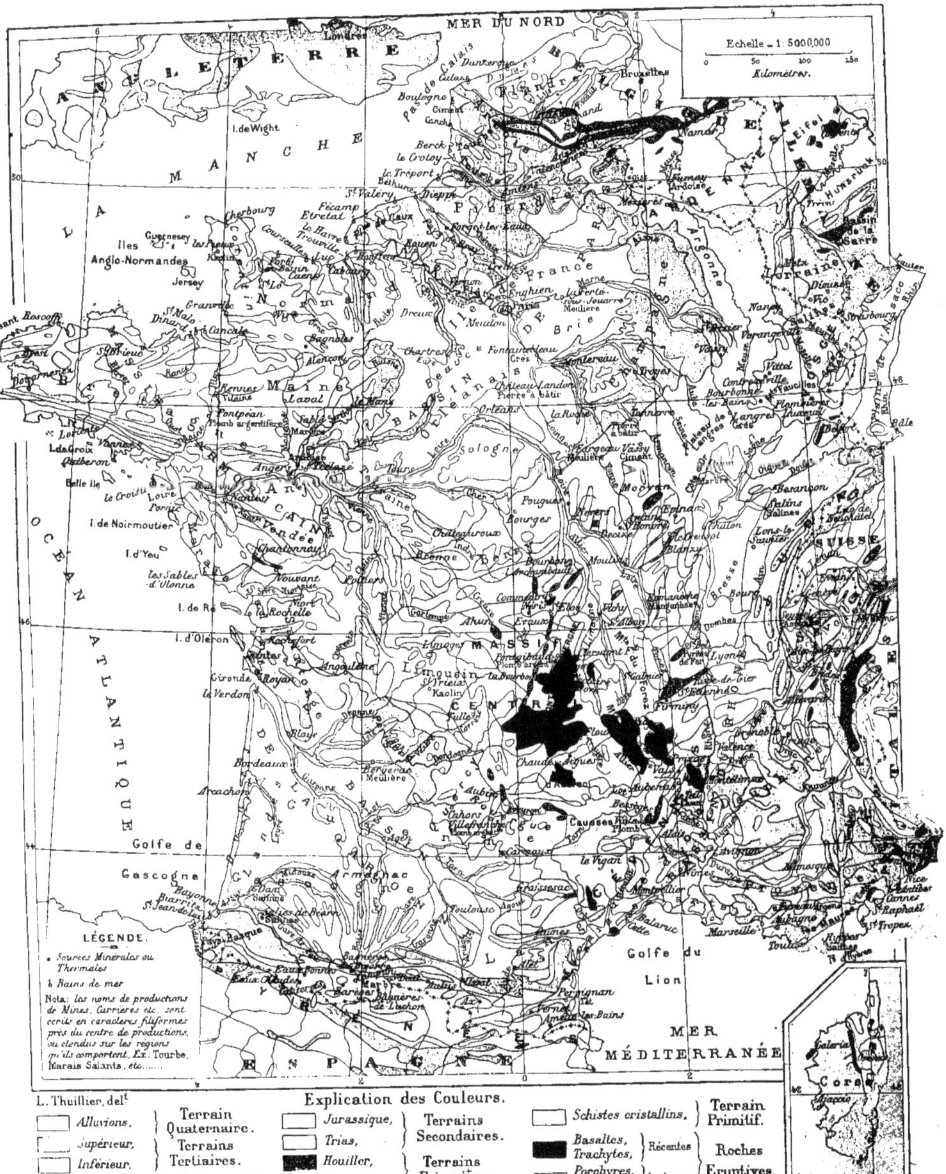
MER DU NORD
Echelle - 1: 5000,000
Kilomètres.
ANGLETERRE
LA MANCHE
OCEAN ATLANTIQUE
Golfe de Gascogne
Golfe du Lion
MER MÉDITERRANÉE
ESPAGNE
SUISSE
MASSIF CENTRAL
Bassin de Paris
Corse
LÉGENDE.
• Sources Minérales ou Thermales
b Bains de mer
Nota: les noms de productions de Mines, Carrières etc. sont écrits en caractères filiformes près du centre de productions, ou étendus sur les régions qu'ils comportent. Ex: Tourbe, Marais Salants, etc......
L. Thuillier, del^t
Explication des Couleurs.
Alluvions, } Terrain Quaternaire.
Supérieur, Inférieur, } Terrains Tertiaires.
Crétacé, — T^rain Secondaire.
Jurassique, Trias, } Terrains Secondaires.
Houiller, Primaire, } Terrains Primaires.
Schistes cristallins, } Terrain Primitif.
Basaltes, Trachytes, } Récentes
Porphyres, Granites, } Anciennes
Roches Eruptives.

OROGRAPHIE

54. **VUE D'ENSEMBLE.** — Une ligne droite tirée de Bayonne à Mézières diviserait la France en deux parties, d'étendue à peu près égale, mais de relief très différent. Au nord-ouest s'étend une **plaine à peine interrompue** par des hauteurs (*collines du Perche, de Normandie, du Maine, monts de Bretagne*, montagne d'Arrée et montagne Noire) de **faible élévation**. La partie sud-orientale, au contraire, **est toute hérissée de montagnes** et ne présente d'autres terrains bas que les *vallées de la Saône et du Rhône*, avec la *plaine du bas Languedoc*.

55. **PLAINES.** — La région des plaines, d'une altitude inférieure à 300 mètres, renferme les plus **riches pays** agricoles, la Flandre, l'Ile-de-France, la Normandie, la Beauce, etc. — Mais on y trouve aussi des **parties pauvres**, comme les terres arides de la *Champagne pouilleuse*, les *bruyères de la Bretagne*, les *marais de la Sologne* et de la *Dombes*, les *landes de la Gascogne*, les *steppes de la Camargue*, etc.

56. **MONTAGNES.** — Parmi les montagnes du sud-est, les unes, comme le *massif central* et les *Cévennes*, sont exclusivement françaises; d'autres, comme les *Alpes*, le *Jura* et les *Vosges*, appartiennent à l'ossature générale de l'Europe; enfin les *Pyrénées*, franco-espagnoles, séparent la France d'une région plus africaine qu'européenne.

I. — MONTAGNES FRANÇAISES

57. **MASSIF CENTRAL.** — Le massif central couvre à peu près la cinquième partie de la France; c'est une haute terre, inclinée vers l'ouest, d'une altitude moyenne de 500 mètres environ, et traversée par des chaînes de montagnes deux ou trois fois plus élevées. La disposition de ces chaînes rappelle un peu la forme d'un **trident** dont le manche serait formé par les *Cévennes*; la dent occidentale par les *monts de la Margeride* et par les *monts d'Auvergne*; enfin la dent orientale par les *monts du Vivarais, du Lyonnais, du Beaujolais* et *du Charolais*.

58. **CÉVENNES.** — Les Cévennes dominent la plaine du bas Languedoc et la vallée du Rhône, depuis le *col de Naurouze* (190 m.), jusqu'à la *dépression du pas de l'Ane*.

59. La chaîne des Cévennes comprend la *montagne Noire*, les *monts de l'Espinouze*, les *Garrigues*, les *Cévennes* proprement dites et les *monts du Vivarais*. Les Garrigues et les Cévennes sont flanquées, à l'ouest, par les *Causses*, plateaux calcaires, arides, sans verdure et sans arbres. Aux monts du Vivarais se rattachent le *Tanargue* et les *monts de Coiron*, qui se terminent sur la vallée du Rhône par de superbes colonnades de basalte, et les *Boutières*, au nord.

60. **MONTS D'AUVERGNE.** — Les *monts de la Margeride*, tout noirs de leurs forêts, s'étendent des monts de la Lozère aux monts d'Auvergne; la Truyère les sépare du massif volcanique des *monts d'Aubrac*. Les monts d'Auvergne se divisent en trois groupes éminemment volcaniques : *monts du Cantal*, *monts Dore* (puy de Sancy, 1886 m.) et *monts Dôme*. Ils se rattachent, à l'ouest, par le *plateau de Millevache*, aux *monts du Limousin* et *de la Marche*.

61. La **branche centrale** se développe entre les hautes vallées de l'Allier et de la Loire; elle comprend les *monts* volcaniques *du Velay* et les *monts* granitiques *du Forez*.

62. La **branche orientale** (*monts du Lyonnais, du Beaujolais, du Mâconnais* et *du Charolais*), n'a qu'une faible élévation.

63. Le massif central est relié aux Vosges par une série de hauteurs (400 à 500 m.) : *Côte d'Or, plateau de Langres* et *monts Faucilles*, simples plateaux calcaires, sans aucune apparence de montagne. — A l'ouest de la Côte d'Or s'étendent les *monts du Morvan*, îlot granitique au milieu de terrains calcaires.

II. — SYSTÈMES FRANCO-EUROPÉENS

64. **ALPES.** — Les Alpes occidentales servent de limite commune à la France et à l'Italie. Elles forment moins une chaîne continue qu'un ensemble de massifs, isolés les uns des autres par de profonds sillons longitudinaux et par des coupures transversales. Entre ces massifs s'ouvrent des cols relativement peu élevés (1 800 à 2 200 m.) et d'accès assez facile. Les massifs alpins couvrent tout le sud-est de la France, sauf l'étroite vallée du Rhône, depuis le Léman jusqu'à la Méditerranée.

65. L'**arête principale** des Alpes occidentales est formée d'un noyau de rochers granitiques; elle se divise en trois sections : *Alpes Maritimes, Alpes Cottiennes* et *Alpes Grées*. A chacune de ces sections se rattache un groupe de massifs, généralement calcaires.

66. Les **Alpes Maritimes** présentent une arête continue, sans sommets bien élevés, mais aussi sans cols d'accès facile. — Elles sont flanquées des **Alpes de Provence**, déboisées et ravinées par les torrents. — Les *monts de l'Estérel*, la *montagne des Maures* et les *monts de Sainte Baume* forment trois chaînes côtières bien distinctes.

67. Les **Alpes Cottiennes** renferment le mont Viso (Italie) et le mont Tabor; le col du mont Genèvre s'abaisse (1854 m.) entre eux. — Les **Alpes du Dauphiné**, qui se rattachent à cette section, occupent tout l'espace compris entre l'Arc et la Durance. Elles présentent le *massif de l'Oisans* ou du *Pelvoux*, qui renferme le plus haut sommet complètement français (Barre des Écrins, 4103 m.); la *chaîne de Belledonne*, qui domine la fertile vallée du Graisivaudan; le *Vercors*; le *Dévoluy*, aux roches écroulées; enfin le mont *Ventoux* et les montagnes de *Lubéron*.

68. Les **Alpes Grées**, comprises entre le col du mont Cenis et le col du petit Saint-Bernard, se groupent autour du nœud de l'Iseran. — Les **Alpes de Savoie**, qui s'y rattachent, couvrent de leurs ramifications tout le pays compris entre l'Isère et l'Arc au sud, le Rhône au nord. Le *massif de la Vanoise* appartient à la zone des granites alpins. La zone des calcaires subalpins comprend le massif de la *Grande-Chartreuse*, les *Bauges*, les *Bornes* et les *monts du Faucigny*.

69. Le **mont Blanc**, 4810 m., le plus haut sommet de l'Europe, fait partie des Alpes Pennines.

70. **JURA.** — Le Jura, formé d'assises calcaires, s'étend depuis le défilé du Rhône jusqu'à la trouée de Belfort. Il est escarpé sur le versant suisse; mais, du côté de la France, il a moins l'aspect d'une chaîne de montagnes que d'un plateau, incliné vers l'ouest et sillonné de grosses rides, dans la direction du sud-ouest au nord-est.

71. Des cirques allongés, nommés *combes*, et d'étroits couloirs (*cluses*), par lesquels les cours d'eau traversent les arêtes longitudinales entre des rochers à pic, sont des traits caractéristiques de cette région. Le Jura a une largeur de 70 à 80 kilomètres; sa hauteur va en diminuant du sud au nord (point culminant, le *Crêt de Neige*, 1724 m.).

72. **VOSGES.** — Les Vosges, que la trouée de Belfort sépare du **Jura**, vont aussi en diminuant d'élévation du sud au nord. Le *ballon de Guebwiller*, 1426 m., le point culminant, est situé dans les Vosges méridionales.

73. Au nord-ouest des Vosges, les principales hauteurs sont le *plateau de la Lorraine*, les *côtes lorraines*, le plateau ondulé de l'*Argonne* et l'*Ardenne*.

III. — MONTS FRANCO-ESPAGNOLS

74. Les **Pyrénées**, situées en dehors de la France, dont elles forment la limite méridionale, s'étendent depuis la Bidassoa jusqu'au cap Cerbère. Cette puissante chaîne constitue un rempart continu de plus de 100 lieues de long, à peine ébréché çà et là par des cols élevés. Elle s'abaisse brusquement du côté de la France, tandis que sur le versant espagnol les pentes sont assez douces.

75. Les **Pyrénées occidentales** commencent sur le golfe de Gascogne par les *montagnes du Pays basque* et se terminent au *port de Canfranc* ou *Somport*. Le célèbre *col de Roncevaux* s'ouvre à peu près au milieu.

76. Les **Pyrénées centrales** sont la partie la plus élevée de la chaîne; plusieurs sommets dépassent 3000 mètres, et il n'y a point de cols praticables. Le pic de Néthou (3404 m.), dans le massif de la Maladetta, est situé sur le territoire espagnol. Dans la partie française, on cite le *Vignemale*, 3298 m.; le *pic du Midi d'Ossau*, et le *pic du Midi de Bigorre*, qui domine le *plateau de Lannemezan*.

77. Les **Pyrénées orientales** vont, en diminuant d'élévation, du *pic de Carlitte* au massif des *Albères*. Des routes les traversent par les *cols de la Perche* et *de Perthus*. — Plusieurs **massifs distincts** se soudent aux Pyrénées orientales; entre autres le *Canigou*, 2785 m., qui passa longtemps pour le géant des cimes pyrénéennes; et les *Corbières*, aux roches nues et ravinées.

L. Thuillier, del.t

HYDROGRAPHIE

78. **VERSANTS.** — Les Cévennes et les montagnes qui les continuent vers le nord divisent la France en deux grands versants: l'un, incliné vers le nord-ouest, déverse ses eaux courantes dans la mer du Nord, la Manche et l'océan Atlantique; l'autre, penché au midi, s'égoutte dans la Méditerranée.

79. **LIGNE DE PARTAGE DES EAUX.** — La ligne de partage des eaux est formée par les *Pyrénées*, les *Cévennes*, la *Côte d'Or*, le *plateau de Langres*, les *monts Faucilles*, les *Vosges méridionales*, le *Jura* et les *Alpes*.

80. **FLEUVES.** — La France est baignée par quatre fleuves : la *Seine*, qui se jette dans la Manche; la *Loire* et la *Garonne*, qui se déversent dans l'océan Atlantique; le *Rhône*, qui débouche dans la Méditerranée.

81. **SEINE.** — La Seine prend sa source (470 m. d'altitude) au *mont Tasselot*, sur le plateau de Langres. Son cours, qui suit la direction générale du nord-ouest, forme de nombreux méandres ou circuits en aval de Paris, jusqu'à son embouchure. La Seine passe à *Bar-sur-Seine*, *Troyes*, *Nogent-sur-Seine*, *Melun*, *Paris*, *Mantes*, *Elbeuf*, *Rouen*. Elle se jette à la mer par un large estuaire, entre *le Havre* et *Honfleur*. Son cours est de 776 kilomètres, dont 660 navigables.

82. Les affluents de la Seine sont, **sur la rive droite** : l'*Aube*, la *Marne*, qui baigne Châlons et Épernay; l'*Oise*, qui passe à Compiègne, après avoir reçu l'*Aisne;* l'*Epte*, qui servait de limite entre la Normandie et l'Ile-de-France; — **sur la rive gauche** : l'*Yonne*, qui descend des monts du Morvan et passe à Joigny, déjà grossie de l'*Armançon;* le *Loing;* l'*Eure*, qui baigne Chartres.

83. Le volume de la Seine est médiocre (700 m. cubes par seconde), parce que la quantité de pluie que reçoit son bassin est peu considérable (63 centimètres par an; moyenne de la France, 80 cent.). Mais le débit est relativement constant et régulier; cela tient à ce que les trois quarts du bassin se composent de terrains perméables qui permettent aux eaux de filtrer lentement à travers le sol; il en résulte que, même ses plus grandes crues (2500 m. cub.) sont inférieures à celles de plusieurs petits affluents du bas Rhône.

84. **LOIRE.** — La Loire a sa source (1400 m.) au mont *Gerbier des Joncs*, dans les Cévennes. Elle se dirige d'abord vers le nord-nord-ouest; puis, à Orléans, elle tourne brusquement à l'ouest pour ne plus quitter cette direction. — La Loire passe près du *Puy* et baigne *Roanne*, *Nevers*, *Cosne*, *Gien*, *Orléans*, *Blois*, *Tours*, *Saumur*, *Ancenis* et *Nantes*. Elle se jette dans l'océan Atlantique entre *Saint-Nazaire* et *Paimbœuf*. L'entrée de l'estuaire est obstruée par une barre, que les gros bâtiments ne peuvent franchir qu'à marée haute. La Loire est le plus long des fleuves français; son cours est de 980 kilomètres, dont 800 navigables, mais seulement dans certaines saisons.

85. Les affluents de la Loire sont, **sur la rive droite** : la *Nièvre*, qui a son confluent à Nevers; la *Maine*, qui passe à Angers; cette rivière est formée par la *Sarthe*, qui passe au *Mans* et reçoit l'*Huisne* et le *Loir*, et par la *Mayenne*, qui baigne Laval; enfin l'*Erdre*, qui se jette dans le fleuve à Nantes.

86. **Sur la rive gauche** : l'*Allier*, qui passe à Moulins; le *Cher*, qui baigne Montluçon et la banlieue de Tours; l'*Indre;* la *Vienne*, grossie du *Clain*, qui passe à Poitiers, et de la *Creuse;* le *Thouet*, qui débouche à Saumur, et la *Sèvre-Nantaise*, en face de Nantes.

87. Sous le rapport du débit, la Loire est le plus irrégulier des fleuves français : tantôt elle n'a qu'un mince filet d'eau errant au milieu des sables, — on l'a vue réduite à 20 m. cub. à Orléans, — tantôt c'est un Mississipi roulant jusqu'à 10000 m. cub. par seconde. Cette irrégularité tient à plusieurs causes : d'abord près de la moitié du bassin se compose de terrains imperméables (massif central) sur lesquels l'eau roule en torrents; puis les deux branches principales du fleuve, la Loire et l'Allier, ont leur source dans la même région, et par conséquent grossissent ou diminuent en même temps; enfin il se trouve que cette région est l'une des plus pluvieuses de notre pays; les monts du Vivarais reçoivent annuellement près de deux mètres de pluie, et l'eau s'y abat en épouvantables averses.

88. **GARONNE.** — La Garonne naît au *val d'Aran*, en Espagne, au pied du pic de Néthou. Elle coule d'abord au nord-ouest, puis au nord-est jusqu'au confluent de l'Ariège; à partir de là elle reprend la direction du nord-ouest pour ne plus la quitter. La Garonne baigne *Toulouse*, *Agen*, *Marmande*, *la Réole* et *Bordeaux*. Au *bec d'Ambez*, elle unit ses eaux à celles de la Dordogne et s'élargit en un long estuaire, nommé **Gironde**, qui se termine à la pointe de Grave. Le cours de la Garonne est de 575 kilomètres, dont 460 navigables.

89. Les affluents de la Garonne sont, **sur la rive droite** : l'*Ariège;* le *Tarn*, grossi de l'*Agout* et de l'*Aveyron;* le *Lot*, qui passe à Cahors, grossi de la *Truyère;* — **sur la rive gauche**, la *Save*, le *Gers* et la *Baïse*, qui descendent du plateau de Lannemezan.

90. La **Dordogne** (490 kilom., dont 410 navigables) prend naissance au puy de Sancy, en Auvergne. Elle baigne *Bergerac* et *Libourne*. Elle reçoit sur sa rive droite la *Vézère*, grossie de la *Corrèze;* et l'*Isle*, grossie de la *Dronne*.

91. La Garonne est sujette, comme la Loire, à d'énormes écarts dans son débit : en 1876, elle inonda Toulouse, dont elle détruisit tout un quartier; dans les rues d'Agen, les eaux s'élevaient jusqu'au premier étage des maisons.

92. **RHONE.** — Le Rhône prend naissance en Suisse, dans un glacier du *mont Furka*, au cœur même de la chaîne des Alpes. A peine sorti du *Léman* ou lac de Genève, il se fraye péniblement un passage à travers les avant-monts du Jura et change plusieurs fois de direction, tout en s'avançant vers l'ouest. Au confluent de la Saône, il se heurte aux premières assises des monts du Lyonnais et prend, pour ne plus la quitter, la direction du sud. Il se jette à la mer par plusieurs embouchures, formant un vaste **delta**, l'île de la Camargue, qui s'agrandit sans cesse des dépôts de vase que le fleuve y apporte. Le Rhône passe à Genève (Suisse); il baigne, en France, *Lyon*, *Valence*, *Avignon*, *Beaucaire*, *Tarascon* et *Arles*. Son cours est de 812 kilomètres, dont 500 navigables.

93. Les affluents du Rhône sont, **sur la rive droite** : l'*Ain;* la **Saône**, qui le rejoint à Lyon; (cette rivière, qui fait souvent plus que doubler le volume du fleuve, descend des monts Faucilles; elle reçoit l'*Ognon*, l'*Ouche*, qui baigne Dijon, et le *Doubs*, qui passe à Besançon); enfin l'*Eyrieux*, l'*Ardèche* et le *Gard*; — **sur la rive gauche**, l'*Isère*, la *Drôme*, l'*Eygues* et la *Durance*.

94. Le Rhône est le plus abondant de nos fleuves (2000 m. cub. par seconde, en moyenne), le plus rapide et aussi le plus régulier après la Seine. Deux causes principales contribuent à régulariser son débit : d'abord, en temps de crue, le Léman, qui reçoit jusqu'à 1100 m. cub. par seconde, en verse moins de 600; puis les crues de la Saône ont lieu en hiver, et celles de la branche principale en été. Cependant les affluents du bas Rhône, l'Eyrieux, l'Ardèche, le Gard et la Durance, sont de vrais torrents; souvent presque à sec, ils roulent, après certaines averses, des quantités d'eau plus considérables que la Seine dans ses grandes crues.

95. **RIVIÈRES. — Les rivières tributaires de la mer du Nord** sont : la *Moselle*, qui prend naissance au ballon d'Alsace et va se jeter dans le Rhin; elle reçoit la *Meurthe*, qui passe à Nancy; — la *Meuse* et son affluent, la *Sambre;* — l'*Escaut* et ses deux affluents, la *Scarpe* et la *Lys*. Ces rivières n'ont en France qu'une partie de leur cours supérieur.

96. **Les rivières tributaires de la Manche** sont : la *Somme*, qui prend naissance près de Saint-Quentin et baigne Amiens; la *Risle*, la *Touques*, l'*Orne*, qui passe à Caen, et la *Vire;* enfin la *Rance*, qui débouche près de Saint-Malo.

97. **Les rivières tributaires de l'océan Atlantique** sont : **1° au nord de la Loire**, l'*Aulne*, qui se jette dans la rade de Brest; le *Blavet*, dans celle de Lorient; et la *Vilaine*, qui passe à Rennes; — **2° entre Loire et Gironde** : le *Lay;* la *Sèvre-Niortaise*, grossie de la *Vendée;* et la *Charente*, qui passe à Angoulême et à Rochefort; — **3° au sud de la Gironde**, la *Leyre*, qui se jette dans le bassin d'Arcachon; l'*Adour*, qui passe à Tarbes et à Bayonne; il reçoit la *Midouze*, avec le *gave de Pau*, grossi du *gave d'Oloron;* enfin la *Bidassoa*, qui sépare la France de l'Espagne dans son cours inférieur.

98. **Les rivières tributaires de la Méditerranée** sont : **1° à l'ouest du Rhône**, la *Têt* et l'*Aude*, qui baigne Carcassonne, originaires toutes les deux des Pyrénées; l'*Orb* et l'*Hérault*, qui descendent des Cévennes; — **2° à l'est du Rhône**, l'*Argens* et le *Var*, deux torrents dévastateurs.

99. **LACS.** — La France possède la rive méridionale du Léman ou lac de Genève (578 kilom. car.). Les lacs proprement français sont de médiocre étendue. Parmi les plus importants, nous citerons les *lacs d'Annecy* et *du Bourget*, dans les Alpes de Savoie. Le *lac de Grandlieu*, au sud de la basse Loire, n'ayant qu'un mètre d'eau en moyenne, n'est guère qu'un vaste marais.

100. Le cordon de dunes qui longe la côte du golfe de Gascogne a amené, en barrant le chemin aux cours d'eau landais, la formation d'un grand nombre d'étangs sans grande profondeur; tels sont les *étangs d'Hourtins et de Carcans, de Lacanau, de Cazau, de Biscarosse*, etc.

101. Plusieurs régions de plaines, comme la *Dombes* (entre l'Ain et la basse Saône), la *Sologne* (entre le bas Cher et la Loire), la *Brenne* (sur la rive droite de la Creuse), renferment beaucoup d'étangs et de marais insalubres, que l'on fait disparaître peu à peu.

L. Thuillier, delt

GÉOGRAPHIE HISTORIQUE

I. — GAULE ANCIENNE

102. **GAULE BARBARE.** — La France actuelle occupe la majeure partie de la Gaule ancienne. Mais, comme celle-ci s'étendait, à l'est, jusqu'au Rhin, elle comprenait en outre les pays qui forment aujourd'hui la Suisse, l'Allemagne en deçà du Rhin, la Belgique et les trois quarts de la Hollande.

Elle était habitée par trois principaux groupes de peuples, savoir : les **Kymris** ou **Belges**, à l'angle nord-est; les **Galls** ou **Celtes**, au centre; et les **Ibères**, au sud, comprenant les *Aquitains* (Guyenne, Gascogne, Béarn, etc.) et les *Ligures* (Bas-Languedoc, Provence). Les Romains confondaient tous ces peuples sous le nom de **Gaulois**.

103. **GAULE ROMAINE.** — Les Romains s'emparèrent d'abord (154 avant J.-C.) du pays des Ligures, dont ils formèrent une province (Provence); puis, un siècle plus tard, Jules César conquit toute la Gaule. Les vainqueurs imposèrent aux populations gauloises leur langue et leurs mœurs; des missionnaires vinrent leur annoncer l'Évangile dès les premiers siècles de notre ère, et le christianisme fit parmi elles des progrès rapides. L'Église catholique, adoptant pour sa hiérarchie les divisions civiles, établit des archevêques dans les métropoles des **17 provinces** entre lesquelles le territoire fut divisé, et des évêques dans les 126 *cités* suffragantes.

104. **INVASIONS BARBARES.** — Dès le commencement du ve siècle, une multitude de barbares vinrent fondre sur la Gaule. Les *Vandales*, les *Suèves*, les *Alains*, et, un peu plus tard, les *Huns*, ne firent que la traverser en ravageant tout sur leur passage; mais les *Burgondes*, les *Visigoths* et les *Francs* s'y fixèrent.

105. Les **Burgondes** occupèrent les bassins de la Saône et du Rhône (Bourgogne, Franche-Comté, Lyonnais, Dauphiné, etc.). Les **Visigoths** s'emparèrent des plaines du Midi. Les **Francs** s'établirent d'abord dans le nord-est, détruisirent les derniers restes de la domination romaine, puis subjuguèrent les Burgondes et conquirent presque tout le pays des Visigoths. Vers la fin du VIIIe siècle, **Charlemagne** réunit sous son sceptre non seulement la Gaule entière, mais encore la majeure partie de l'Allemagne et de l'Italie.

106. Les deux dernières invasions de barbares furent celles des *Sarrasins*, que Charles Martel écrasa à Poitiers (732), et celle des *Normands*, qui arrachèrent à la faiblesse de Charles le Simple l'autorisation de s'établir dans la province qui a depuis porté leur nom.

II. — FRANCE FÉODALE

107. **ÉTABLISSEMENT DE LA FÉODALITÉ.** — Les rois francs avaient donné à leurs compagnons d'armes des domaines et des charges dans les pays conquis, à titre de bénéfices viagers. Grâce à la faiblesse des successeurs de Charlemagne, ces bénéfices devinrent héréditaires, et Charles le Chauve confirma cet ordre de choses dans le célèbre édit de Kiersy-sur-Oise (877), en permettant aux seigneurs de bâtir des forteresses sur leurs terres. Telle fut l'origine de la féodalité : du xe au XIVe siècle, le France fut morcelée en une foule de petits États, duchés, comtés, sireries, etc., subordonnés les uns aux autres et relevant tous du roi, leur commun suzerain. — Les **principaux fiefs** étaient les *duchés de France*, de *Normandie*, de *Bretagne*, de *Guyenne*, de *Bourgogne*; les *comtés de Flandre*, de *Champagne*, d'*Anjou*, de *Toulouse*, etc.

108. **DOMAINE ROYAL.** — Lorsque Hugues Capet monta sur le trône, il ne possédait que l'*Ile-de-France*, avec *Orléans* et sa banlieue. C'est autour de ce petit noyau que nos rois arrivèrent à grouper le reste de la France, en faisant rentrer peu à peu les grands fiefs sous leur autorité directe.

109. Les progrès furent d'abord très lents : durant les deux siècles qui séparent l'avènement de Hugues Capet de la mort de Louis VII (987-1180), le domaine royal s'accrut seulement du *Vexin français*, du *Gâtinais* et du *comté de Bourges*. Mais, au XIIIe siècle, les choses changèrent de face : Philippe-Auguste y ajouta la *Normandie*, la *Touraine*, le *Maine*, l'*Anjou*, le *Poitou* et l'*Auvergne*; Louis VIII, le *Bas-Poitou*, l'*Aunis*, la *Saintonge* et le *Bas-Languedoc*; saint Louis, le *Gévaudan*, le *Vivarais*, le *Velay*, l'*Albigeois*; Philippe III, le *comté de Toulouse*, le *Quercy* et le *Rouergue*; Philippe IV, la *Champagne* et le *comté de Chartres*.

110. Les progrès se continuèrent après la funeste guerre de Cent ans, qui avait failli compromettre notre existence nationale; de sorte que, lorsque Henri IV eut fait entrer son domaine particulier dans le domaine royal, la France était bien près d'avoir ses limites actuelles. Louis XIII et Louis XIV y ajoutèrent l'*Artois*, la *Flandre*, l'*Alsace*, la *Franche-Comté* et le *Roussillon*; Louis XV, la *Lorraine* et la *Corse* (1768). Vingt ans plus tard, la monarchie, qui avait fait de la France le plus beau royaume de la terre, sombrait dans la Révolution.

III. — FRANCE EN 1789

111. **ÉTENDUE ET POPULATION.** — Au moment où s'ouvrit la Révolution, qui devait bouleverser la face de l'Europe, la France avait une étendue à peu près égale à celle d'aujourd'hui. Sa population était d'environ 25 millions d'âmes, chiffre considérable pour l'époque, puisque l'Autriche n'en comptait alors que 18, l'Allemagne du nord 15, l'Angleterre 15, la Russie 20 au plus.

112. **DIVISION ECCLÉSIASTIQUE.** — En 1789, la France comprenait **139 diocèses**, 19 *archevêchés* et 120 *évêchés*, dont la plupart faisaient remonter leur fondation à l'époque de la domination romaine; 61 furent supprimés par le Concordat. Tous les évêchés actuels, moins Moulins et Laval, existaient avant la Révolution.

113. **DIVISION JUDICIAIRE.** — La justice était rendue par **13 parlements**, siégeant à *Paris*, *Toulouse*, *Grenoble*, *Bordeaux*, *Dijon*, *Rouen*, *Aix*, *Rennes*, *Pau*, *Metz*, *Besançon*, *Douai* et *Nancy*, et par les **4 conseils souverains** de *Colmar*, *Perpignan*, *Arras* et *Bastia*. Au-dessous des parlements étaient les *présidiaux*, au nombre de 111, et des tribunaux d'ordre inférieur, *bailliages*, *prévôtés*, etc.

114. **DIVISION MILITAIRE.** — Au point de vue militaire, le territoire français était divisé en 33 *grands gouvernements* et en 7 *petits*.

115. Les **grands gouvernements militaires** correspondaient à peu près aux anciennes **provinces historiques**; 12 d'entre eux avaient une importance plus considérable, et leur création remontait à François Ier; ce sont ceux qui sont imprimés en italique dans le tableau suivant.

Ile-de-France,	capitale	Paris.
Picardie,	—	Amiens.
Normandie,	—	Rouen.
Bretagne,	—	Rennes.
Champagne,	—	Troyes.
Orléanais,	—	Orléans.
Maine,	—	Le Mans.
Anjou,	—	Angers.
Touraine,	—	Tours.
Nivernais,	—	Nevers.
Berry,	—	Bourges.
Poitou,	—	Poitiers.
Aunis,	—	La Rochelle.
Bourgogne,	—	Dijon.
Lyonnais,	—	Lyon.
Auvergne,	—	Clermont.
Bourbonnais,	—	Moulins.
Marche,	—	Guéret.
Guyenne et Gascogne,	—	Bordeaux.
Saintonge et Angoumois.	—	Saintes.
Limousin,	—	Limoges.
Béarn,	—	Pau.
Languedoc,	—	Toulouse.
Comté de Foix,	—	Foix.
Provence,	—	Aix.
Dauphiné,	—	Grenoble.
Flandre,	—	Lille.
Artois,	—	Arras.
Lorraine,	—	Nancy.
Alsace,	—	Strasbourg.
Franche-Comté,	—	Besançon.
Roussillon,	—	Perpignan.
Corse,	—	Bastia.

116. Les sept **petits gouvernements** étaient ceux de *Paris*, *le Havre*, *Boulogne*, *Sedan*, *Metz*, *Toul* et *Saumur*.

IV. — FRANCE DEPUIS 1789

117. **RÉVOLUTION.** — Dès le début de la Révolution, l'Assemblée constituante supprima toutes les anciennes divisions, ecclésiastiques, judiciaires, militaires, etc., elle en créa de nouvelles et leur donna pour cadres les **83 départements** dans lesquels elle divisa le territoire (1790). Ces départements reçurent des noms tirés de fleuves et de montagnes ou de leur position géographique.

Avignon et le *Comtat Venaissin*, enlevés au pape (1791), servirent à former un département de plus.

118. **EMPIRE.** — Les guerres de Napoléon accrurent démesurément son empire. En 1811, le territoire français comprenait **132 départements**, dont 9 *en Belgique*, 8 *en Hollande*, 9 *en Allemagne*, 1 *en Suisse*, 14 *en Italie*. Lubeck, sur la Baltique, faisait partie du département des Bouches-de-l'Elbe; Venise était le chef-lieu de celui de l'Adriatique; un préfet français commandait à Rome. De plus, les *provinces illyriennes*, érigées en fiefs au profit de généraux français, et le *royaume de Naples*, gouverné par un prince de la famille impériale, faisaient partie intégrante de l'empire.

119. **TRAITÉS DE VIENNE.** — De toutes les conquêtes de Napoléon, les traités de Vienne (1815) ne nous laissèrent rien. La France fut obligée de rentrer dans ses anciennes limites, épuisée d'hommes et d'argent. Elle perdit même plusieurs places importantes sur la frontière du Rhin, *Philippeville*, *Marienbourg*, *Sarrelouis*, *Landau*, et une partie du *pays de Gex*.

120. **RESTAURATION ET LOUIS-PHILIPPE.** — Le gouvernement de la Restauration et celui de Louis-Philippe étendirent le territoire français au delà de la Méditerranée par la conquête de l'**Algérie**.

121. **SECOND EMPIRE.** — Le second empire occupa la *Nouvelle-Calédonie*, conquit la *Cochinchine* et établit le protectorat français sur le *Cambodge*; enfin il réunit à la France la **Savoie** et le **Comté de Nice**, cédés par l'Italie (1860). Mais, dix ans plus tard, l'Allemagne nous enlevait, avec l'**Alsace** et une **partie de la Lorraine**, un territoire fort riche, peuplé d'un million et demi d'excellents Français.

122. **TROISIÈME RÉPUBLIQUE.** — La troisième république a considérablement accru notre domaine colonial par la conquête du *Tonkin*, par l'établissement du protectorat français sur l'*Annam*, *Madagascar*, la *Tunisie*, le *Soudan occidental*, le *Dahomey*, etc., et par l'annexion pacifique du *Congo septentrional*.

L. Thuillier, del.t

GÉOGRAPHIE POLITIQUE

POPULATION

123. POPULATION ABSOLUE. — La France renferme un peu plus de 38 millions $^1/_2$ d'habitants (Russie d'Europe, y compris la Finlande, 106 millions; Allemagne, 52; Autriche-Hongrie, 42; Angleterre, 40; Italie, 31; Espagne, 18. — Chine, 360; Inde anglaise, 290; États-Unis, 73). Elle occupe le quatrième rang parmi les États européens pour le nombre des habitants.

124. POPULATION RELATIVE. — La France renferme 72 habitants par kilomètre carré, en moyenne (Belgique, 220; Pays-Bas, 149; Royaume-Uni, 126; Angleterre seule, 192; Italie, 109; Allemagne, 97; Autriche-Hongrie, 69; Russie, 19; Norwège, 6). Elle prend le septième rang parmi les États européens pour la densité de la population.

125. **ACCROISSEMENT DE LA POPULATION.** — L'accroissement régulier de la population provient de l'excédent des naissances sur les décès. Il est actuellement peu sensible en France; il y a même eu diminution en 1890 et 1892; le dernier recensement accuse une décroissance, dans 63 départements, pour la période comprise entre 1891 et 1896. Cependant l'Angleterre gagne plus de 400 000 hommes par an, l'Allemagne, près de 600 000, et la Russie plus d'un million et demi.

126. **ÉMIGRATION ET IMMIGRATION.** — La France envoie peu d'émigrants à l'étranger (moyenne de 1888 à 1890, 25 000 par an. Angleterre, 250 000; Allemagne et Italie, de 160 000 à 200 000 chacune). En revanche, elle reçoit beaucoup d'immigrants étrangers (30 000 par an). Le dernier recensement en signale 1 027 491, sans compter plus de 100 000 étrangers naturalisés français.

127. **RELIGION.** — Le recensement de 1872, le dernier qui ait mentionné le culte, accusait 35 387 000 *catholiques*, 580 000 *protestants*, 50 000 *juifs* et un nombre insignifiant de *libres-penseurs*. Depuis lors le nombre des catholiques et des protestants a peu augmenté; mais celui des libres-penseurs a dû nécessairement s'accroître dans une large mesure à la suite des efforts faits pour déchristianiser le pays. Quant au chiffre des Juifs, il a au moins triplé; quelques-uns même pensent qu'il dépasse actuellement un demi-million.

GOUVERNEMENT

128. La France est une **république**, ayant à sa tête un **président**, élu pour sept ans, à la majorité des suffrages, par le sénat et la chambre des députés.

129. Le **pouvoir exécutif** est exercé par des **ministres**, actuellement au nombre de dix. Les ministres, choisis par le président, sont responsables devant les Chambres de leurs actes politiques.

130. Le **pouvoir législatif** s'exerce par les **chambres**, *sénat* et *chambre des députés*. Toute loi, pour être exécutoire, doit être votée par les deux chambres et promulguée par le président de la république.

131. Les membres de la **chambre des députés** sont élus pour quatre ans au suffrage universel. Le nombre des députés est d'environ 600.

132. Le **sénat** se compose de 300 membres, élus au suffrage à deux degrés, et renouvelables par tiers tous les trois ans.

133. Sont **électeurs** tous les Français âgés de vingt et un ans, ayant six mois de domicile dans une commune et jouissant de leurs droits civils et politiques.

Archevêchés et évêchés.

ADMINISTRATION CIVILE

134. DÉPARTEMENTS. — La France est divisée en 86 départements, administrés par des préfets. Les **préfets**, nommés par le pouvoir exécutif, qui peut toujours les révoquer, dépendent du ministre de l'intérieur, mais ils sont les agents de tous les ministres. Ils gèrent les finances départementales d'après les décisions et sous le contrôle des **conseils généraux**, dont les membres sont élus au suffrage universel, à raison d'un conseiller par canton.

135. ARRONDISSEMENTS. — Les départements se divisent en arrondissements; il y en a 362. Les arrondissements sont administrés par des **sous-préfets**. Le sous-préfet est assisté d'un *conseil d'arrondissement*.

136. CANTONS. — Les arrondissements se subdivisent en cantons (2899 pour toute la France). Le canton forme une circonscription électorale pour la nomination des conseillers généraux et des conseillers d'arrondissement. C'est la plus petite unité judiciaire; il y a un **juge de paix** par canton.

137. COMMUNES. — La commune est la plus petite unité administrative. Le dernier recensement en accuse 36170. La commune est administrée par un **maire**, assisté d'un ou de plusieurs *adjoints*. Les maires et les adjoints sont élus par le conseil municipal. Les membres du **conseil municipal** sont nommés tous les quatre ans par les électeurs de la commune. Leur nombre varie de 10 à 36, selon le chiffre de la population.

ORGANISATION ECCLÉSIASTIQUE

138. CULTES RECONNUS. — Il y a, en France, trois cultes reconnus par l'État et entretenus en partie aux frais du budget : le culte *catholique*, qui est professé par plus de 36 millions de Français, et les cultes *protestant* et *israélite*, qui se partagent le reste des croyants.

139. DIOCÈSES CATHOLIQUES. — La France catholique se divise en 84 diocèses, à la tête desquels sont placés des **archevêques** et des **évêques**. On compte 17 archevêchés et 67 évêchés suffragants; à part un petit nombre d'exceptions, chacun d'eux correspond à un département.

140. Voici la liste des archevêchés (en caractères gras) et des évêchés qui en dépendent :

Cambrai, Arras.
Reims, Amiens, Beauvais, Soissons, Châlons.
Paris, Meaux, Orléans, Blois, Chartres, Versailles.
Rouen, Evreux, Séez, Bayeux, Coutances.
Rennes, Saint-Brieuc, Quimper, Vannes.
Tours, Nantes, Angers, Laval, le Mans.
Bordeaux, Luçon, Poitiers, la Rochelle, Angoulême, Périgueux, Agen.
Auch, Aire, Bayonne, Tarbes.
Toulouse, Montauban, Pamiers, Carcassonne.
Albi, Perpignan, Cahors, Rodez, Mende.
Avignon, Montpellier, Nîmes, Viviers, Valence.
Aix, Ajaccio, Marseille, Fréjus, Nice, Digne, Gap.
Chambéry, Saint-Jean-de-Maurienne, Annecy, Moutiers ou Tarantaise.
Lyon, Grenoble, Saint-Claude, Autun, Dijon, Langres.
Besançon, Belley, Saint-Dié, Nancy, Verdun.
Sens, Troyes, Nevers, Moulins.
Bourges, Limoges, Clermont, le Puy, Saint-Flour, Tulle.

141. **PAROISSES.** — Les diocèses se divisent en paroisses, à la tête desquelles sont placés des **curés**, assistés au besoin de *vicaires*. Les paroisses rurales correspondent généralement aux communes.

INSTRUCTION PUBLIQUE

142. **UNIVERSITÉ.** — L'enseignement public est celui qui est donné au nom de l'État par un corps spécial de maîtres, qui forme l'Université de France. L'Université donne l'enseignement primaire dans les *écoles primaires*, l'enseignement secondaire dans les *collèges* et *lycées*, et l'enseignement supérieur dans les *facultés* (lettres, sciences, droit et médecine). Elle a à sa tête le ministre de l'instruction publique, qui prend le titre de grand maître de l'Université.

143. **ACADÉMIES.** — L'Université comprend 16 académies, administrées par des **recteurs**. C'est aux chef-lieux des académies que sont établies les facultés et que se passent les examens pour l'obtention des **grades universitaires**, *baccalauréat*, *licence* et *doctorat*.

144. Voici la liste des 16 académies :
Au nord : Lille, Paris, Caen.
A l'ouest : Rennes, Poitiers, Bordeaux.
Au sud : Toulouse, Montpellier, Aix.
A l'est : Grenoble, Chambéry, Lyon, Dijon, Besançon, Nancy.
Au centre : Clermont.

145. **ENSEIGNEMENT LIBRE.** — A côté de l'enseignement public, il y a l'enseignement libre, qui est surtout donné par le clergé et par les congrégations religieuses. Les écoles libres, primaires, secondaires et supérieures, ont été fondées et sont soutenues uniquement par l'initiative privée. Elles sont soumises à l'inspection de l'État, mais seulement en ce qui concerne l'hygiène, la moralité et le respect des lois.

JUSTICE

146. La justice est rendue par des tribunaux de divers ordres, dont les principaux sont les *justices de paix*, les *tribunaux de première instance*, les *tribunaux de commerce*, les *conseils de prud'hommes*, les *cours d'appel*, les *cours d'assises* et la *cour de cassation*.

147. **TRIBUNAUX DU PREMIER DEGRÉ.** — Il y a au chef-lieu de chaque canton un **juge de paix**, dont la fonction est de chercher à concilier les personnes qui ont des différends et de juger les affaires de médiocre importance.

148. Chaque arrondissement possède un **tribunal de première instance**, qui juge toutes les affaires civiles et correctionnelles. — Les **tribunaux de commerce** sont établis dans les villes commerçantes pour juger les contestations relatives au commerce. — Les **conseils de prud'hommes**, organisés dans les villes industrielles, jugent les différends qui surviennent entre ouvriers et patrons.

149. **COURS D'APPEL.** — Au-dessus des tribunaux du premier degré, il existe des cours d'appel qui prononcent en dernier ressort sur les oppositions formées contre les jugements de ces tribunaux. Elles sont au nombre de 26 et siègent dans les villes suivantes :
5 au nord : Douai, Amiens, Rouen, Paris, Caen;
4 à l'ouest : Rennes, Angers, Poitiers, Bordeaux;
7 au sud : Pau, Agen, Toulouse, Montpellier, Nîmes, Aix, Bastia;
6 à l'est : Grenoble, Chambéry, Lyon, Dijon, Besançon, Nancy;
4 au centre : Orléans, Bourges, Riom, Limoges.

150. **COURS D'ASSISES.** — Les cours d'assises sont des tribunaux temporaires qui siègent tous les trois mois dans chaque département, généralement au chef-lieu. Leur fonction est de juger les crimes, avec l'assistance d'un **jury** composé de 12 jurés.

151. **COUR DE CASSATION.** — Au-dessus de tous les tribunaux est la cour de cassation, siégeant à Paris. Elle ne juge pas au fond, mais elle peut casser tout jugement rendu en dernier ressort, pour l'un des trois motifs suivants : vice de forme, excès de pouvoir, fausse application de la loi; dans ce cas, l'affaire est renvoyée devant une cour d'appel pour y être jugée à nouveau.

Académies.

Cours d'appel.

FINANCES

152. L'État fait nécessairement de grandes *dépenses*, auxquelles doivent correspondre des *recettes* d'importance égale. Ces recettes sont surtout fournies par l'impôt.

153. On distingue deux sortes d'**impôts** : les *impôts directs* (foncier, personnel, mobilier, portes et fenêtres, patentes, etc.) et les *impôts indirects* (taxes sur le sucre et le sel, enregistrement, timbre, douanes, tabac, etc.), qui rapportent cinq ou six fois plus que les impôts directs.

154. Le **budget** de la France (tableau des recettes et des dépenses de l'État) est d'environ 3 400 millions (Angleterre, 2 700; Prusse, 2 500; Russie, 4 200; Autriche-Hongrie, 2 600; Italie, 1 700).

155. La moyenne des impôts par tête est, en France, de 64 francs (Angleterre, 47; Prusse, 30; Russie, 23; Autriche, 26; Hongrie, 28; Italie, 35).

156. Lorsque les recettes sont inférieures aux dépenses, l'État recourt à l'emprunt. L'ensemble des **emprunts** forme la plus grosse part de la dette publique, qui comprend en outre les **pensions** accordées aux fonctionnaires retraités, aux soldats blessés, etc. Le capital de la **dette française** est évalué à 35 milliards (Russie, 16; Angleterre, 16; Italie, 13; Allemagne, 16; Autriche-Hongrie, 14).

Province	Département	Chef-lieu et sous-préfectures
FLANDRE, cap. Lille	**Nord**	*ch.-l.* **Lille.** *S.-p.* Dunkerque, Douai, Valenciennes, Cambrai, Hazebrouck, Avesnes.
ARTOIS, cap. Arras	**Pas-de-Calais**	*ch.-l.* **Arras.** *S.-p.* Boulogne, Saint-Omer, Béthune, S.-Pol, Montreuil.
PICARDIE cap. Amiens	**Somme**	*ch.-l.* **Amiens.** *S.-p.* Abbeville, Doullens, Péronne, Montdidier.
ILE-DE-FRANCE cap. Paris	**Seine**	*ch.-l.* **Paris.**
	Seine-et-Oise	*ch.-l.* **Versailles.** *S.-p.* Étampes, Corbeil, Pontoise, Mantes, Rambouillet.
	Seine-et-Marne	*ch.-l.* **Melun.** *S.-p.* Meaux, Fontainebleau, Provins, Coulommiers.
	Oise	*ch.-l.* **Beauvais.** *S.-p.* Compiègne, Senlis, Clermont.
	Aisne	*ch.-l.* **Laon.** *S.-p.* Saint-Quentin, Soissons, Château-Thierry, Vervins.
CHAMPAGNE cap. Troyes	**Ardennes**	*ch.-l.* **Mézières.** *S.-p.* Sedan, Rethel, Rocroi, Vouziers.
	Marne	*ch.-l.* **Châlons-sur-Marne.** *S.-p.* Reims, Épernay, Vitry-le-François, Sainte-Menehould.
	Haute-Marne	*ch.-l.* **Chaumont.** *S.-p.* Langres, Vassy.
	Aube	*ch.-l.* **Troyes.** *S.-p.* Bar-sur-Aube, Nogent-sur-Seine, Bar-sur-Seine, Arcis-sur-Aube.
ORLÉANAIS cap. Orléans	**Loiret**	*ch.-l.* **Orléans.** *S.-p.* Montargis, Gien, Pithiviers.
	Loir-et-Cher	*ch.-l.* **Blois.** *S.-p.* Vendôme, Romorantin.
	Eure-et-Loir	*ch.-l.* **Chartres.** *S.-p.* Dreux, Nogent-le-Rotrou, Châteaudun.
NORMANDIE cap. Rouen	**Seine-Inférieure**	*ch.-l.* **Rouen.** *S.-p.* le Havre, Dieppe, Yvetot, Neufchâtel.
	Eure	*ch.-l.* **Évreux.** *S.-p.* Louviers, Bernay, Pont-Audemer, les Andelys.
	Calvados	*ch.-l.* **Caen.** *S.-p.* Lisieux, Bayeux, Falaise, Vire, Pont-l'Évêque.
	Manche	*ch.-l.* **Saint-Lô.** *S.-p.* Cherbourg, Coutances, Avranches, Valognes, Mortain.
	Orne	*ch.-l.* **Alençon.** *S.-p.* Argentan, Domfront, Mortagne.
MAINE, c. le Mans	**Sarthe**	*ch.-l.* **le Mans.** *S.-p.* La Flèche, Mamers, Saint-Calais.
	Mayenne	*ch.-l.* **Laval.** *S.-p.* Mayenne, Château-Gontier.
BRETAGNE capitale Rennes	**Ile-et-Vilaine**	*ch.-l.* **Rennes.** *S.-p.* Fougères, Saint-Malo, Vitré, Redon, Montfort.
	Côtes-du-Nord	*ch.-l.* **Saint-Brieuc.** *S.-p.* Dinan, Guingamp, Lannion, Loudéac.
	Finistère	*ch.-l.* **Quimper.** *S.-p.* Brest, Morlaix, Quimperlé, Châteaulin.
	Morbihan	*ch.-l.* **Vannes.** *S.-p.* Lorient, Pontivy, Ploërmel.
	Loire-Inférieure	*ch.-l.* **Nantes.** *S.-p.* S.-Nazaire, Châteaubriant, Ancenis, Paimbœuf.
ANJOU, cap. Angers	**Maine-et-Loire**	*ch.-l.* **Angers.** *S.-p.* Cholet, Saumur, Baugé, Segré.
TOURAINE, c. Tours	**Indre-et-Loire**	*ch.-l.* **Tours.** *S.-p.* Chinon, Loches.
POITOU capitale Poitiers	**Vienne**	*ch.-l.* **Poitiers.** *S.-p.* Châtellerault, Montmorillon, Loudun, Civray.
	Deux-Sèvres	*ch.-l.* **Niort.** *S.-p.* Parthenay, Bressuire, Melle.
	Vendée	*ch.-l.* **la Roche-sur-Yon.** *S.-p.* les Sables-d'Olonne, Fontenay-le-Comte.
AUNIS cap. La Rochelle SAINTONGE capitale Saintes	**Charente-Infér.**	*ch.-l.* **La Rochelle.** *S.-p.* Rochefort, Saintes, Saint-Jean-d'Angély, Marennes, Jonzac.
ANGOUMOIS cap. Angoulême	**Charente**	*ch.-l.* **Angoulême.** *S.-p.* Cognac, Barbezieux, Ruffec, Confolens.
GUYENNE cap. Bordeaux	**Gironde**	*ch.-l.* **Bordeaux.** *S.-p.* Libourne, Bazas, Blaye, la Réole, Lesparre.
	Lot-et-Garonne	*ch.-l.* **Agen.** *S.-p.* Villeneuve, Marmande, Nérac.
	Dordogne	*ch.-l.* **Périgueux.** *S.-p.* Bergerac, Sarlat, Ribérac, Nontron.
	Lot	*ch.-l.* **Cahors.** *S.-p.* Figeac, Gourdon.
	Tarn-et-Garonne	*ch.-l.* **Montauban.** *S.-p.* Moissac, Castelsarrasin.
	Aveyron	*ch.-l.* **Rodez.** *S.-p.* Millau, Villefranche, Saint-Affrique, Espalion.
GASCOGNE capitale Auch	**Gers**	*ch.-l.* **Auch.** *S.-p.* Condom, Lectoure, Mirande, Lombez.
	Landes	*ch.-l.* **Mont-de-Marsan.** *S.-p.* **Dax**, Saint-Sever.
	Hautes-Pyrénées	*ch.-l.* **Tarbes.** *S.-p.* Bagnères-de-Bigorre, Argelès.
BÉARN, cap. Pau	**Basses-Pyrénées**	*ch.-l.* **Pau.** *S.-p.* Bayonne, Oloron, Orthez, Mauléon.
COMTÉ DE FOIX cap. Foix	**Ariège**	*ch.-l.* **Foix.** *S.-p.* Pamiers, Saint-Girons.
ROUSSILLON capitale Perpignan	**Pyrénées-Orient.**	*ch.-l.* **Perpignan.** *S.-pr.* Prades, Céret.
LANGUEDOC capitale Toulouse	**Tarn**	*ch.-l.* **Albi.** *S.-p.* Castres, Gaillac, Lavaur.
	Haute-Garonne	*ch.-l.* **Toulouse.** *S.-p.* S.-Gaudens, Muret, Villefranche.
	Aude	*ch.-l.* **Carcassonne.** *S.-p.* Narbonne, Castelnaudary, Limoux.
	Hérault	*ch.-l.* **Montpellier.** *S.-p.* Béziers, Lodève, Saint-Pons.
	Gard	*ch.-l.* **Nîmes.** *S.-p.* Alais, Uzès, le Vigan.
	Lozère	*ch.-l.* **Mende.** *S.-p.* Marvejols, Florac.
	Haute-Loire	*ch.-l.* **le Puy.** *S.-p.* Yssingeaux, Brioude.
	Ardèche	*ch.-l.* **Privas.** *S.-p.* Tournon, Largentière.
COMTAT-VENAISSIN cap. Avignon	**Vaucluse**	*ch.-l.* **Avignon** *S.-p.* Orange, Carpentras, Apt.
CORSE, cap. Bastia	**Corse**	*ch.-l.* **Ajaccio.** *S.-p.* Bastia, Sartène, Corté, Calvi.
COMTÉ DE NICE cap. Nice	**Alpes-Maritimes**	*ch.-l.* **Nice.** *S.-p.* Grasse, Puget-Théniers.
PROVENCE, c. Aix	**Var**	*ch.-l.* **Draguignan.** *S.-p.* Toulon, Brignoles.
	Bouch.-du-Rhône	*ch.-l.* **Marseille.** *S.-p.* Aix, Arles.
	Basses-Alpes	*ch.-l.* **Digne.** *S.-p.* Sisteron, Forcalquier, Barcelonnette, Castellane.
DAUPHINÉ capitale Grenoble	**Hautes-Alpes**	*ch.-l.* **Gap.** *S.-p.* Briançon, Embrun.
	Drôme	*ch.-l.* **Valence.** *S.-p.* Montélimar, Die, Nyons.
	Isère	*ch.-l.* **Grenoble.** *S.-p.* Vienne, Saint-Marcellin, la Tour-du-Pin.
SAVOIE cap. Chambéry	**Savoie**	*ch.-l.* **Chambéry.** *S.-p.* Albertville, S.-Jean-de-Maurienne, Moutiers.
	Haute-Savoie	*ch.-l.* **Annecy.** *S.-p.* Thonon, Bonneville, Saint-Julien.
LYONNAIS cap. Lyon	**Rhône**	*ch.-l.* **Lyon.** *S.-p.* Villefranche-sur-Saône.
	Loire	*ch.-l.* **Saint-Étienne.** *S.-p.* Roanne, Montbrison.
AUVERGNE c. Clerm.-Ferrand	**Puy-de-Dôme**	*ch.-l.* **Clermont-Ferrand.** *S.-p.* Thiers, Riom, Ambert, Issoire.
	Cantal	*ch.-l.* **Aurillac.** *S.-p.* Saint-Flour, Mauriac, Murat.
LIMOUSIN capitale Limoges	**Corrèze**	*ch.-l.* **Tulle.** *S.-p.* Brives, Ussel.
	Haute-Vienne	*ch.-l.* **Limoges.** *S.-p.* Saint-Yrieix, Rochechouart, Bellac.
MARCHE, c. Guéret	**Creuse**	*ch.-l.* **Guéret.** *S.-p.* Aubusson, Bourganeuf, Boussac.
BERRY, c. Bourges	**Indre**	*ch.-l.* **Châteauroux.** *S.-p.* Issoudun, le Blanc, la Châtre.
	Cher	*ch.-l.* **Bourges.** *S.-p.* Saint-Amand, Sancerre.
BOURBONNAIS capitale Moulins	**Allier**	*ch.-l.* **Moulins.** *S.-p.* Montluçon, Gannat, la Palisse.
NIVERNAIS capitale Nevers	**Nièvre**	*ch.-l.* **Nevers.** *S.-p.* Cosne, Clamecy, Château-Chinon.
BOURGOGNE capitale Dijon	**Ain**	*ch.-l.* **Bourg.** *S.-p.* Belley, Nantua, Gex, Trévoux.
	Saône-et-Loire	*ch.-l.* **Mâcon.** *S.-p.* Châlon-s.-Saône, Autun, Louhans, Charolles.
	Côte-d'Or	*ch.-l.* **Dijon.** *S.-p.* Beaune, Châtillon, Semur.
	Yonne	*ch.-l.* **Auxerre.** *S.-p.* Sens, Joigny, Avallon, Tonnerre.
FRANCHE-COMTÉ c. Besançon	**Jura**	*ch.-l.* **Lons-le-Saunier.** *S.-p.* Dôle, Saint-Claude, Poligny.
	Doubs	*ch.-l.* **Besançon.** *S.-p.* Montbéliard, Pontarlier, Baume-les-Dames.
	Haute-Saône	*ch.-l.* **Vesoul.** *S.-p.* Gray, Lure.
ALSACE (cap. Strasbourg).		Territoire de Belfort.
LORRAINE capitale Nancy	**Vosges**	*ch.-l.* **Épinal.** *S.-p.* S.-Dié, Remiremont, Mirecourt, Neufchâteau.
	Meurthe-et-Mos.	*ch.-l.* **Nancy.** *S.-p.* Lunéville, Toul, Briey.
	Meuse	*ch.-l.* **Bar-le-Duc.** *S.-p.* Verdun, Commercy, Montmédy.

Echelle. 1: 5000000
0 50 100 150
Kilomètres.
MER DU NORD
ANGLETERRE
LONDRES
I. de Wight
LA MANCHE
Pas de Calais
BELGIQUE
BRUXELLES
GRAND DUCHÉ DE LUXEMBOURG
ALLEMAGNE
LORRAINE
ALSACE
SUISSE
ITALIE
Iles Anglo-Normandes
Guernesey
Jersey
Baie de la Seine
OCÉAN ATLANTIQUE
Golfe de Gascogne
Golfe du Lion
MER MÉDITERRANÉE
ESPAGNE
CORSE
Bastia
Ajaccio
Détt de Bonifacio
PARIS
Préfectures
Sous-Préfectures
Limites d'États
id. de Départements
id. de Provinces

GÉOGRAPHIE MILITAIRE

I. — ORGANISATION MILITAIRE

157. **COMPOSITION DE L'ARMÉE.** — Tout Français reconnu valide est astreint au service militaire personnel depuis l'âge de vingt ans révolus jusqu'à quarante-cinq ans. La durée du service militaire se décompose ainsi : trois ans dans l'*armée active*, sept ans dans la *réserve de l'armée active*, six ans dans l'*armée territoriale*, et neuf ans dans la *réserve de l'armée territoriale*.

158. **ARMÉE ACTIVE.** — L'armée active comprend tous les hommes présents sous les drapeaux ou en congé temporaire; elle compte environ 550 000 hommes (Russie, 900 000; Allemagne, 580 000; Autriche-Hongrie, 380 000; Italie, 220 000).

159. **CORPS D'ARMÉE ET RÉGIONS MILITAIRES.** — Les forces militaires de la France sont réparties en 20 **corps d'armée**, dont un en Algérie. Chaque corps, commandé par un général en chef, comprend huit régiments d'infanterie, deux de cavalerie, deux d'artillerie, un bataillon du génie.

160. Le territoire français est divisé en **19 régions militaires**, dont chacune correspond à un corps d'armée. (Voir sur la carte les départements dont se compose chacune de ces régions.)

Voici les **chefs-lieux** des 19 **régions** militaires avec leurs numéros d'ordre :

1re *Lille*, 2e *Amiens*, 3e *Rouen*, 4e *le Mans*, 5e *Orléans*, 6e *Châlons*, 7e *Besançon*, 8e *Bourges*, 9e *Tours*, 10e *Rennes*, 11e *Nantes*, 12e *Limoges*, 13e *Clermont*, 14e *Grenoble*, 15e *Marseille*, 16e *Montpellier*, 17e *Toulouse*, 18e *Bordeaux*, 20e *Nancy*. — Le chef-lieu de la 19e région est *Alger*.

161. Il est à propos de remarquer que nos deux plus grandes villes, **Paris** et **Lyon**, ne sont point chefs-lieux de région militaire; mais on y a établi deux grands commandements distincts. Paris est divisé en quatre sections, appartenant à autant de régions (2e, 3e, 4e et 5e); il en est de même de Lyon.

162. **SERVICES ANNEXES DE L'ARMÉE.** — De l'administration militaire relèvent : 1° Un certain nombre d'**écoles spéciales** (école supérieure de guerre, école polytechnique, école militaire de Saint-Cyr, écoles d'artillerie et du génie, de cavalerie, d'administration militaire, etc.), et plusieurs **établissements industriels**, comme les *fabriques d'armes de Châtellerault, Tulle* et *Saint-Étienne;* la *fonderie de canons de Bourges;* des ateliers de construction à *Tarbes*, *Avignon*, *Angers*, *Vernon*, etc.

163. **MARINE.** — Le personnel de la marine de guerre française comprend, en temps de paix, environ 37 000 *hommes d'équipages* (Angleterre, 85 000; Italie, 25 000; Allemagne, 10 000), 16 000 *hommes de troupes*, en France et aux colonies, et un nombreux *état-major* (environ 3 450 officiers ou assimilés), avec 3 300 employés subalternes.

164. Le **matériel** de la flotte se compose d'environ 126 *grands navires* (Angleterre, 260; Russie, 97; Allemagne, 76; Italie, 46; Pays-Bas, 52; Autriche-Hongrie, 26) et 250 *petits* (Angleterre, 500; Russie, 240, Allemagne, 110; Italie, 225; Pays-Bas, 100).

165. De l'administration maritime relèvent les *arsenaux et chantiers de construction de nos cinq ports de guerre*, l'*établissement d'Indret* (Loire-Inférieure), qui fabrique des machines à vapeur et des coques de navires en fer, les *forges de la Chaussade* (Nièvre), la *fonderie de canons de Ruelle* (Charente), etc.

166. Les côtes de la France sont divisées en **cinq arrondissements maritimes**, qui ont pour chefs-lieux les cinq grands ports militaires, **Cherbourg**, **Brest**, **Lorient**, **Rochefort** et **Toulon**. Chaque arrondissement est commandé par un vice-amiral, qui porte le titre de préfet maritime, et subdivisé en *sous-arrondissements*. (Consulter la carte.)

II. — DÉFENSE DES FRONTIÈRES

167. **SYSTÈME DE DÉFENSE.** — Si la France actuelle avait les limites de la Gaule ancienne, les **Pyrénées**, les **Alpes**, le **Jura**, le **Rhin** et la **mer** lui constitueraient une ceinture naturelle de défense des plus faciles à garder. Malheureusement il n'en est pas ainsi, et la perte de la rive gauche du Rhin laisse les plaines du nord-est ouvertes à l'invasion. Or c'est précisément de ce côté, où la défense est nulle et le danger menaçant, que se trouve Paris, le centre des administrations publiques, la tête et le cœur de la France, et par conséquent le principal objectif de l'envahisseur. C'est donc Paris qu'il s'agit avant tout de mettre à couvert.

168. Les progrès de l'artillerie ayant rendu à peu près inutiles les places isolées, on en a construit d'autres qu'on peut ranger en deux grandes catégories, les forts d'arrêt et les camps retranchés. Les **forts d'arrêt**, de résistance médiocre, interceptent les principaux passages; leur but est de protéger la concentration des troupes en arrêtant quelque temps les masses ennemies. On appelle **camp retranché** une position d'assez grande étendue, environnée d'une ceinture de forts, avec une place bastionnée ou même une ville ouverte, formant le noyau central. Cet ensemble de fortifications est destiné à servir de pivot à des opérations militaires ou de lieu de refuge à une armée vaincue.

169. **FRONTIÈRE DU NORD-EST.** — La frontière du nord-est se divise en deux sections, dont l'une confine à la Belgique et l'autre à l'Allemagne.

La **frontière belge** est protégée par trois groupes de fortifications : le premier comprend les camps retranchés de **Dunkerque** et de **Calais**, avec les places fortes de *Gravelines*, *Bergues* et *Saint-Omer*. Le second est le camp retranché de **Lille**. Le troisième a pour principales défenses la forteresse de **Valenciennes** et le camp retranché de **Maubeuge**, avec *Condé-sur-l'Escaut*, *Douai*, *Bouchain* et *Landrecies* comme positions avancées. — La **trouée des Ardennes**, entre Maubeuge et Verdun, n'est gardée que par des forteresses ou des forts isolés, *Hirson*, *Rocroi*, *Givet*, *Mézières*, *Montmédy* et *Longwy*. — En seconde ligne se trouve le grand camp retranché de **la Fère-Laon-Soissons**.

170. La défense sur la **frontière allemande** se concentre dans les quatre villes de *Verdun*, *Toul*, *Épinal* et *Belfort*. **Verdun** est relié à **Toul** par des forts construits sur la rive droite de la Meuse, et **Épinal** à **Belfort** par des forts élevés sur la rive gauche de la Moselle. — Entre Toul et Épinal s'ouvre la **trouée de Lorraine**. — La seconde ligne de défense se compose des camps retranchés de **Reims** et de **Langres**.

171. Enfin la capitale, **Paris**, est défendue par son enceinte bastionnée et par une double ceinture de forts détachés (une quarantaine), reliés ensemble par des voies ferrées et formant trois camps retranchés.

172. **FRONTIÈRE DU JURA.** — Le Jura constitue une bonne ligne de défense du côté de la Suisse. Le *fort de Joux*, le *fort des Rousses* et le *fort de l'Écluse* en gardent les trois principales routes. — Un peu en arrière sont les camps retranchés de **Besançon** et **de Dijon**.

173. **FRONTIÈRE DES ALPES.** — Sur la frontière italienne, les Alpes forment une solide barrière qu'une armée ne peut franchir que sur un petit nombre de points faciles à défendre et surveillés par des forts détachés. La première ligne de défense comprend trois places sérieusement organisées, *Albertville*, *Briançon* et *Nice*. **Nice** sert de noyau à un camp retranché, destiné à arrêter une armée d'invasion qui déboucherait le long du littoral. — Les camps retranchés de **Grenoble** et de **Lyon** forment la seconde ligne.

174. **FRONTIÈRE DES PYRÉNÉES.** — La chaîne des Pyrénées ne peut être franchie par une armée qu'à ses deux extrémités. A l'est, *Port-Vendres*, *Collioure*, *Bellegarde* et d'autres forts détachés surveillent les principales routes; et, dans la plaine, **Perpignan** centralise la défense. — A l'ouest, **Bayonne** garde la route qui côtoie le golfe de Gascogne, la seule qui ait une réelle importance stratégique.

175. **CÔTES DE LA MER DU NORD ET DE LA MANCHE.** — Le littoral de la **mer du Nord** et du Pas de Calais est défendu par le camp retranché de **Dunkerque-Gravelines-Calais**. Sur la Manche, les ports de *Boulogne*, *Dieppe*, *le Havre*, *Granville* et *Saint-Malo* sont protégés par des forts. Mais le port militaire de **Cherbourg** est le seul qui puisse servir de refuge à une flotte.

176. **CÔTES DE L'OCÉAN ATLANTIQUE.** Les côtes de l'océan Atlantique sont protégées par les trois ports militaires de **Brest**, **Lorient** et **Rochefort**, par des forts établis sur divers points de la côte et dans les îles voisines; enfin, au sud, par la solide place de *Bayonne*.

177. **CÔTES DE LA MÉDITERRANÉE.** — Nos principaux ports de commerce sur la Méditerranée, *Port-Vendres*, *Agde*, *Marseille*, *Villefranche*, sont protégés par des forts et des batteries. Nice a son camp retranché. **Toulon**, le premier de nos ports de guerre, centralise la défense des côtes méditerranéennes.

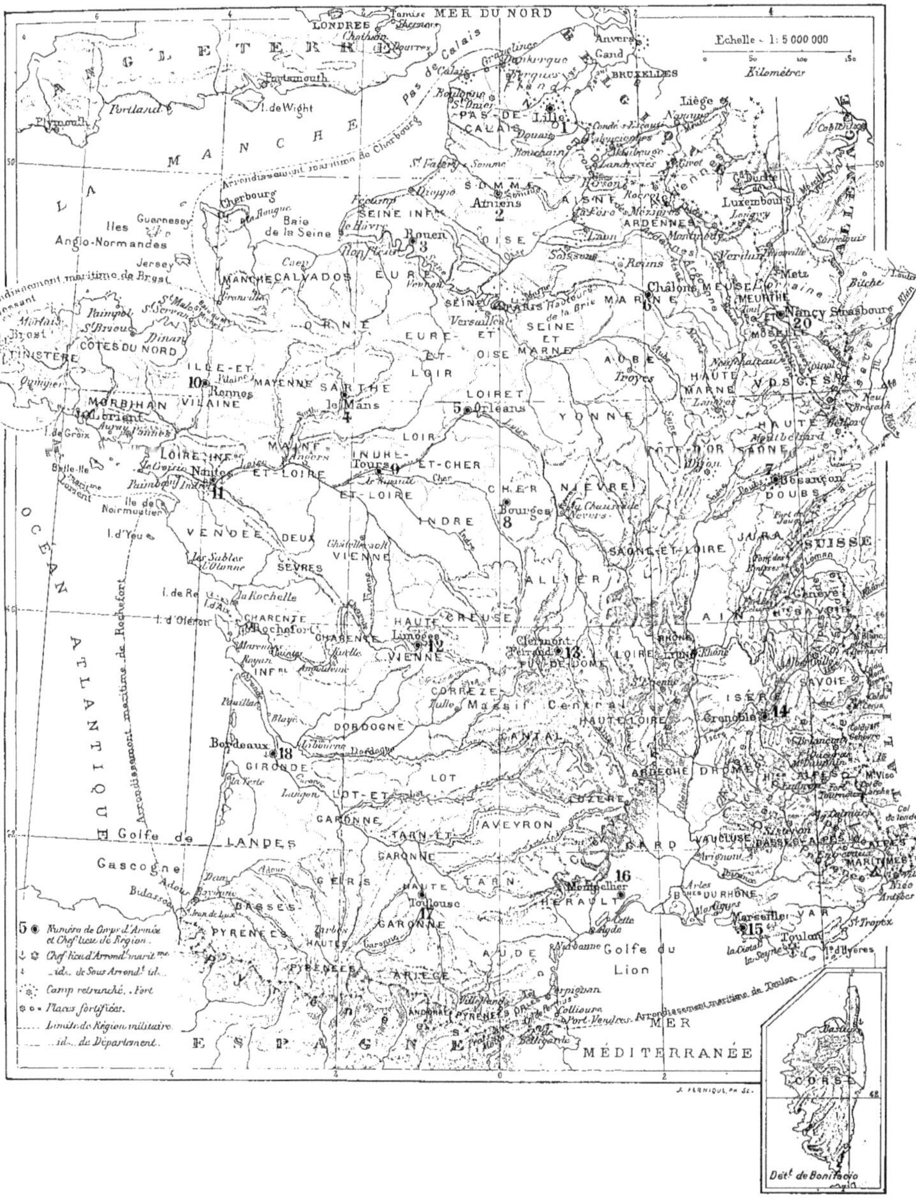
MER DU NORD
LONDRES
Echelle - 1: 5 000 000
Kilomètres
ANGLETERRE
Portsmouth
Portland
I. de Wight
Plymouth
MANCHE
Pas de Calais
Boulogne
Dunkerque
Gravelines
Calais
PAS-DE-CALAIS
Lille
Anvers
Gand
BRUXELLES
Liège
Luxembourg
Arrondissement maritime de Cherbourg
Cherbourg
Baie de la Seine
Iles Anglo-Normandes
Guernesey
Jersey
Dieppe
Fécamp
SEINE INFre
Le Havre
Rouen
SOMME
Amiens
AISNE
Laon
Soissons
Reims
ARDENNES
Verdun
Metz
Bitche
OISE
EURE
Caen
CALVADOS
MANCHE
Châlons
MEUSE
MEURTHE
Nancy
Strasbourg
MARNE
SEINE
Paris
Versailles
SEINE ET MARNE
EURE ET LOIR
SEINE ET OISE
ORNE
Arrondissement maritime de Brest
Brest
FINISTÈRE
Morlaix
St Brieuc
St Malo
COTES DU NORD
Dinan
ILLE-ET-VILAINE
Rennes
MAYENNE
SARTHE
le Mans
MORBIHAN
Lorient
Vannes
I. de Groix
Belle-Ile
LOIRET
Orléans
AUBE
Troyes
HAUTE MARNE
Langres
VOSGES
Épinal
YONNE
COTE-D'OR
Dijon
HAUTE SAONE
Belfort
Besançon
DOUBS
LOIR-ET-CHER
LOIRE INFre
Nantes
MAINE-ET-LOIRE
Angers
INDRE-ET-LOIRE
Tours
CHER
Bourges
NIÈVRE
Nevers
INDRE
Ile de Noirmoutier
I. d'Yeu
VENDÉE
DEUX SÈVRES
Les Sables d'Olonne
VIENNE
JURA
SUISSE
SAONE-ET-LOIRE
ALLIER
I. de Ré
La Rochelle
I. d'Oléron
CHARENTE INFre
Rochefort
CHARENTE
HAUTE VIENNE
Limoges
CREUSE
Clermont-Ferrand
PUY-DE-DOME
LOIRE
RHONE
Lyon
AIN
Genève
SAVOIE
Arrondissement maritime de Rochefort
OCEAN ATLANTIQUE
Royan
Angoulême
CORRÈZE
Tulle
Massif Central
HAUTE LOIRE
ISÈRE
Grenoble
Blaye
Pauillac
Bordeaux
GIRONDE
DORDOGNE
CANTAL
ARDÈCHE
DROME
HTES ALPES
LOT
LOZÈRE
Langon
LOT-ET-GARONNE
AVEYRON
Golfe de Gascogne
LANDES
TARN-ET-GARONNE
GARD
VAUCLUSE
BASSES-ALPES
ALPES MARITIMES
Nice
Antibes
Villefranche
Bayonne
GERS
TARN
Montpellier
HÉRAULT
BOUCHES DU RHONE
Arles
Marseille
VAR
Toulon
St Tropez
Iles d'Hyères
HAUTE GARONNE
Toulouse
BASSES PYRÉNÉES
HAUTES PYRÉNÉES
Tarbes
AUDE
Narbonne
Golfe du Lion
ARIÈGE
PYRÉNÉES ORIENTALES
Perpignan
Collioure
Port-Vendres
ANDORRE
Arrondissement maritime de Toulon
MER MÉDITERRANÉE
ESPAGNE
CORSE
Bastia
Détt de Bonifacio
5 Numéro de Corps d'Armée et Chef lieu de Région.
Chef lieu d'Arrondt marit.me
id. de Sous Arrond.t id.
Camp retranché. Fort
Places fortifiées.
Limite de Région militaire
id. de Département.

Climats.

Céréales et plantes industrielles.

GÉOGRAPHIE ÉCONOMIQUE

AGRICULTURE

I. — CLIMAT

178. LES CLIMATS FRANÇAIS. — La France, située à égale distance du pôle et de l'équateur, jouit partout d'un **climat tempéré**; mais la latitude, l'altitude et la plus ou moins grande proximité de la mer amenant des différences notables dans la distribution de la chaleur et de l'humidité, il y a lieu d'y distinguer les sept climats suivants: *séquanien, armoricain, girondin, méditerranéen* (climats maritimes); *auvergnat, rhodanien* et *vosgien* (climats continentaux).

179. Le climat **séquanien** (de *Sequana*, Seine) domine sur les plaines du bassin de la Seine (moins la région maritime), de la Loire moyenne, de la Somme et de l'Escaut. Les étés y sont plus chauds, les hivers plus froids, les pluies moins abondantes et moins fréquentes que sous le climat armoricain.

180. Le climat **armoricain** règne sur l'ouest de la France; il est caractérisé par la douceur et l'égalité de la température et par sa grande humidité, qui est très favorable aux prairies. C'est le type des climats maritimes : ni chaleurs ni froids excessifs.

181. Le climat **girondin** domine au sud-ouest; les hivers y sont plus froids, les étés beaucoup plus chauds, les pluies moins fréquentes et moins abondantes que sous le climat précédent.

182. Le climat **méditerranéen** règne sur les plaines du littoral de la Méditerranée et sur une partie de la vallée du Rhône. Il est caractérisé par ses fortes chaleurs, que l'hiver même interrompt à peine, et par son extrême sécheresse.

183. Le climat **auvergnat**, le plus dur et le plus maussade de tous, est celui du massif central: hivers longs et rigoureux, brusques variations de température, bises d'une extrême âpreté, tels sont ses principaux caractères.

184. Le climat **rhodanien** (de *Rhodanus*, Rhône) a pour domaine les bassins du Rhône et de la Saône. Il varie naturellement beaucoup avec l'altitude des lieux et participe tout à la fois du méditerranéen et du vosgien, dont il est le trait d'union.

185. Le climat **vosgien**, le plus extrême de tous, se fait sentir dans la région des Vosges et des Ardennes. Les étés y sont très chauds, les hivers extrêmement froids et secs; toutes les saisons soumises à des variations brusques de température.

La richesse agricole d'un pays dépendant pour une large part des conditions atmosphériques dans lesquelles il se trouve, ces notions succinctes sur les divers climats français sont une introduction nécessaire à l'étude des principaux produits du sol, car elles donnent la raison de leur distribution entre les différentes parties du territoire.

II. — PRINCIPAUX PRODUITS

186. CÉRÉALES. — La culture des céréales occupe le premier rang dans l'exploitation du sol, soit comme valeur des produits, — la moyenne annuelle est évaluée à près de cinq milliards et demi, — soit comme surface occupée. Les principales céréales cultivées en France sont le *blé*, le *seigle*, l'*orge*, le *maïs*, l'*avoine* et le *sarrasin*.

187. Le **blé** ou froment est cultivé dans toutes les parties du territoire, mais celles qui en produisent le plus sont les riches plaines du bassin géologique de Paris (Flandre, Artois, Picardie, Ile-de-France, Normandie, Beauce, Anjou, etc.). La production française suffit rarement aux besoins de la consommation; le déficit est comblé par les blés des États-Unis, de la Russie et de l'Inde.

188. Les pays producteurs de blé le sont aussi d'*orge* et d'*avoine*.

Le *seigle* et le *sarrasin* sont les céréales des sols pauvres et froids dans la Bretagne et le massif central.

La culture du *maïs* est spéciale aux bassins de la Garonne et du Rhône.

189. PLANTES INDUSTRIELLES. — Les plantes cultivées en France pour leurs fibres **textiles** sont le lin et le chanvre. La culture du *chanvre* se fait à peu près partout, mais principalement en Anjou, en Bretagne et sur le massif central. Celle du *lin* n'a d'importance que dans les provinces du nord, en Bretagne et dans le bassin de la Garonne.

190. Les plantes purement **oléagineuses**, *colza, navette, œillet*, ou pavot noir, sont cultivées dans les provinces du nord, la Normandie et la Bourgogne. Mais leur culture, comme celle du lin et du chanvre, dont les graines donnent aussi de l'huile, est en décroissance.

191. La culture de la betterave à sucre [1]

[1] Le jus de la betterave sucrière est transformé, partie en *sucre*, partie en *alcool*.

La production du sucre, en France, dépasse 650 millions de kilogr. (consommation, 500 millions). Les départements producteurs de sucre sont, en première ligne : l'*Aisne* (140 à 150 millions de kilogr.), le *Nord* (140 à 150) et la *Somme* (100), avec quelques autres de la même région.

La production de l'alcool est (1897) de 2 220 000 hec-

est confinée aux riches provinces du nord et à deux ou trois départements de l'Ile-de-France, où elle a pris de grands développements.

192. Celle du **tabac** n'est autorisée que dans un petit nombre de départements. Ceux qui en produisent le plus appartiennent à la région du sud-ouest, aux provinces du nord et au bassin du Rhône.

193. Le **houblon**, dont les cônes sont employés à aromatiser et à conserver la bière, n'est cultivé que dans quatre ou cinq départements, situés au nord-est.

194. **ARBRES FRUITIERS.** — Les arbres fruitiers dont les produits donnent lieu au commerce le plus actif sont : le *noyer*, cultivé principalement autour du massif central; le *châtaignier*, qui se rencontre surtout dans le Limousin, le Périgord, le Languedoc cévenol et la Corse; — l'*olivier*, qui est l'arbuste caractéristique du climat méditerranéen; — enfin le **pommier** et le **poirier à cidre**, propres au climat armoricain, dans la Bretagne, le Maine, la Normandie et la Picardie. La production du cidre est extrêmement variable : on l'a vue passer de près de 20 millions d'hectolitres (1885) à moins de 4 millions.

195. **VIGNES.** — La vigne, qui est la richesse agricole caractéristique de notre sol français, est cultivée dans tous les départements, à l'exception d'une dizaine situés le long des côtes de la Manche.

196. Les principales **régions vinicoles** sont : 1° les **coteaux de la Loire** (Anjou et Touraine), qui produisent des vins légers; — 2° le **Bordelais**, renommé pour l'excellente qualité de ses vins ordinaires et pour la finesse et le bouquet de ses grands crus; — 3° le groupe du **Midi** (Roussillon, bas Languedoc et Provence), qui récolte des vins de liqueur et des gros vins destinés au coupage.

197. 4° Les **coteaux du Rhône** (Châteauneuf-du-Pape, Saint-Péray, l'Ermitage, etc.), ravagés par le phylloxéra; 5° la **Bourgogne**, qui rivalise avec le Bordelais pour la valeur de ses grands crus; — 6° la **Champagne**, dont les vins mousseux sont appréciés dans le monde entier. — Le vignoble des Charentes, qui donnait les fameuses eaux-de-vie de Cognac, a été détruit par le phylloxéra.

198. On distingue dans le **BORDELAIS** : le Médoc, sur la rive gauche de la Gironde, avec les grands crus de *Saint-Estèphe*, *Château-Laffite*, *Château-Latour*, *Château-Margaux*, etc.; — les **Graves** (terres de gravier), sur la rive gauche de la Garonne, qui produisent les *Sauternes* et le *Château-Yquem*; — l'**Entre-deux-mers** et les **Palus**, plaine autrefois marécageuse, qui s'étend entre la Garonne et la Dordogne; — enfin les **côtes** (*Saint-Émilion*), sur la rive droite de la Dordogne.

199. Le **vignoble bourguignon** se divise en *haute Bourgogne*, *basse Bourgogne*, *Mâconnais* et *Beaujolais*. Les grands crus appartiennent à la **haute Bourgogne**; ils font la richesse des COTEAUX DE NUITS (*Chambertin*, *Clos-Vougeot*, *Musigny*, *Richebourg*, la *Romanée-Conti*, etc.) et de BEAUNE (*Pomard*, *Volnay*, *Meursault*, *Montrachet*, etc.).

200. Les vignes qui produisent le **champagne** mousseux sont groupées aux environs d'Epernay et de Reims. La qualité de ce vin tient autant aux savantes manipulations que lui font subir les industriels qu'à la nature des raisins dont on le tire.

201. La production des vignobles français a diminué de près de moitié depuis l'invasion du phylloxéra, La quantité de vin récoltée oscille maintenant entre 30 et 40 millions d'hectolitres; en 1893, année exceptionnelle, elle a dépassé 50 millions d'hectolitres.

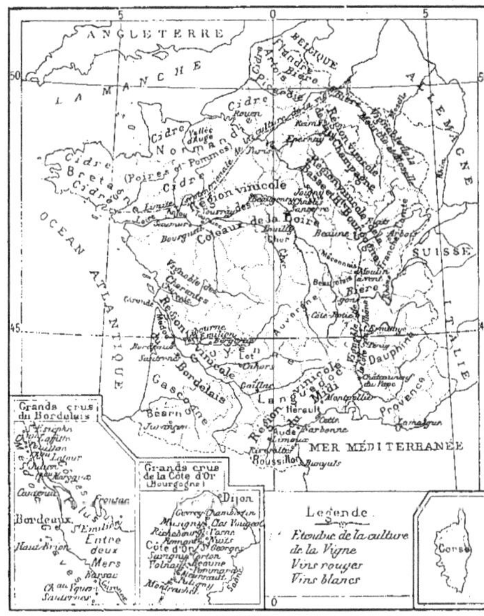

Vignobles.

202. **FORÊTS.** — Les forêts les plus étendues sont situées dans la région montagneuse de l'est (Ardennes, Argonne, Vosges, Jura, Morvan), aux environs de Paris, sur un rayon de 40 à 50 lieues, et dans les Landes, où les pins occupent d'immenses surfaces. — La production du bois, en France, est notablement inférieure aux besoins de la consommation. Ce sont la Norwège, l'Allemagne, l'Autriche-Hongrie, la Suisse, etc., qui comblent le déficit.

203. **PRAIRIES.** — Les **prairies naturelles** sont celles qui ne produisent que de l'herbe. Elles occupent les bords des ruisseaux et des rivières et certaines clairières des forêts, où il y a toujours une humidité abondante. — Il y en a beaucoup dans la région soumise au climat armoricain, presque **pas** dans celles où domine le climat méditerranéen.

204. Les prairies **artificielles sont des terres** cultivées, dans lesquelles on sème du fourrage, trèfle, sainfoin, etc., le plus souvent en faisant alterner cette **culture** avec celle des céréales. Les plus étendues et les plus riches sont situées dans le bassin géologique de Paris.

205. **ANIMAUX DOMESTIQUES.** — Les départements situés dans les plaines du nord et de l'ouest ont, en moyenne, quatre ou cinq fois plus de **chevaux** que ceux qui se trouvent dans la région montagneuse du sud-est. En revanche, ceux-ci possèdent beaucoup plus d'**ânes** et de **mulets**.

206. Parmi les **races chevalines**, il y a lieu de distinguer les races de plaines, *flamande*, *boulonnaise*, *percheronne*, *normande*, etc., plus élevées et plus grosses; et les races de plateaux et de montagnes, *bretonne*, *limousine*, *basque*, *corse*, etc., plus petites, plus rustiques et plus vives. Les *chevaux de luxe* sont élevés principalement dans les herbages de la basse Normandie.

207. Les **bêtes à cornes sont nombreuses** partout, excepté dans la région méditerranéenne. Ce sont les pays où domine le climat armoricain (Bretagne, Anjou, Maine, Normandie) et l'Auvergne qui en possèdent le plus. — Les meilleures **races laitières** sont les suivantes : ***flamande***, ***normande*** et ***cotentine***, ***bretonne*** et ***bressane*** (de la Bresse).

208. Le nombre des **moutons** ne cesse de décroître, à mesure que la culture transforme les pâturages en prairies ou en terres de labour. Ce sont les terrains pauvres de la Champagne, du Berry, de la Provence et des causses du Languedoc, avec les riches terres à blé de la Beauce et de la Picardie, qui en nourrissent le plus.

209. **CHASSE ET PÊCHE.** — La *chasse* est, en France, un simple passe-temps et non un gagne-pain. — Il en est de même de la *pêche fluviale*. — Quant à la *pêche maritime*, elle fait vivre un grand nombre de familles du littoral. (Voir n°s 16 et 17.)

tolitres, et elle ne cesse de s'accroître. Sur cette quantité, qui représente le double d'eau-de-vie, 200000 hectolitres seulement proviennent de la distillation des vins, cidres, poirés, lies, etc.; la majeure partie est fournie par la distillation des betteraves. Au premier rang des départements producteurs d'alcool se placent : le Nord (plus de 700000 hectolitres), le *Pas-de-Calais* (300000), la *Seine-Inférieure* (110000) et *Seine-et-Oise* (115000).

INDUSTRIE

I. — NOTIONS GÉNÉRALES

210. **DÉFINITIONS.** — L'industrie, prise dans son sens le plus large, comprend tous les travaux auxquels les hommes s'appliquent pour satisfaire leurs divers besoins. On pourrait donc ranger sous ce nom l'agriculture, le commerce et le travail des mines et des carrières (industries extractives).

211. Mais, dans l'usage ordinaire, on l'applique seulement à **l'industrie manufacturière**, qui a pour but de transformer les matières premières fournies par l'agriculture et par le travail des mines. L'industrie manufacturière se divise en une multitude de branches, dont les deux plus importantes sont la *métallurgie* et les *industries textiles*.

212. Les deux principaux instruments de l'industrie moderne sont la *houille*, qui imprime le mouvement aux machines, et le *fer*, nécessaire à la construction des machines et des autres outils.

213. L'industrie française dispose (1897) de 68 750 *machines*, développant une force totale de 1 330 000 *chevaux-vapeur*. On sait que le mot « cheval-vapeur » sert à désigner la force nécessaire pour élever un poids de 75 kilogr. à un mètre de hauteur en une seconde; un cheval-vapeur représente le travail de trois à cinq chevaux ou celui de vingt à trente hommes.

214. **PRINCIPAUX GROUPES INDUSTRIELS.** — Les établissements de la grande industrie, en France, se répartissent entre *cinq groupes* principaux :

1° **Le groupe du Nord**, comprenant les départements du Nord, du Pas-de-Calais, de la Somme, de l'Aisne et des Ardennes; c'est le plus important; il dispose du quart de l'outillage national (320 000 chevaux-vapeur), et a une production des plus variées : *houille, fer, acier, machines, outils, tissus, sucre*, etc.;

215. 2° **Le groupe de Paris** (196 000 chevaux-vapeur) englobe les départements de la Seine, Seine-et-Oise, Seine-et-Marne, Oise, et réunit presque *tous les genres d'industrie;*

3° **Le groupe de la Normandie** (99 000 chevaux-vapeur) fabrique surtout des *tissus*, dans la Seine-Inférieure, l'Eure, le Calvados et l'Orne;

216. 4° **Le groupe de l'Est**, Meurthe-et-Moselle, Vosges, Haute-Marne (126 000 chevaux-vapeur) est le principal producteur de *fer* et de *sel*.

5° **Le groupe du Lyonnais-Bourgogne-Bourbonnais** (165 000 chevaux-vapeur), dans les quatre départements de la Loire, du Rhône, de Saône-et-Loire et de l'Allier, s'occupe surtout de l'extraction de la *houille*, de la *métallurgie* et de la fabrication des *soieries*.

217. Nos cinq grands **ports de guerre** et nos principaux **ports de commerce**, Marseille, le Havre, Bordeaux, etc., sont aussi des centres industriels très importants.

II. — INDUSTRIES EXTRACTIVES

218. Nous n'avons que peu de chose à ajouter à ce qui a déjà été dit (nos 45-53) relativement aux industries extractives. La valeur totale des produits des **carrières** (nos 46 et 47) est de 200 à 220 millions; dans ce chiffre, la *pierre à bâtir* entre pour 46 millions, et les *phosphates de chaux* pour plus de 14 millions. Le nombre des ouvriers employés dans les carrières atteint près de 100 000.

219. Les **mines** (nos 45, 48-53) en occupent un plus grand nombre (156 000), et la valeur de leur produit s'élève à plus de 378 millions, dont 334 pour la *houille*, 12 pour le minerai de *fer*, 6 pour le minerai de *zinc* et 66 pour le *sel*. (Le produit des mines dépasse 1 600 millions en Angleterre, 990 millions en Allemagne, et atteint près de trois milliards aux Etats-Unis.)

Principaux groupes industriels. — Industrie du fer.

III. — INDUSTRIES MÉTALLURGIQUES

220. **FONTE, FER ET ACIER.** — La production de la **fonte**, en France, s'élève à environ 2 500 000 tonnes; le département de **Meurthe-et-Moselle** en fournit plus de la moitié (1 545 000); le *Nord* vient au second rang, puis *Saône-et-Loire, Pas-de-Calais, Landes, Haute-Marne, Gard*, etc.

221. La production du **fer** est d'environ 800 000 tonnes; les principaux départements producteurs sont : le **Nord** (300 000), *Ardennes, Saône-et-Loire, Haute-Marne, Meurthe-et-Moselle, Loire, Seine, Allier*, etc.

222. La production de l'acier est d'environ 1 300 000 tonnes; les principaux départements producteurs sont : **Meurthe-et-Moselle** (477 000), **Nord** (216), *Saône-et-Loire, Pas-de-Calais, Loire*, etc.

223. **AUTRES MÉTAUX.** — En dehors du fer, la production métallurgique de la France n'a qu'une valeur insignifiante (43 millions, dans lesquels l'*argent* et le *zinc* entrent pour une dizaine de millions chacun).

224. **VALEUR DES MÉTAUX PRODUITS.** — La valeur totale de la production métallurgique, en France, est d'environ 525 millions, dont 145 pour la fonte, 130 pour le fer, 226 pour l'acier.

225. La valeur de la production métallurgique dépasse 2 milliards et demi aux Etats-Unis, un milliard et demi en Angleterre, un milliard en Allemagne.

226. **FABRICATIONS.** — Les **coques en fer des navires** de guerre sont construites dans nos cinq grands *arsenaux maritimes*, à *Indret* (Loire-Inférieure) et à *la Chaussade* (Nièvre); — celles des bâtiments de commerce, au *Havre*, à *Saint-Nazaire*, à *Bordeaux*, à *Marseille*, à *la Ciotat*, à *la Seyne* (Var), au *Creusot*, à *Rive-de-Gier* (Loire), etc.

227. *Le Creusot, Lyon, Paris, Lille-Fives, Douai, Denain, Saint-Quentin, Rouen*, etc., fabriquent des **machines à vapeur**;

228. *Paris, Saint-Denis, Meaux, Liancourt* (Oise), *Orléans, Bourges, Vierzon, Nantes, Dijon*, etc., des **machines agricoles**;

Châtellerault, Saint-Étienne, Paris, etc., de la **coutellerie** et des **armes blanches**;

229. *Saint-Étienne, Tulle, Charleville, Maubeuge, Châtellerault* et *Paris*, des **armes à feu**; — *Bourges, Ruelle* (Charente), des **canons**; *Tarbes* et *Toulouse* ont des ateliers de **construction**;

230. *Paris, Guise* (Aisne), *Villedieu-les-Poêles* (Manche), *Aurillac*, etc., fabriquent de la **chaudronnerie**;

Charleville, Laigle (Orne), *Rugles* (Eure), *Nouzon* (Ardennes), *Valenciennes*, etc., des **clous**, des **épingles** et du **fil de fer**, etc.

IV. — INDUSTRIES TEXTILES

231. **LIN.** — La fabrication des toiles de lin est concentrée dans les trois départements du Nord, du Pas-de-Calais et de la Somme, à *Lille, Armentières, Cambrai, Amiens*, etc.

232. **CHANVRE.** — Le tissage du chanvre est pratiqué principalement dans la Normandie, le Maine, l'Anjou et la Bretagne, soit dans des usines, comme à *Bernay*, à *Lisieux*, à *Cholet*, à *Angers*, soit sur des métiers à bras disséminés dans les campagnes.

233. La France ne produit que la moitié environ des filasses de lin et de chanvre nécessaires à son industrie; le reste vient de l'étranger, principalement de la Russie (lin) et de l'Inde (jute ou chanvre du Bengale). Notre *exportation* en fils et tissus de lin et de chanvre (11 à 12 millions), dépasse l'*importation* d'environ 2 millions. L'industrie française produit à peu près autant de toiles de lin et de chanvre que l'industrie allemande, mais environ trois fois moins que l'industrie anglaise.

234. **COTON.** — Le coton est un produit des pays chauds : sur les deux millions de tonnes récoltés dans le monde entier, la part des États-Unis dépasse un million et demi; le reste vient de l'Égypte, de l'Inde, etc.

235. L'industrie française en emploie environ 125 millions de kilogr., ou 700000 balles, dont la majeure partie (près des trois cinquièmes) sert à alimenter les fabriques de deux départements, Seine-Inférieure et Nord. **Rouen, Lille** et **Roubaix** sont les principaux centres de l'industrie cotonnière en France.

236. Parmi les autres départements qui ont des usines pour la filature et le tissage du coton, nous citerons : les Vosges, à *Épinal* et à *Remiremont;* l'Eure, à *Évreux;* l'Aube, à *Troyes;* l'Aisne, à *Saint-Quentin;* la Somme, à *Amiens;* l'Orne, à *Flers* et à *la Ferté-Macé;* le Calvados, à *Falaise* et à *Condé-sur-Noireau;* le Rhône, à *Tarare;* la Loire, à *Roanne.*

237. La France ne vient qu'au quatrième rang pour l'industrie du coton. Le premier appartient incontestablement à l'Angleterre, qui n'emploie pas moins de 3770000 balles, soit à peu près le tiers du coton récolté dans le monde entier (11400000 balles); le second est aux États-Unis (2700000 balles) et le troisième à l'Allemagne (850000 balles). Les pays qui nous suivent de plus près sont la Russie (600000), l'Espagne, l'Italie, la Suisse, l'Autriche-Hongrie (400000).

La valeur de notre *exportation* en fils et tissus de coton oscille entre 100 et 120 millions; celle de l'*importation*, entre 35 et 40.

238. **LAINE.** — Pour l'industrie lainière, la France marche de pair avec l'Angleterre et les États-Unis; ces trois pays se partagent les trois cinquièmes de la production des tissus de laine dans le monde entier.

239. Les laines indigènes (39 millions de kilogr.) ne fournissent qu'une très faible partie de la quantité nécessaire à nos usines; le reste vient de l'Argentine, de l'Australie, du Cap, de l'Algérie.

Industries du lin, du chanvre et du coton.

240. Le département du **Nord** possède plus de broches et de métiers, pour le travail de la laine, que tout le reste du pays. — Les principaux centres de l'industrie lainière dans le Nord sont **Roubaix, Tourcoing,** *Fourmies, le Cateau.*

241. Parmi les autres départements producteurs de tissus de laine, nous citerons : la Somme, à ***Amiens*** et à ***Abbeville;*** la Marne, à *Reims;* l'Aisne, à *Saint-Quentin;* les Ardennes, à *Sedan;* la Seine-Inférieure, à *Elbeuf;* l'Eure, à *Louviers;* — enfin, dans le Midi, où l'on fabrique surtout des draps à bon marché et des étoffes de fantaisie, l'Isère, à *Vienne;* le Tarn, à ***Mazamet*** et à *Castres*, etc.

242. La valeur de notre *exportation* en fils et tissus de laine oscille entre 260 et 300 millions; celle de l'*importation*, entre 40 et 50.

243. **SOIE.** — Pour l'industrie de la soie, la France continue d'occuper le premier rang, malgré la concurrence acharnée et souvent peu loyale de l'Allemagne et des États-Unis. Nos fabriques produisent plus de soieries que tous les autres États européens ensemble; elles ne craignent surtout point de rivales pour la beauté des étoffes, le bon goût et la variété des dessins.

244. La production de la soie est limitée aux départements méditerranéens et à ceux de la vallée du Rhône, où prospère le mûrier, dont les feuilles servent de nourriture aux vers à soie. Elle a beaucoup diminué par suite de diverses maladies qui sont venues fondre sur les vers, et les 600000 à 700000 kilogr. de soie que produit la sériciculture (de *serica*, soie) française, ne représentent qu'une part minime de la quantité nécessaire aux fabriques. En effet, celles-ci en emploient environ 4 millions et demi de kilogr. Ce sont les envois de la Chine, du Japon, de l'Inde, de l'Asie Mineure et de l'Italie, qui comblent le déficit.

245. L'industrie de la soie a son principal centre à **Lyon.** Les métiers à tisser de la fabrique lyonnaise emploient 3 millions de kilogr. de soie; ils ne sont pas tous établis à Lyon, mais beaucoup sont disséminés dans diverses localités du département du Rhône et des départements voisins. La valeur de leur production oscille autour de 400 millions.

246. Deux villes de la Loire, **Saint-Étienne** (valeur de la production, plus de 100 millions) et *Saint-Chamond*, ont la spécialité des rubans et des velours; — ***Saint-Pierre-lez-Calais***, celle du tulle de soie.

247. La valeur de l'*exportation* en fils et tissus de soie est d'environ 270 millions; celle de l'*importation*, 50.

Industries de la laine et de la soie.

CHEMINS DE FER

260. VUE D'ENSEMBLE. — La majeure partie des chemins de fer français est la propriété de **six grandes compagnies** : les réseaux des compagnies du *Nord*, de l'*Ouest*, d'*Orléans*, de *Paris-Lyon-Méditerranée* et de l'*Est*, rayonnent en éventail autour de Paris. — Le réseau de la compagnie du *Midi* dessert la région comprise entre la Garonne et les Pyrénées. — Enfin l'*État* a racheté à plusieurs petites compagnies un certain nombre de lignes enclavées dans le réseau d'Orléans. — Il existe, en outre, des *lignes d'intérêt local*, appartenant à des compagnies distinctes.

261. Les frais d'établissement de nos 40 000 kilomètres de voies ferrées s'élèvent au chiffre de 16 milliards au moins.

Le tableau suivant indique, pour chaque grand réseau, la longueur des lignes exploitées et le produit net.

COMPAGNIES	Longueur kilomètres.	PRODUIT TOTAL en millions de fr.	PRODUIT TOTAL par kilom. milliers de f
Nord.	3 700	104	28
Ouest	5 600	65	12
Orléans	6 700	101	15
Etat.	2 800	12	4
Midi.	3 200	99	15
Paris-Lyon-Médit .	8 800	210	24
Est	4 800	106	14

262. RÉSEAU DU NORD. — Le réseau du Nord, le plus complet de tous, est aussi le plus productif, parce qu'il dessert la région la plus riche au point de vue agricole, minier et industriel.

C'est par ses lignes que passe la majeure partie des marchandises que nous envoient l'Angleterre et la Belgique ou que nous expédions dans ces deux pays.

263. On y distingue **quatre lignes principales**, qui partent de Paris et aboutissent :

à Hirson, par Soissons et Laon;

à Maubeuge (avec embranchements sur *Namur* et *Bruxelles*), par Creil, Compiègne et Saint-Quentin;

à Lille (et *Anvers*), par Creil, Amiens, Arras et Douai;

à Calais, par Amiens, Abbeville et Boulogne.

264. RÉSEAU DE L'OUEST. — Le réseau de l'Ouest a **trois lignes principales** : de Paris *au Havre*, par Mantes et Rouen;

à Cherbourg, par Évreux, Lisieux et Caen;

à Brest, par Versailles, Chartres, le Mans, Laval, Rennes et Saint-Brieuc.

265. La ligne du Havre, qui traverse un de nos principaux centres industriels, Rouen, et aboutit à notre second port de commerce, est très productive; mais les deux autres sont loin d'avoir une circulation aussi active, surtout à leurs extrémités. En somme, le réseau de l'Ouest est celui qui, proportionnellement, transporte le plus de voyageurs et le moins de marchandises. Ses recettes nettes sont de plus de moitié inférieures à celles du Nord.

266. RÉSEAU D'ORLÉANS. — Le réseau de la compagnie d'Orléans dessert les pays compris entre la Loire et la Garonne; on y distingue **trois lignes principales** : de Paris

à Saint-Nazaire, par Orléans, Tours, Angers et Nantes;

à Bordeaux, par Orléans, Tours, Poitiers, Ruffec, Angoulême et Libourne;

à Agen, par Orléans, Vierzon, Châteauroux, Limoges et Périgueux.

267. Les céréales, les vins et les fruits sont les principaux éléments de trafic que le réseau d'Orléans trouve dans les pays qu'il dessert. Grâce aux trois ports de Nantes, Saint-Nazaire et Bordeaux, qui sont surtout en relation avec l'Amérique du Sud et avec la côte occidentale d'Afrique, le commerce international lui en procure d'autres plus avantageux. Ses recettes kilométriques sont à peu près les mêmes que celles de l'Ouest.

268. RÉSEAU DE L'ÉTAT. — Le réseau de l'Etat, enclavé dans celui d'Orléans, a **deux lignes principales** :

de Paris à Bordeaux, par Chartres, Saumur, Niort et Saintes (le trajet de Paris à Chartres s'effectue par la ligne de l'Ouest);

de Nantes à Bordeaux, par la Roche-sur-Yon, la Rochelle, Rochefort et Saintes.

269. Les recettes du réseau sont faibles, et les deux tiers en sont absorbés par les frais d'exportation, de sorte que les intérêts du capital engagé restent presque complètement à la charge du trésor public.

270. RÉSEAU DU MIDI. — Le réseau du Midi a **trois lignes principales** :

de Bordeaux à Cette, par Agen, Montauban, Toulouse, Carcassonne, Narbonne et Béziers;

de Bordeaux à Hendaye (et *à Madrid*), par Bayonne;

de Cette à Barcelone (Espagne), par Béziers, Narbonne, Perpignan et Port-Vendres.

271. Le réseau du Midi dessert des pays riches en vins, en céréales et en bestiaux; de plus, il sert de trait d'union entre les lignes espagnoles et nos autres réseaux. Ses recettes kilométriques sont un peu supérieures à celles de l'Orléans et de l'Ouest.

272. RÉSEAU DE PARIS-LYON-MÉDITERRANÉE. — La compagnie de Paris-Lyon-Méditerranée est celle qui exploite la plus vaste étendue de pays (près du quart de la France). On distingue dans ce vaste réseau **deux lignes principales** : de Paris

à Lyon et *à Marseille*, par Melun, Sens, Dijon, Mâcon, Valence et Avignon;

à Nîmes et *à Cette*, par Moret, Montargis, Gien, Nevers, Moulins, Clermont-Ferrand et Alais.

273. De la première de ces lignes se détachent deux **embranchements**, qui établissent la jonction avec les chemins de fer de l'**Italie** :

Le premier, *de Marseille à Nice* (et *à Gênes*), par Toulon et Cannes;

Le second, *de Lyon* et *de Mâcon à Modane* (et *à Turin*), par Ambérieu, Culoz et Chambéry. Cette ligne traverse les Alpes par le tunnel du mont Cenis (12 kilom.), entre Modane et Bardonnèche. Le train *express péninsulaire*, qui fait chaque semaine le trajet entre Calais et Brindisi (Italie), emprunte cette voie, portant la malle des Indes.

274. Deux autres embranchements rattachent le réseau aux lignes de la **Suisse** :

Le premier, *de Lyon à Genève*, par Ambérieu et Culoz;

Le second, *de Dijon à Lausanne et à Neufchâtel*, par Dôle et Pontarlier.

275. Le réseau de Paris-Lyon-Méditerranée a une circulation très active, surtout sur la ligne de Paris à Marseille. Les huiles et les fruits de la Provence, les vins du Midi et de la Bourgogne, les produits industriels du Lyonnais, du Forez et de la Bourgogne, ne sont pas seuls à alimenter son trafic. La majeure partie du commerce français avec l'Afrique, le Levant, l'Inde et l'Extrême-Orient, qui se concentre à Marseille, passe nécessairement par les lignes de ce réseau. Aussi ses recettes kilométriques sont d'assez peu inférieures à celles du Nord et dépassent de plus du tiers celles de l'Ouest et de l'Orléans.

276. RÉSEAU DE L'EST. — Le réseau de l'Est a **trois lignes principales : de Paris**

à Belfort, par Troyes, Chaumont, Langres et Vesoul;

à Avricourt (et *à Strasbourg*), par Meaux, Épernay, Châlons, Bar-le-Duc, Nancy et Lunéville. — C'est par cette ligne que passent les trains *express d'Orient*, qui font en trois jours, deux fois par semaine, le trajet entre Paris et Constantinople, par Vienne, Buda-Pesth, Belgrade, Sophia et Andrinople.

3e *de Paris à Givet* (et *à Namur*), par Meaux, Épernay, Reims et Mézières.

277. Les lignes du réseau de l'Est, par lesquelles se font les communications de la France avec l'Allemagne, l'Autriche-Hongrie et la Russie, transportent proportionnellement plus de voyageurs que de marchandises. Les canaux leur font une redoutable concurrence pour le transport des matières lourdes et encombrantes. Le produit kilométrique du réseau de l'Est est légèrement supérieur à ceux du Midi, de l'Ouest et de l'Orléans.

COMMERCE

248. DÉFINITIONS. — Le **commerce extérieur** est l'échange des produits d'un pays avec ceux d'un autre. Il se divise en commerce *général* et commerce *spécial*.

249. Le **commerce général** d'un pays comprend toutes les marchandises qui y sont introduites (*importation*) et toutes celles qui en sortent (*exportation*); les marchandises qui ne font que traverser le territoire (*transit*) y figurent donc deux fois, l'une à l'entrée et l'autre à la sortie.

250. Le **commerce spécial** ne comprend, à l'exportation, que les seuls produits nationaux, et à l'importation que les produits étrangers destinés à la consommation intérieure.

251. COMMERCE DE LA FRANCE. — Le *commerce général* de la France dépasse 9 milliards 1/2 (Angleterre, 18 1/2; Allemagne, 10 1/2; Etats-Unis, 10; Pays-Bas, plus de 6 1/2; Russie, 3 1/2; Belgique, 3 1/4).

Le *commerce spécial* (1897) se chiffre par 3 956 millions à l'importation, et 3 598 millions à l'exportation, soit un peu plus de 7 milliards 1/2 (non compris les métaux précieux).

255. NATURE DU COMMERCE FRANÇAIS. — Notre commerce **d'importation** est alimenté principalement par deux grandes catégories de marchandises : 1° des **substances alimentaires**, *grains* et *farines*,

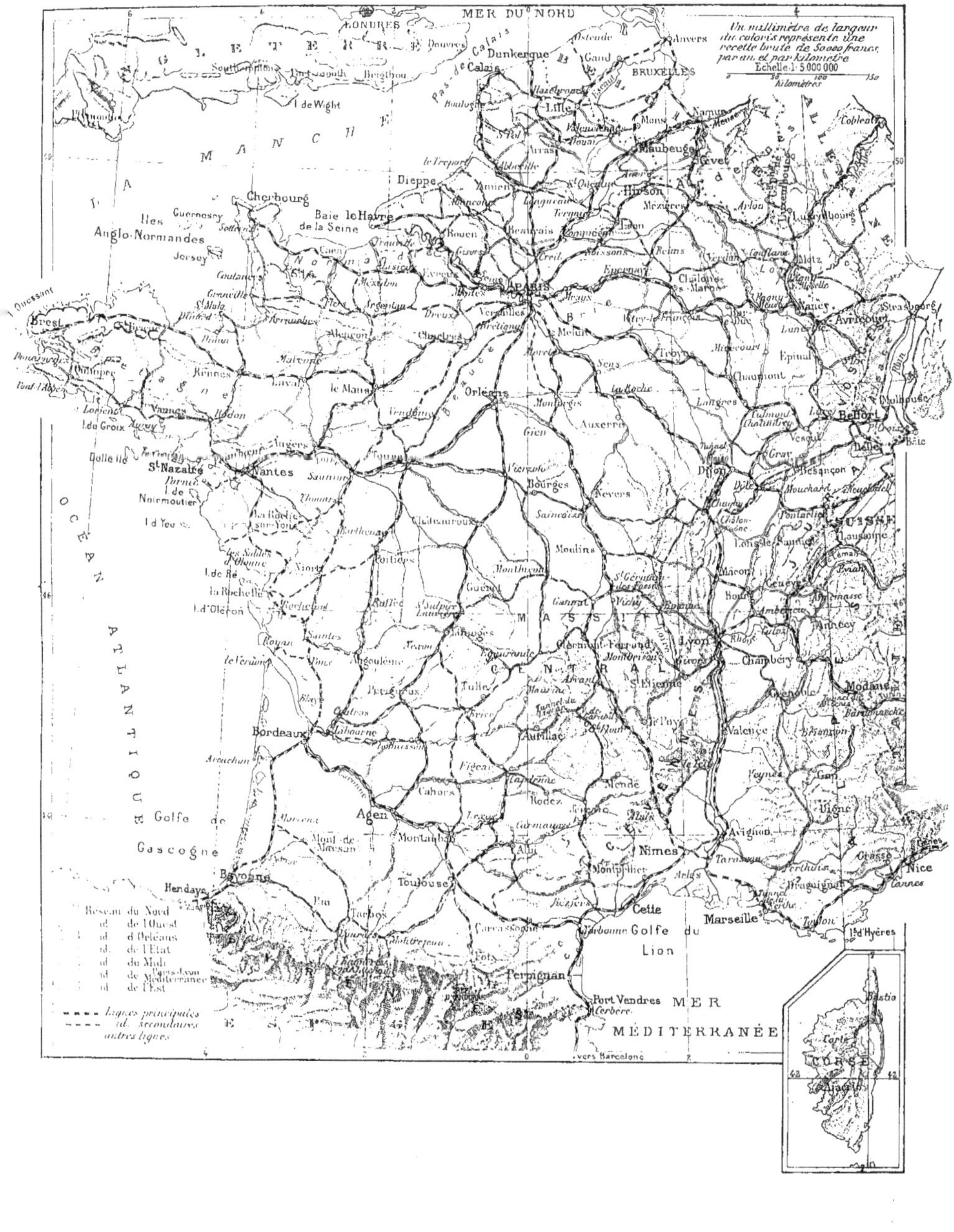
MER DU NORD
Un millimètre de largeur du coloris représente une recette brute de 50000 francs par an et par kilomètre
Echelle 1: 5 000 000
Kilomètres
LONDRES
Douvres
Pas de Calais
Dunkerque
Calais
Ostende
Gand
Anvers
BRUXELLES
Lille
Namur
Maubeuge
Givet
Amiens
Dieppe
Cherbourg
Baie de la Seine
le Havre
Rouen
Iles Anglo-Normandes
Guernesey
Jersey
M A N C H E
I. de Wight
Reims
Luxembourg
Metz
Nancy
Strasbourg
PARIS
Versailles
Chartres
Dreux
Melun
Troyes
Chaumont
Epinal
Belfort
Mulhouse
Bâle
Brest
Rennes
Laval
le Mans
Alençon
Orléans
Tours
Angers
Nantes
St. Nazaire
Vannes
I. de Groix
Belle Ile
I. de Noirmoutier
I. d'Yeu
Auxerre
Dijon
Besançon
SUISSE
Lausanne
Bourges
Nevers
Moulins
Poitiers
Niort
la Rochelle
I. de Ré
I. d'Oléron
Angoulême
Limoges
Guéret
Montluçon
Mâcon
Lyon
Chambéry
Annecy
Genève
Modane
Clermont-Ferrand
St. Etienne
Grenoble
Valence
Périgueux
Tulle
Aurillac
Bordeaux
Arcachon
O C E A N
A T L A N T I Q U E
Golfe de Gascogne
Agen
Cahors
Rodez
Mende
Nîmes
Avignon
Gap
Digne
Nice
Grasse
Montauban
Toulouse
Albi
Montpellier
Cette
Marseille
Toulon
I. d'Hyères
Bayonne
Hendaye
Pau
Tarbes
Carcassonne
Perpignan
Golfe du Lion
MER MÉDITERRANÉE
Port Vendres
Cerbère
vers Barcelone
Bastia
Corte
CORSE
Ajaccio
Réseau du Nord
id. de l'Ouest
id. d'Orléans
id. de l'Etat
id. du Midi
id. de Paris-Lyon Méditerranée
id. de l'Est
lignes principales
id. secondaires
autres lignes

RIVIÈRES NAVIGABLES ET CANAUX

278. **RIVIÈRES.** — Tous les cours d'eau français de quelque importance peuvent être utilisés par la batellerie. Les parties navigables de nos fleuves et de nos rivières présentent un développement total de 8900 kilomètres environ, dont 7750 sont utilisés.

279. Le tableau suivant indique la part respective de nos principaux cours d'eau et de leurs affluents dans l'ensemble de ces voies naturelles.

BASSINS	LONGUEUR NAVIGABLE (kilomètres)	
	FLEUVES	AFFLUENTS
Seine	550	700
Loire	750	900
Garonne	500	1 200
Rhône	500	1 200
Meuse	230	90

280. Le principal réseau fluvial est celui de la Seine et de ses affluents, bien qu'il ait un développement moindre que ceux des autres fleuves. La Loire et le Rhône sont peu propres à la navigation; la Loire, à cause de l'inconstance de son débit, tantôt roulant un maigre filet d'eau au milieu de bancs de sable, tantôt grossie outre mesure; le Rhône, parce qu'il est trop rapide.

281. **CANAUX.** — Aux voies naturelles que forment les cours d'eau, on a ajouté depuis longtemps les canaux, rivières artificielles creusées de main d'homme. — Les uns, dits **canaux latéraux**, sont établis le long des fleuves dans les endroits impraticables à la navigation et où il serait trop difficile de régulariser le lit; ainsi la Garonne, la Loire, etc., sont accompagnées sur certains points de leur cours par des canaux latéraux.

282. Les **canaux de jonction** sont ceux qui unissent deux fleuves en franchissant par des écluses la ligne de partage des eaux de deux bassins.

283. Les 75 canaux de ces deux catégories que possède la France ont un développement total de 4800 kilomètres environ, soit, avec les rivières, 12500 kilomètres utilisés par la navigation (Russie, 35100; Allemagne, 27500; Angleterre, 8900).

284. La majeure partie des canaux de jonction a pour but d'unir le bassin de la Seine avec les bassins voisins.

285. **CANAUX SE RATTACHANT A LA SEINE.** — Le *canal de Saint-Quentin*, entre l'Oise, la Somme et l'Escaut. — Le *canal de la Sambre à l'Oise*.

286. Le *canal des Ardennes*, entre l'**Aisne** et la Meuse. — Le *canal de l'Aisne à la Marne*.

287. Le *canal de la* **Marne** *au Rhin*, qui traverse 1° le *canal de l'Est* (établi entre la Saône, la Moselle et la Meuse), et 2° le cours déjà navigable de la *Moselle*.

288. Le *canal de Bourgogne*, entre l'**Yonne** et la Saône, par la vallée de l'Armançon. — Le *canal du Nivernais*, entre l'Yonne et la Loire.

289. Les *canaux du Loing*, *de Briare* et *d'Orléans*, entre la Seine et la Loire.

290. **CANAUX SE RATTACHANT A LA LOIRE ET AU RHÔNE.** — Le *canal de Nantes à Brest*, entre la Loire et l'Aulne. En remontant la Vilaine, qu'il traverse, les bateaux peuvent gagner le golfe de Saint-Malo par le *canal d'Ille-et-Rance*.

291. Les *canaux d'Orléans*, *de Briare* et *du Loing*, déjà nommés, entre la Loire et la Seine. — Le *canal du Berri*, entre la Loire et le cours inférieur du Cher. — Enfin le *canal du centre*, entre la Loire et la Saône.

292. Les *canaux du centre*, *de Bourgogne* et *de l'Est*, qui rattachent le **Rhône**, par la Saône, à la Loire, à la Seine et à la Moselle, ont déjà été nommés. Il ne reste à mentionner que le *canal du Rhône au Rhin*, qui se greffe sur le Doubs; — et le *canal du Midi*, qui, continué par le *canal des Étangs* et par le *canal de Beaucaire*, fait communiquer la **Garonne** avec le bas Rhône.

293. **TRANSPORTS SUR LES CANAUX ET LES RIVIÈRES.** — Les canaux et les rivières servent surtout au transport des matières lourdes et encombrantes. L'artère la plus active est celle de l'**Oise**, qui reçoit par le canal de Saint-Quentin et par celui de la Sambre à l'Oise les houilles du bassin de Valenciennes, avec d'autres marchandises à destination de Paris.

NAVIGATION MARITIME

294. **MARINE MARCHANDE.** — Notre marine marchande compte environ 15500 navires, dont 1235 vapeurs, jaugeant ensemble 900000 tonneaux, et montés par 88000 hommes d'équipage.

295. Le tableau suivant indique la puissance des principales marines du monde :

ÉTATS	Voiliers.	Vapeurs.	Milliers de tonnes.
Angleterre	23 000	11 840	14 000
États-Unis	16 000	6 600	4 770
Allemagne	2 500	1 171	1 555
Norwège	6 230	962	1 566

296. Comme puissance maritime, la France ne vient plus qu'au quatrième rang, après l'Allemagne, et, à cause de la supériorité de sa marine à vapeur, avant la Norwège, qui a pourtant un tonnage beaucoup plus fort.

297. **PORTS DE COMMERCE.** — Nos principaux ports de commerce sont : *Dunkerque*, sur la mer du Nord; — *Calais*, *Boulogne*, *Dieppe*, *le Havre* et *Rouen*, sur la Manche; — *Saint-Nazaire*, *Nantes*, *la Rochelle* et *Bordeaux*, sur l'Atlantique; — *Cette* et *Marseille*, sur la Méditerranée.

298. Relativement à la valeur du mouvement commercial, ils se classent dans l'ordre suivant : **Marseille**, qui fait pour près de deux milliards d'affaires; **le Havre**, qui a un commerce presque égal (1680 millions); *Dunkerque* (610), *Bordeaux* (608), *Boulogne* (496), *Rouen* (226), *Dieppe* (190), *Calais* (200), *Cette* (160), *Saint-Nazaire* (125), etc.

299. **GRANDES LIGNES DE NAVIGATION.** — Des services réguliers de bateaux à vapeur (paquebots), subventionnés par l'État, sont organisés dans nos principaux ports. L'époque de leur départ, la durée de leur trajet, leur itinéraire, sont réglés à l'avance, comme pour les chemins de fer, dont ils sont en réalité la continuation.

300. Les **principales lignes de paquebots** sont les suivantes :

De **Marseille :**

(Service des **ports méditerranéens**) à *Alger* et à *Tunis*; — à *Odessa* (Russie), par *Naples* et *Constantinople*; — à *Smyrne*, par *Syra*; — à *Alexandrie* (Égypte);

301. A *Yokohama* (Japon, 40 à 42 jours; ligne de l'**Extrême-Orient**), par *Suez*, *Aden* (12 jours), *Colombo* (19 jours), *Singapour* (25 jours), *Batavia*, *Saigon*, *Hong-Kong* et *Shangaï* (35 à 36 jours);

302. A *Manille* (Philippines), par *Saigon*; — à *Calcutta* et à *Bombay* (Hindoustan);

303. A *Nouméa* (**Nouvelle-Calédonie**, 42 jours), par *Suez*, *Aden*, *Mahé* (Seychelles), *Adélaïde*, *Melbourne* et *Sydney* (**Australie**);

304. A *Maurice* (service de la **côte orientale d'Afrique**), par *Suez*, *Obock*, *Zanzibar*, *Diégo-Suarez* (Madagascar) et *la Réunion*.

305. Du **Havre** :

A **New-York** (États-Unis, 7 à 8 jours);

Aux *Antilles* et au *Mexique*;

A **Buenos-Ayres** (République Argentine), par *Dakar* (Sénégal), *Rio-de-Janeiro* (Brésil) et *Montevideo* (Uruguay);

A la *côte occidentale de l'Amérique du Sud* (Chili, Pérou, Équateur).

306. De **Bordeaux** aux *Antilles*, au *Vénézuéla*, au *Mexique*, à la *Nouvelle-Orléans*; — à *Buenos-Ayres* (21 jours), par *Dakar* (8 jours) et *Rio-de-Janeiro* (16 jours); — à la *côte occidentale d'Afrique*;

De **Saint-Nazaire** à la *Vera-Cruz* (Mexique, 18 jours), par la *Havane* (15 jours); — à *Colon* (Colombie, 20 jours), par les *Antilles françaises* et le *Vénézuéla*.

307. De *Dunkerque*, *Calais*, *Boulogne* et *Dieppe*, services quotidiens pour l'**Angleterre**.

---

animaux de boucherie et *conserves de viande*, *denrées coloniales* (café, sucre, cacao, etc.); — 2° des **matières premières** nécessaires à l'industrie, *houille*, *minerais* et *métaux bruts*, *bois*, *peaux* et *laines*, *coton* et *soie*.

253. L'**exportation** est alimentée principalement par les produits de l'industrie, *tissus de laine*, *de coton* et *de soie*, *bijouterie*, *ouvrages en métal*, etc.

254. **PRINCIPAUX DÉBOUCHÉS DU COMMERCE FRANÇAIS.** — La moitié du commerce français se fait avec les pays qui nous avoisinent, l'Angleterre, la Belgique, l'Allemagne, la Suisse, l'Italie et l'Espagne; l'Algérie, les États-Unis et l'Argentine, y participent aussi pour de fortes sommes.

255. L'**Angleterre** vend à la France de la *houille*, des *textiles* (soie, laine et coton) et des *tissus*. Elle lui achète des *denrées alimentaires* (vins et eaux-de-vie, œufs, beurre, volailles) et des *tissus de soie*.

256. La **Belgique** nous vend de la *houille*, du *lin*, des *bestiaux*, du *fer* et du *zinc*. Elle nous achète de la *laine*, des *vins*, des *tissus* et autres *objets fabriqués*.

257. L'**Allemagne** vend à la France des *bestiaux*, de la *bière*, de la *houille*, des *bois*, des *objets fabriqués* à bon marché. Elle lui achète des *vins*, des *tissus* de laine et de soie.

258. Le commerce français tire de la **Suisse** des *tissus de soie*, de l'*horlogerie*, des *fromages*, des *bestiaux*; de l'**Italie**, de la *soie*, des *bestiaux*, de l'*huile d'olive*, du *soufre*; de l'**Espagne**, des *vins*, du *plomb*, du *liège*; de l'**Algérie** et de la **Tunisie**, des *céréales*, des *moutons*, des *vins* et de l'*huile d'olive*.

259. Les **États-Unis** vendent à la France des *céréales*, des *conserves de viande*, du *coton*, du *tabac*, du *pétrole*, du *cuivre*, de l'*argent*, des *bois*. — Les **États et colonies de l'Amérique intertropicale** nous envoient surtout des denrées coloniales, *café*, *sucre* et *rhum* des Antilles et du Brésil, cacao du Vénézuéla, etc.

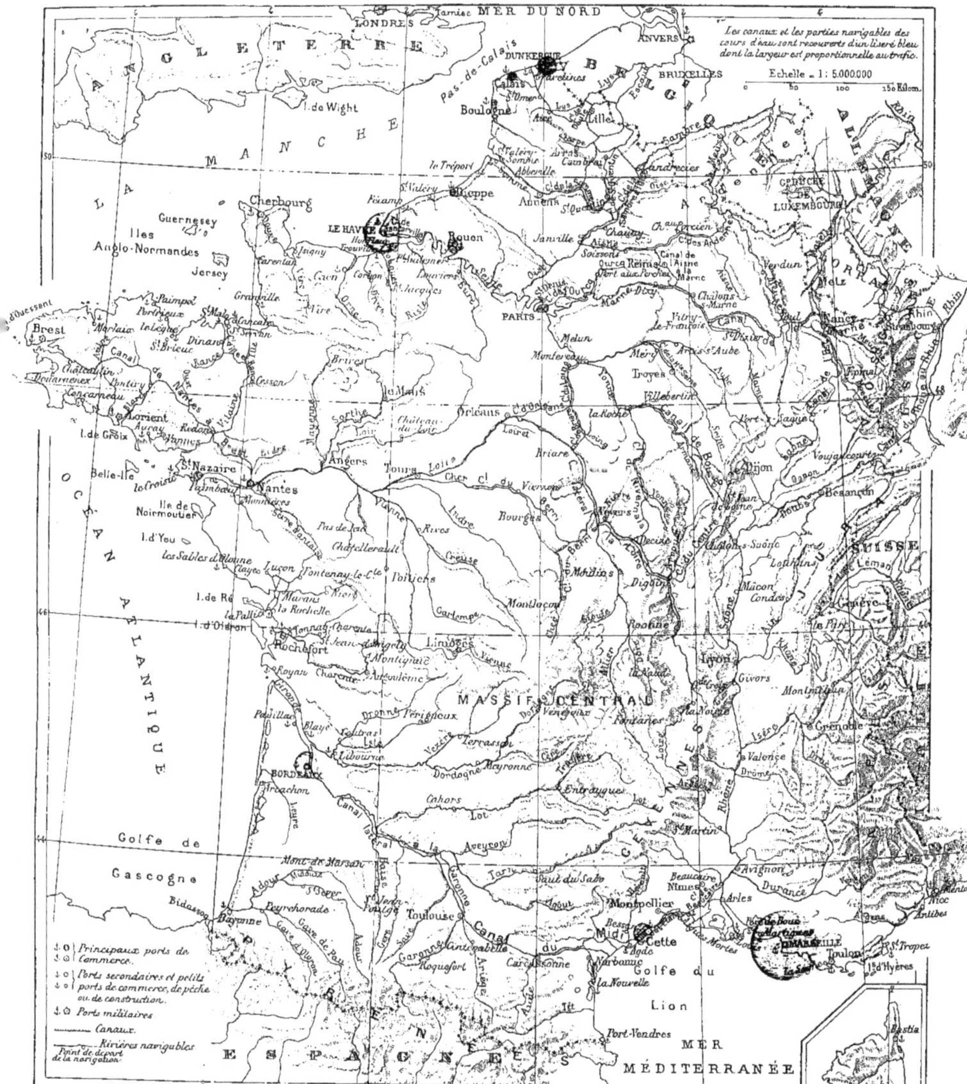

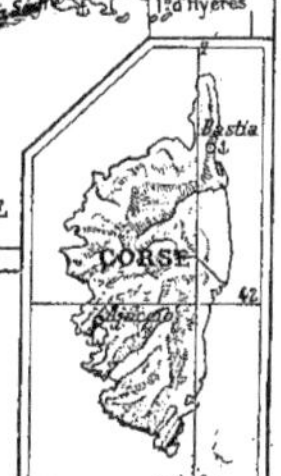

L. Thuillier, del!

Nota : *1 millimètre du diamètre des cercles teintés rose, représente un mouvement (Entrées et sorties)* de 500.000 tonnes.

1 millimètre de longueur des traits horizontaux violets, représente une valeur commerciale de 100 millions.

GÉOGRAPHIE DESCRIPTIVE

PAR RÉGIONS NATURELLES

ET PROVINCES

308. **RÉGIONS NATURELLES.** — Une région naturelle est un ensemble plus ou moins considérable de pays, dont le sol et le climat sont à peu près de même nature, et qui, par suite, donnent les mêmes produits. — On peut diviser la France en **6 grandes régions naturelles** : la *région des plaines du Nord et du bassin de Paris*, la *région maritime de l'ouest*, le *bassin de Bordeaux*, la *région du sud-est*, la *région du centre* et la *région de l'est*.

309. **PROVINCES.** — Chaque région comprend un certain nombre de provinces, qui formaient de petits États sous le régime féodal et qui servaient encore de cadres aux 32 grands gouvernements militaires, avant la Révolution.

310. Ces provinces, morcelées en départements, n'ont plus aujourd'hui aucune valeur administrative; néanmoins elles gardent encore une certaine unité morale. Celle-ci tient aux traditions historiques et surtout aux qualités physiques, intellectuelles et morales des habitants; c'est grâce à elles que les principaux types provinciaux de la France, breton, normand, picard, champenois, bourguignon, auvergnat, gascon, provençal, etc. se différencient assez nettement les uns des autres. — La fixité relative de ces types est due à deux grandes causes, l'*hérédité*, qui rattache par des liens mystérieux les descendants à leurs ancêtres; et le *milieu physique*, c'est-à-dire la nature du sol et du climat, qui exerce sur l'homme une influence agissant toujours dans le même sens. Ces deux causes ont contribué à maintenir le type celtique parmi les populations bretonnes et auvergnates, le germanique en Normandie et dans les provinces de l'est, l'ibérique, uni au romain et au grec, dans le Midi, etc. Aussi la taille moyenne des conscrits, constatée chaque année par les conseils de revision, est différente, et différente d'une manière fixe, dans les différentes provinces.

I. — RÉGION DU NORD ET DU BASSIN DE PARIS

311. **VUE D'ENSEMBLE.** — Cette région, formée de **plaines** faiblement ondulées, est arrosée, au centre, par la **Seine** *et ses affluents;* au nord, par des *rivières côtières;* au sud-ouest, par la **Loire**. — C'est la plus peuplée de toutes, la plus riche en **céréales**, en **plantes industrielles** et en mines de **houille** : plus de la moitié des charbons français est extraite du bassin de Valenciennes (Nord et Pas-de-Calais). — Deux des cinq **grands** groupes industriels de la France (**groupes du Nord et de Paris**) appartiennent à cette région. Elle produit tout le *sucre* de fabrication indigène et plus des deux tiers de l'*alcool.*

312. **Six provinces** en font partie; ce sont la *Flandre*, l'*Artois*, la *Picardie*, l'*Ile-de-France*, la *Champagne* et l'*Orléanais.*

FLANDRE, capitale LILLE

313. La Flandre est arrosée par la *Sambre*, l'*Escaut* et la *Lys*. Elle a formé le département du *Nord.*

NORD[1] : **Lille** ⚑, 216; Dunkerque, 39; Douai *, 31; Valenciennes, 30; Cambrai ǂ, 25; Hazebrouck, 12; Avesnes, 6.

314. Le Nord est le plus peuplé de nos départements (excepté la Seine), le plus riche en produits agricoles et le plus industriel. — Le chef-lieu, **Lille**, noyau d'un grand camp retranché, possède d'innombrables usines pour la métallurgie du fer et de l'acier, la fabrication des machines, le tissage, etc.

315. **Roubaix**, 124; *Tourcoing*, 73, et *Armentières*, 30, fabriquent des tissus mélangés; *Valenciennes* (place forte), *Cambrai*, *Bailleul*, 13, des toiles, des batistes, des tulles; *Douai*, *Denain*, 20, et *Fourmies*, 15, du fer et des machines, etc. — Les ports de *Dunkerque* et de *Gravelines*, 6, font un grand commerce avec l'Angleterre.

ARTOIS, capitale ARRAS

316. L'Artois, arrosé par l'*Escaut* et la *Lys*, forme la majeure partie du département du **Pas-de-Calais** : **Arras** †, 26; Boulogne, 47; Saint-Omer, 21; Béthune, 11; Saint-Pol, 3; Montreuil, 3.

317. Le département du Pas-de-Calais est celui qui produit le plus de **houille**. *Arras* fabrique du sucre de betterave; *Saint-Omer*, des pipes; *Calais*, 56, du tulle. — Les deux ports de *Calais* et de *Boulogne* ont plusieurs services quotidiens de ou pour l'Angleterre.

PICARDIE, capitale AMIENS

318. La Picardie, arrosée par la *Canche*, l'*Authie* et la *Somme*, a formé le département de la *Somme* et une partie de plusieurs autres.

SOMME : **Amiens** † * ⚑, 88; Abbeville, 19; Péronne, 4; Doullens, 4; Montdidier, 4.

Amiens fabrique des lainages, des velours de coton, des tapis; *Abbeville* a le même genre d'industrie.

[1] Les noms des préfectures suivent immédiatement ceux des départements; les chefs-lieux d'arrondissement viennent ensuite, rangés par ordre de population. — Explication des signes : ǂ archevêché, † évêché, * cour d'appel, ⚑ chef-lieu de région militaire. Les chiffres mis après les noms de villes indiquent la population en *milliers d'habitants;* au-dessous de 2000, nombre complet entre parenthèses.

ILE-DE-FRANCE, capitale PARIS

319. Les plaines de l'Ile-de-France, arrosées par la *Seine*, la *Marne*, l'*Aisne* et l'*Oise*, produisent beaucoup de blé, des betteraves à sucre, et, aux environs de Paris, une grande quantité de légumes et de fruits. — Cette province a formé **5 départements** : *Seine*, *Seine-et-Oise*, *Seine-et-Marne*, *Oise* et *Aisne*.

320. **SEINE** : Paris ǂ *, 2536; pas de sous-préfectures.

Le département de **la Seine** ne se compose guère que de **Paris**, avec une partie seulement de sa banlieue. L'ancienne *Lutèce* des Parisii, devenue la capitale de la France depuis mille ans, est le siège du gouvernement, du parlement et de la cour de cassation, le premier centre littéraire, scientifique et artistique de l'univers, et la principale ville industrielle de notre pays : tous les genres d'industrie se trouvent réunis à Paris et dans ses environs; c'est de là que rayonnent presque toutes nos grandes voies ferrées. Paris sert de noyau commun à trois grands camps retranchés, que protège une double ceinture de forts. La ville industrielle de *Saint-Denis*, 54, possède une basilique qui servit de sépulture à nos rois jusqu'à la Révolution.

321. **SEINE-ET-OISE** : **Versailles** †, 55; Corbeil, 9; Pontoise, 8; Mantes, 8; Étampes, 8; Rambouillet, 6.

La richesse de ce département consiste surtout en céréales, dont *Étampes*, *Corbeil* et *Pontoise* sont les principaux marchés; et en plantes fourragères et industrielles. Son industrie est tout agricole (minoteries à Corbeil, fabriques de sucre et d'alcool de betteraves). — *Versailles* renferme le magnifique palais de Louis XIV, maintenant converti en musée historique. — *Saint-Germain-en-Laye*, 16, et *Rambouillet* sont célèbres par leurs châteaux et leurs forêts.

322. **SEINE-ET-MARNE** : **Melun**, 12; Fontainebleau, 14; Meaux †, 13; Provins, 8; Coulommiers, 6.

Le département de Seine-et-Marne est, comme le précédent, plus agricole qu'industriel : les céréales, le lait et les fromages de la Brie, les roses de *Provins* et les chasselats dits de Fontainebleau en sont les principaux produits. *La Ferté-sous-Jouarre*, 4, fournit d'excellentes meules de moulin. *Montereau* a une grande fabrique de porcelaine. *Fontainebleau* est célèbre par son château historique et par sa forêt.

323. **OISE** : **Beauvais** †, 20; Compiègne, 15; Senlis, 7; Clermont, 5.

Beauvais possède une manufacture nationale de tapis et des fabriques de tissus. *Creil*, 8, et *Montataire*, 5, fabriquent de la porcelaine, de la tôle, etc. *Chantilly*, 4, et *Compiègne* sont célèbres par leurs châteaux et leurs forêts.

I. Thuillier del[t] — A. ... Sc

Légende.

VILLES au-dessus de 100000 habitants.	Limites d'États.
Villes de 50000 à 100000 id.	Canaux
Villes de 20000 à 50000 id.	Les Chefs-lieux de Départements sont soulignés deux fois, ceux d'Arrondissements une fois.
Villes et localités au-dessous de 20000 hab[ts]	
Limites de Départements.	

Echelle 1:3 200 000.

0 50 100 150 Kilom.

324. **AISNE: Laon**, 14; Saint-Quentin, 48; Soissons †, 12; Château-Thierry, 7; Vervins, 3.

Le département de l'Aisne est le premier producteur de sucre et l'un des principaux producteurs d'alcool. *Saint-Quentin*, sur la Somme, fabrique des tissus et du sucre; *Saint-Gobain*, 2, et *Chauny*, 9, des glaces; *Guise*, 8, des poêles et des tissus.

CHAMPAGNE, cap. TROYES

325. La Champagne tire son nom de ses vastes campagnes crayeuses. Elle est arrosée par la *Seine*, l'*Aube*, la *Marne* et l'*Aisne*. Malgré la renommée universelle de ses **vins mousseux** et le développement de l'industrie sur quelques points de son territoire, la Champagne est une de nos provinces les plus pauvres et les plus faiblement peuplées. Elle a formé **4 départements** : *Ardennes*, *Marne*, *Haute-Marne* et *Aube*.

326. **ARDENNES : Mézières**, 7; Sedan, 20; Rethel, 7; Vouziers, 4; Rocroi, 2.

Carignan, 2, est un centre d'usines métallurgiques; *Sedan* fabrique des draps fins; *Mézières* et *Charleville*, 17, de la quincaillerie, des clous; *Givet*, 7, des pipes, des crayons, de la colle forte. *Fumay*, 5, exploite des ardoisières.

327. **MARNE : Châlons-sur-Marne** † ⚑, 26; Reims †, 108; Épernay, 19; Vitry-le-François, 8; Sainte-Menehould, 5.

Épernay et *Reims* sont les deux principaux entrepôts des vins de Champagne. **Reims** fabrique des flanelles, des mérinos et autres lainages, des biscuits, du sucre, etc.

328. **HAUTE-MARNE : Chaumont**, 13; Langres †, 10; Vassy, 3.

La Haute-Marne est riche en forêts, en mines de fer et en établissements métallurgiques, dont *Saint-Dizier*, 13, et *Vassy* sont les deux principaux centres; *Nogent-le-Roi*, 3, et *Langres*, place forte, fabriquent des couteaux.

329. **AUBE : Troyes** †, 53; Bar-sur-Aube, 4; Nogent-sur-Seine, 3; Bar-sur-Seine, 3; Arcis-sur-Aube, 2.

L'industrie est active à *Troyes* et à *Romilly-sur-Seine*, 7, qui fabriquent de la bonneterie.

ORLÉANAIS, capitale ORLÉANS

330. L'Orléanais envoie une partie de ses eaux à la *Seine*, et l'autre à la *Loire*, qui en traverse la partie méridionale. C'est un pays à peu près exclusivement agricole. L'Orléanais a formé **3 départements** : *Loiret*, *Loir-et-Cher*, *Eure-et-Loir*.

331. **LOIRET : Orléans** † ⚑ *, 66; Montargis, 11; Gien, 8; Pithiviers, 5.

Orléans, sur la Loire, est un grand marché de grains, d'arbustes et de fleurs, de vinaigre. *Gien* fabrique de la poterie.

332. **LOIR-ET-CHER : Blois** †, 23; Vendôme, 9; Romorantin, 7.

Le sol marécageux de la Sologne a été asséché, en partie reboisé, et amélioré par le marnage. *Blois*, sur la Loire, possède un superbe château historique.

333. **EURE-ET-LOIR : Chartres** †, 23; Dreux, 9; Nogent-le-Rotrou, 8; Châteaudun, 7.

La Beauce est riche en blé et en moutons. *Chartres* fait commerce de grains. *Nogent-le-Rotrou* est le principal marché des chevaux percherons.

II. — RÉGION DE L'OUEST

334. VUE D'ENSEMBLE. — La région de l'ouest pourrait s'appeler *région armoricaine*, parce qu'elle appartient, en majeure partie, aux terrains granitiques et schisteux du massif armoricain. — Le nom de *région maritime* lui conviendrait également : le développement des côtes normandes, bretonnes et poitevines égale au moins les trois cinquièmes du littoral français. — On y trouve trois de nos cinq grands **ports militaires**, *Cherbourg, Brest* et *Lorient;* quatre de nos principaux **ports de commerce**, *le Havre, Rouen, Saint-Nazaire* et *Nantes;* et les **stations balnéaires** les plus fréquentées.

335. Cette région se compose de **plaines** unies (surtout à l'est) ou bossuées de faibles hauteurs. — Deux de nos grands fleuves, la **Loire** et la **Seine**, viennent terminer leur cours dans cette région, et la Loire y reçoit quelques-uns de ses principaux affluents. Aucune région ne possède autant de **prairies** et d'**herbages**; aucune ne nourrit autant de *bêtes à cornes* et de *chevaux*. — La culture caractérisque de la Normandie, de la Bretagne et du haut Maine (Mayenne), est celle du **pommier à cidre**. — L'industrie, peu développée sur le massif armoricain, est florissante dans la partie de la région qui appartient au bassin de Paris.

337. La région de l'ouest comprend **6 provinces** : la *Normandie*, le *Maine*, la *Bretagne*, l'*Anjou*, la *Touraine* et le *Poitou*.

NORMANDIE, capitale ROUEN

338. La Normandie se compose de vastes *plaines* et de *plateaux* à l'est, de *collines* boisées à l'ouest et au sud. A l'exception de l'*Huisne* et de la *Sarthe*, toutes les rivières normandes, la *Risle*, la *Touques*, la *Dives*, l'*Orne*, la *Vire*, etc., portent leurs eaux à la Manche. La **Seine** coule en Normandie depuis le confluent de l'*Epte* jusqu'à son embouchure.

339. La principale richesse de la Normandie consiste dans ses **herbages**, qui nourrissent des *chevaux* renommés et d'excellentes *vaches* laitières, et dans ses plants de *pommiers* et de *poiriers à cidre*.

340. La Normandie renferme **5 départements** : *Seine-Inférieure, Eure, Calvados, Manche* et *Orne*.

341. **SEINE-INFÉRIEURE : Rouen‡⚑**, 113; le Havre, 119; Dieppe, 22; Yvetot, 7; Neufchâtel, 4.

Le département de la Seine-Inférieure est l'un des plus riches de la France par l'industrie et le commerce. **Rouen**, port de commerce sur la Seine, est une de nos principales villes industrielles; on y fabrique surtout des étoffes de coton (rouenneries). **Le Havre**, notre second port de commerce, possède des raffineries de sucre et des ateliers pour la construction des machines. *Dieppe* et *Fécamp*, 14, sont des ports de commerce et de grande pêche. *Elbeuf*, 21, sur la Seine, rivalise avec Sedan pour la draperie fine.

342. **EURE : Évreux†**, 17; Louviers, 10; Bernay, 8; Pont-Audemer, 6; les Andelys, 6.

Évreux, sur l'Iton, fabrique des coutils; *Louviers*, sur l'Eure, des draps; *Bernay*, des rubans et des toiles.

343. **CALVADOS : Caen***, 45; Lisieux, 16; Bayeux †, 8; Falaise, 8; Vire, 6; Pont-l'Évêque, 3.

Caen, sur l'Orne, fait un grand commerce de chevaux; son port, et celui de *Honfleur*, 9, qui est plus important, expédient beaucoup de denrées agricoles en Angleterre. *Bayeux* fabrique de la porcelaine et des dentelles; *Lisieux* et *Condé-sur-Noireau*, 6, des toiles; *Falaise*, patrie de Guillaume le Conquérant, de la bonneterie; *Vire*, des draps à bon marché.

344. **MANCHE : Saint-Lô**, 11; Cherbourg, 40; Coutances †, 7; Avranches, 7; Valognes, 6; Mortain, 2.

Cherbourg, à l'extrémité du Cotentin, est l'un de nos cinq grands ports de guerre. *Granville* est un port de commerce et de pêche.

345. **ORNE : Alençon**, 18; Argentan, 6; Domfront, 4; Mortagne, 4.

Alençon, sur la Sarthe, est un important marché de chevaux; *Flers*, 13, et *la Ferté-Macé*, 8, fabriquent des coutils et des cotonnades; *Laigle*, des épingles, des aiguilles, du fil de fer; *Séez†*, 4, sur l'Orne.

MAINE, capitale LE MANS

346. Le Maine est un pays de *plaines*, excepté au nord, où il est couvert de *collines* assez élevées. — Les rivières qui l'arrosent, le *Loir*, la *Sarthe*, grossie de l'*Huisne*, et la *Mayenne*, vont toutes se jeter dans la Loire par la *Maine*. — Le Maine a formé 2 départements : *Sarthe* et *Mayenne*.

347. **SARTHE : Le Mans † ⚑**, 60; la Flèche, 10; Mamers, 6; Saint-Calais, 3.

Le Mans, au confluent de l'Huisne et de la Sarthe, est un nœud important de chemins de fer. *Sablé* exploite des carrières de marbre. *La Flèche* est un important marché de volailles.

348. **MAYENNE : Laval†**, 30; Mayenne, 10; Château-Gontier, 7.

Les deux villes principales de la Mayenne, *Laval* et *Mayenne*, fabriquent des coutils et des toiles. *Ernée*, 5, a des industries diverses.

BRETAGNE, capitale RENNES

349. Les côtes de la presqu'île de Bretagne sont déchiquetées, frangées d'écueils et d'îles, dont les principales sont *Ouessant, Groix* et *Belle-Ile*. — Les principales **rivières** bretonnes sont le *Couesnon* et la *Rance*, au nord; l'*Aulne*, à l'ouest; le *Blavet* et la *Vilaine*, grossie de l'*Ille* et de l'*Oust*, au sud. La **Loire** traverse un petit coin de la province; elle y reçoit, à Nantes, l'*Erdre* et la *Sèvre-Nantaise*.

350. La Bretagne renferme de vastes *landes;* les *chevaux*, les *bêtes à cornes* et les *porcs* y sont deux fois plus nombreux que dans les autres parties de la France. — La *pêche côtière* et la *grande pêche* font vivre de nombreuses familles bretonnes.

351. La Bretagne a formé **5 départements** : *Ille-et-Vilaine, Côtes-du-Nord, Finistère, Morbihan* et *Loire-Inférieure*.

352. **ILLE-ET-VILAINE : Rennes‡⚑***, 69; Fougères, 20; Saint-Malo, 11; Vitré, 10; Redon, 7; Montfort, 2.

Rennes, au confluent de l'Ille et de la Vilaine, est un grand marché agricole; *Fougères* fabrique de la cordonnerie; *Saint-Malo, Saint-Servan*, 12, et *Dinard*, 5, sont des stations balnéaires très fréquentées; *Cancale* est renommée pour ses huîtres.

353. **COTES-DU-NORD : Saint-Brieuc†**, 19; Dinan, 10; Guingamp, 9; Lannion, 6; Loudéac, 5.

Saint-Brieuc a pour port *Le Légué*. *Binic, Paimpol* et *Tréguier* sont des ports de pêche.

354. **FINISTÈRE : Quimper†**, 18; Brest, 75; Morlaix, 16; Quimperlé, 8; Châteaulin, 3.

Brest possède d'immenses chantiers pour la marine. *Saint-Pol-de-Léon*, 7, au « clocher à jour », et *Roscoff*, 4, expédient les primeurs de leurs jardins à Londres et à Paris. *Douarnenez*, 11, et *Concarneau*, 6, fabriquent des conserves de sardines.

355. **MORBIHAN : Vannes†**, 22; Lorient, 42; Pontivy, 9; Ploërmel, 6.

Le Morbihan renferme le port militaire de *Lorient; Vannes*, l'ancienne capitale des Vénètes; *Auray*, 6, qui possède des parcs d'huîtres. Dans les environs d'Auray se trouvent les alignements de Carnac et la basilique de Sainte-Anne, patronne des Bretons.

356. **LOIRE-INFÉRIEURE : Nantes†⚑**, 124; Saint-Nazaire, 30; Châteaubriant, 7; Ancenis, 5; Paimbœuf, 2.

Nantes, port sur la Loire, a des raffineries de sucre, des fabriques de conserves alimentaires, etc. *Saint-Nazaire*, son avant-port, possède des ateliers de construction; *Couëron* et *Indret* ont des établissements métallurgiques.

ANJOU, capitale ANGERS

357. Les fertiles *plaines* de l'Anjou sont traversées par la Loire, qui y reçoit la *Maine*. L'Anjou a formé le département de *Maine-et-Loire*.

358. **MAINE-ET-LOIRE : Angers †***, 77; Cholet, 17; Saumur, 16; Baugé, 3; Segré, 3.

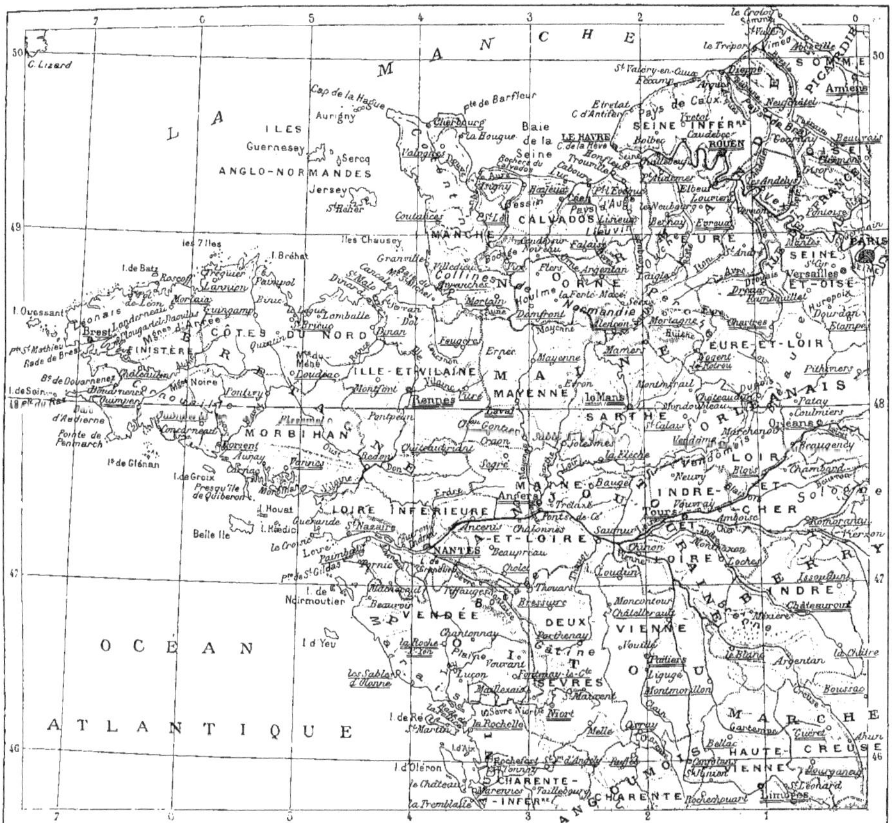

L. Thuillier del.t — A. ... sc.

Angers, sur la Maine, fabrique des toiles à voiles et des cordages; *Cholet* et *Beaupréau*, 3, des toiles fines; *Saumur*, des chapelets et autres objets tournés. *Trélazé*, 5, près d'Angers, exploite des carrières d'ardoises.

TOURAINE, capitale TOURS

359. La Touraine est traversée par la **Loire**, qui y reçoit le *Cher*, l'*Indre* et la *Vienne*. Elle a formé le département d'*Indre-et-Loire*.

360. **INDRE-ET-LOIRE : Tours**☩, 63; Chinon, 6; Loches, 5.

Tours est une ville gracieuse, qui attire et retient beaucoup d'étrangers. *Chinon* est le principal marché des « prunes de Tours ».

POITOU, capitale POITIERS

361. Le Poitou se compose de *plateaux* boisés, de *collines* peu élevées, de *plaines* et de *marais*. Les rivières qui l'arrosent sont : la *Vienne*, grossie du *Clain*, le *Thouet* et la *Sèvre-Nantaise*, affluents de la Loire; le *Lay* et la *Sèvre-Niortaise*, qui se jettent dans l'Atlantique. — C'est un pays essentiellement agricole, renommé pour ses *bœufs*, ses *ânes* et ses *mulets*. — Le Poitou a formé 3 départements : *Vienne*, *Deux-Sèvres* et *Vendée*.

362. **VIENNE : Poitiers** †*, 38; Châtellerault, 20; Montmorillon, 5; Loudun, 4; Civray, 2.

Châtellerault fabrique de la coutellerie et a une manufacture d'armes. *Poitiers* possède de curieuses églises.

363. **DEUX-SÈVRES : Niort**, 23; Parthenay, 7; Bressuire, 4; Melle, 2.

Niort, important marché de grains, fabrique des gants et des cotonnades.

364. **VENDÉE : La Roche-sur-Yon**, 12; les Sables-d'Olonne, 11; Fontenay-le-Comte, 10.

La Roche-sur-Yon, fondée par Napoléon Ier, s'est appelée successivement Napoléon-Vendée et Bourbon-Vendée. Les petits ports des *Sables-d'Olonne*, de *Luçon* †, 6, et de *Noirmoutier*, 6 (dans l'île de ce nom), exportent du poisson et des denrées agricoles.

III. — RÉGION DU SUD-OUEST

365. **VUE D'ENSEMBLE.** La région du sud-ouest embrasse presque tout le bassin de la **Garonne**, avec ceux de la *Charente* et de l'*Adour*. Elle se compose, en majeure partie, de **plaines**; sur le pourtour, le terrain s'élève en pentes à peine sensibles, d'un côté jusqu'au pied des **Pyrénées**, de l'autre jusqu'aux *causses* du Languedoc, du Rouergue et du Quercy, et aux *plateaux* accidentés du Périgord, qui font déjà partie du massif central. — Le *col de Naurouze* (190 m.), par lequel passe le canal du Midi, ouvre une voie facile entre le littoral de la Méditerranée et celui de l'Atlantique.

366. La région du sud-ouest est beaucoup plus agricole qu'industrielle. Ses deux produits caractéristiques sont le **vin** et le **maïs**. — Les vallées des fleuves ont de bonnes prairies naturelles, et la région pyrénéenne des pâturages, qui nourrissent beaucoup de *chevaux* et de *bêtes à cornes*. — Les Pyrénées donnent naissance à de nombreuses *sources thermales* et *minérales*, qui attirent des milliers de baigneurs.

367. Cette région comprend **7 provinces** : *Aunis, Saintonge, Angoumois, Guyenne, Gascogne, Béarn, Comté de Foix*, et une *partie du Languedoc* (Haute-Garonne et Tarn).

AUNIS, cap. LA ROCHELLE
SAINTONGE, cap. SAINTES
ANGOUMOIS, cap. ANGOULÊME

368. Les trois petites provinces de l'**Aunis**, de la **Saintonge** et de l'**Angoumois** se composent de plaines, arrosées par la *Charente* et par ses affluents. Les vignes qui faisaient autrefois leur richesse, et qui avaient rendu partout célèbre le nom de *Cognac*, ont été détruites aux trois quarts par le phylloxéra.

369. **L'Aunis** et la **Saintonge** ont formé le département de la *Charente-Inférieure*, dont font partie les îles de *Ré* et d'*Oléron*.

370. **CHARENTE-INFÉRIEURE : La Rochelle**†, 28; Rochefort, 34; Saintes, 20; Saint-Jean-d'Angély, 7; Marennes, 6; Jonzac, 3.

La Rochelle a pour avant-port la rade de *La Pallice*; *Rochefort*, sur la Charente, est l'un de nos cinq ports de guerre. *Tonnay-Charente*, 4, exporte des eaux-de-vie; *Marennes* est renommée pour ses huîtres.

371. L'**Angoumois** a formé le département de la *Charente*.

CHARENTE : Angoulême†, 38; Cognac, 20; Barbezieux, 4; Ruffec, 3; Confolens, 3.

Angoulême possède de nombreuses fabriques de papier; *Ruelle*, 3, une manufacture nationale de canons pour la marine.

GUYENNE, cap. BORDEAUX

372. Les plaines de la Guyenne sont traversées par la Garonne, qui y reçoit le *Tarn*, grossi de l'*Agout* et de l'*Aveyron*, le *Gers* et la *Baïse*, le *Lot* et la *Dordogne*. — Les parties de la Guyenne situées dans les bassins de la Dordogne et de ses affluents, la *Dronne*, l'*Isle* et la *Vézère* (Périgord), se composent de *plateaux montueux et boisés*. Le haut Quercy et le Rouergue, dans les bassins supérieurs du Lot, de l'Aveyron et du Tarn, appartiennent à la région des *causses*, plateaux calcaires, sans arbres et presque sans cultures.

373. Les plaines de la basse Guyenne et les plateaux du Périgord nourrissent beaucoup de *bêtes à cornes*; on y récolte des *céréales*, des *fruits* et surtout des **vins**.

374. La Guyenne a formé, en totalité ou en majeure partie, **6 départements** : *Gironde, Lot-et-Garonne, Dordogne, Lot, Tarn-et-Garonne, Aveyron*.

375. **GIRONDE : Bordeaux** ‡ ⚓ *, 256; Libourne, 18; Blaye, 5; Bazas, 4; la Réole, 4; Lesparre, 4.

376. La Gironde, le plus étendu des départements français, est aussi l'un des plus riches et des plus peuplés. Le **Bordelais** produit des **vins** qui sont parmi les crus les plus justement renommés du monde (voir n° 198). **Bordeaux**, sur la Garonne, est la quatrième ville de France pour la population et notre troisième port de commerce pour la valeur des échanges; c'est en même temps une ville industrielle, qui possède des fonderies, des raffineries de sucre, une importante manufacture de porcelaine, etc. — *Libourne*, sur la Dordogne, fait le commerce des vins. *Arcachon*, 8, station balnéaire très fréquentée, expédie de grandes quantités d'huîtres.

377. **LOT-ET-GARONNE : Agen** † *, 22; Villeneuve-sur-Lot, 13; Marmande, 10; Nérac, 6.

Le département de Lot-et-Garonne produit beaucoup de blé, de vin et de prunes, du chanvre et du tabac. *Agen* exporte des pruneaux. *Villeneuve-sur-Lot* et *Marmande* sont d'importants marchés agricoles. *Nérac* est célèbre par ses pâtés de foie gras.

378. **DORDOGNE : Périgueux** †, 31; Bergerac, 15; Sarlat, 7; Ribérac, 3; Nontron, 3.

La Dordogne récolte une énorme quantité de **châtaignes**, plus de la moitié de toute la production française dans certaines années.

Périgueux, sur l'Isle, possède des usines métallurgiques et fait un grand commerce de truffes; *Nontron* travaille le fer et l'acier; *Bergerac* est un important marché pour les fers et les vins du pays.

379. **LOT : Cahors** †, 14; Figeac, 6; Gourdon, 4.

Le Lot, formé par les causses du Quercy, est peu fertile. *Cahors* fait commerce de vins. *Rocamadour*, petite ville pittoresque, est un lieu de pèlerinage fréquenté.

380. **TARN-ET-GARONNE : Montauban** †, 29; Moissac, 8; Castelsarrazin, 7.

Montauban, l'un des principaux boulevards du protestantisme au commencement du XVIIe siècle, est encore le siège d'une faculté de théologie protestante. *Moissac* fait un grand commerce de grains et de farines.

381. **AVEYRON : Rodez** †, 16; Millau, 18; Villefranche, 9; Saint-Affrique, 7; Espalion, 3.

L'Aveyron est riche en mines de fer et de houille. *Aubin*, 9, et *Decazeville*, 9, situées dans la région houillère, possèdent des usines métallurgiques; *Rodez* a une des plus belles cathédrales du Midi; *Roquefort* fabrique des fromages de lait de brebis.

GASCOGNE, capitale AUCH

382. A l'exception de la montagneuse Bigorre, la Gascogne se compose de **plaines**. Les rivières qui les arrosent sont : le *Gers* et la *Baïse*, affluents de la Garonne; l'*Adour* et ses affluents landais, la *Midou* et la *Douze*, qui se réunissent pour former la *Midouze*.

383. La Gascogne a formé **3 départements** : le *Gers*, les *Landes* et les *Hautes-Pyrénées*.

384. **GERS : Auch** ‡, 14; Condom, 7; Lectoure, 4; Mirande, 3; Lombez (1643).

Le Gers est un département essentiellement agricole, qui produit beaucoup de blé, de maïs et de vin. *Auch* possède une cathédrale remarquable. *Condom* est le principal entrepôt des eaux-de-vie d'Armagnac.

385. **LANDES : Mont-de-Marsan**, 11; Dax, 10; Saint-Sever, 4.

Le département des Landes, l'un des plus pauvres et des moins peuplés, produit des céréales et des vins dans le bassin de l'Adour; les dunes qui bordent le golfe de Gascogne sont couvertes d'immenses forêts de **pins**; le reste du département se compose de **landes**, où des troupeaux de moutons paissent les maigres herbes qui croissent au milieu des bruyères, des fougères et des ajoncs. On exploite, aux environs de *Dax*, des mines de sel gemme. *Aire*, 4 †, sur l'Adour.

386. **HAUTES-PYRÉNÉES : Tarbes** †, 24; Bagnères-de-Bigorre, 8; Argelès (1882).

Le département des Hautes-Pyrénées, tout à la fois agricole et industriel, élève des chevaux, des mulets et des bêtes à cornes, et utilise la force motrice des rivières pyrénéennes dans un grand nombre d'usines, papeteries, scieries, marbreries. *Tarbes* possède un arsenal important et des ateliers de construction; *Lourdes*, 7, sur le gave de Pau, est le pèlerinage le plus fréquenté de la terre; *Bagnères-de-Bigorre*, *Cauterets*, etc., sont renommées pour leurs sources thermales et minérales.

BÉARN, capitale PAU

387. Les *plaines* du Béarn, arrosées par les *gaves de Pau* et *d'Oloron*, et les *montagnes* du **pays basque** forment le département des *Basses-Pyrénées*.

388. **BASSES-PYRÉNÉES : Pau** *, 33; Bayonne †, 27; Oloron, 8; Orthez, 6; Mauléon, 2.

Le département des Basses-Pyrénées n'a qu'un quart de sa surface en culture ; le reste se compose de maigres pâturages et de bois. Il possède des tissages, des filatures, des minoteries, qui utilisent les chutes d'eau comme force motrice. *Pau*, patrie de Henri IV et de Bernadotte, est renommée pour la douceur de son climat. *Bayonne*, au confluent de l'Adour et de la Nive, est une importante place de guerre et un port de commerce. *Biarritz*, sur le golfe de Gascogne, et *Eaux-Bonnes*, dans les Pyrénées, sont des stations balnéaires très fréquentées. *Orthez* est le principal centre de la fabrication des jambons dits de Bayonne.

COMTÉ DE FOIX

capitale FOIX

389. Le Comté de Foix, traversé par l'*Ariège* et par l'*Hers*, son affluent, est presque partout couvert de hautes montagnes. Il a formé le département de l'*Ariège*.

390. **ARIÈGE**[1] **: Foix**, 6; Pamiers ✝, 10; Saint-Girons, 5.

L'Ariège est riche en sources thermales et minérales. La principale industrie est celle du fer, qui est assez active au village de *Vic-Dessos* et à *Pamiers*.

HAUT LANGUEDOC

cap. TOULOUSE

391. Le haut Languedoc présente une grande étendue de terres élevées et peu productives, mais il a aussi de vastes plaines d'une grande fertilité. Les rivières qui l'arrosent sont la *Garonne* et ses affluents, l'*Ariège* et le *Tarn*, grossi de l'*Agout*. — Il a formé 2 départements : *Haute-Garonne* et *Tarn*.

[1] Le préfet de l'Ariège exerce les droits de suzeraineté que la France possède sur la république d'Andorre, concurremment avec l'évêque d'Urgel (Espagne).

392. **HAUTE-GARONNE : Toulouse** ✝ * ⚑, 149; Saint-Gaudens, 6; Muret, 4; Villefranche, 2.

La partie méridionale de la Haute-Garonne, qui s'enfonce au cœur des Pyrénées, est riche en beaux sites et en sources thermales et minérales. *Bagnères-de-Luchon* est la station balnéaire la plus fréquentée de toute la chaîne. Toulouse, sur la Garonne, cité industrielle et commerçante, est située au centre des plaines fertiles qui unissent, par le col de Naurouze, le bassin de Bordeaux au littoral méditerranéen.

393. **TARN : Albi** ✝, 21; Castres, 28; Gaillac, 7; Lavaur, 6.

Le département du Tarn récolte des vins, dont les plus appréciés sont ceux de *Gaillac*. Il renferme le bassin houiller de *Carmaux*, 10. *Castres*, *Mazamet*, 14, et *Lavaur*, ont des filatures et des fabriques de draps.

IV. — RÉGION DU SUD-EST

394. **VUE D'ENSEMBLE.** — La région du sud-est appartient tout entière au ***versant de la Méditerranée***, et, en majeure partie, au ***bassin du Rhône***. Elle comprend **deux sous-régions** bien distinctes, la ***région méditerranéenne*** et la ***région alpestre***.

395. **La région méditerranéenne**, au climat sec et brûlant (nº 182), récolte peu de céréales, possède peu de bêtes à cornes et de chevaux, mais des ***moutons*** et des ***chèvres***. Ses productions caractéristiques sont le ***vin***, l'***huile d'olive***, les ***fruits*** et la ***soie***. — Dans la région alpestre, le climat et les productions varient avec l'altitude.

396. La région alpestre renferme des ***sources minérales***, des ***mines de fer*** et de ***houille***. — Les ***marais salants*** du bas Languedoc et de la Provence sont les plus productifs de la France.

397. La région du sud-est comprend **8 provinces; région méditerranéenne** : *Corse, Roussillon, bas Languedoc, Comtat-Venaissin, Provence* et *Comté de Nice*; — **région alpestre** : *Dauphiné* et *Savoie* (avec une bonne partie de la *Provence*).

CORSE, capitale BASTIA

398. La Corse, à 170 kilomètres des côtes de la Provence, est une île très montagneuse. Elle produit beaucoup de ***châtaignes***.

399. **CORSE** : **Ajaccio** †, 20; Bastia *, 22; Sartène, 6; Corté, 5; Calvi, 2.

Bastia est le principal port de l'île; *Ajaccio*, patrie de Napoléon, jouit d'un climat délicieux; *Orezza* possède des sources minérales.

ROUSSILLON, capitale PERPIGNAN

400. Le Roussillon, arrosé par le *Tech*, la *Têt* et l'*Agli*, a formé le département des *Pyrénées-Orientales*.

401. **PYRÉNÉES-ORIENTALES** : **Perpignan** †, 35; Prades, 3; Céret, 3.

Les coteaux du Roussillon produisent les vins renommés de *Banyuls, Collioure* et *Rivesaltes*. *Perpignan* est une importante place de guerre; *Port-Vendres*, 3, le seul bon port du golfe du Lion.

LANGUEDOC, capitale TOULOUSE

402. Le Languedoc appartient à trois régions naturelles : le *haut Languedoc*, au bassin de Bordeaux; le *bas Languedoc*, à la région méditerranéenne; et le *Languedoc cévenol*, au massif central.

403. La province a formé **8 départements**, savoir : **haut Languedoc** : *Haute-Garonne, Tarn* (nºs 391-393); — **bas Languedoc** : *Aude, Hérault, Gard*, — **Languedoc cévenol** : *Ardèche, Lozère, Haute-Loire* (nºs 434-437).

404. **Le bas Languedoc** incline ses ***coteaux*** et ses ***plaines*** vers la **Méditerranée**, à laquelle il envoie l'*Aude*, l'*Orb*, l'*Hérault* et la *Vidourle*; et vers le **Rhône**, qui en reçoit le *Gard*, l'*Ardèche*, l'*Eyrieux*, etc.

405. **AUDE** : **Carcassonne** †, 29; Narbonne, 27; Castelnaudary, 10; Limoux, 6.

Castelnaudary possède des fabriques de gros draps. *Limoux, Carcassonne* et *Narbonne* font commerce de vins.

406. **HÉRAULT** : **Montpellier** † ⚑ *, 73; Béziers, 48; Lodève, 8; Saint-Pons, 3.

L'Hérault est de beaucoup le premier département pour la production du vin; ses crus les plus renommés sont ceux de *Lunel*, 6, et de *Frontignan*, 3. *Béziers, Pézenas*, 7, et surtout *Cette*, 32, port très actif, sur l'étang de Thau, font commerce de vins et d'eaux-de-vie. La ville maritime d'*Agde*, 8, a été fondée par les Grecs. *Montpellier* possède une école de médecine qui date du moyen âge. *Saint-Pons, Bédarieux*, 6, et *Clermont-l'Hérault*, 5, fabriquent des draps communs.

407. **GARD** : **Nîmes** † *, 74; Alais, 24; le Vigan, 5; Uzès, 4.

Nîmes fabrique des tapis, des soieries, des chapeaux; *Beaucaire*, 9, sur le Rhône, est célèbre par sa foire, qui était autrefois l'une des plus importantes du monde; *Alais*, la *Grand'Combe*, 13, et *Bessèges*, 8, exploitent des mines de houille et travaillent le fer.

COMTAT-VENAISSIN, cap. AVIGNON

408. Le Comtat-Venaissin, qui appartint au saint-siège jusqu'à la révolution, et la *principauté d'Orange*, ont formé le département de *Vaucluse*.

409. **VAUCLUSE** : **Avignon** ‡, 43; Orange, 9; Carpentras, 10; Apt, 5.

Avignon, sur le Rhône, ville industrielle et commerçante, possède le curieux château des papes; *Orange, Carpentras, Cavaillon*, 9, font surtout commerce de soie grège.

PROVENCE, capitale AIX

410. La Provence, toute hérissée de *montagnes*, n'a d'autres cours d'eau que des torrents, la *Durance* et ses affluents, le *Verdon* et l'*Ubaye*, l'*Argens*, le *Var*, etc. Elle n'est fertile et animée que dans sa partie maritime; encore les terres marécageuses de la *Camargue* et la plaine caillouteuse de la *Crau* sont-elles en majeure partie stériles et désertes.

411. La Provence a formé **3 départements** : *Bouches-du-Rhône, Var* et *Basses-Alpes*.

412. **BOUCHES-DU-RHONE** : **Marseille** † ⚑, 442; Aix ‡, 28; Arles, 24.

Tarascon, 9, sur le Rhône, fait face à Beaucaire; *Arles* est un port de commerce au sommet du delta; *Aix* fait commerce d'huile d'olive et d'amandes. **Marseille**, le premier port de commerce de la Méditerranée, est un centre industriel très important; on y trouve des usines métallurgiques, des raffineries de sucre, des fabriques d'huile et de savon. Le port de *la Ciotat*, 12, a des chantiers de construction maritime.

413. **VAR** : **Draguignan**, 9; Toulon, 95; Brignoles, 4.

Toulon, port très fortifié, est le principal arsenal de la France; ses ateliers de construction maritime se complètent par ceux de *la Seyne*, 16. *Hyères*, 17, et les îles de ce nom jouissent d'un délicieux climat; *Fréjus* †, 3.

414. **BASSES-ALPES** : **Digne** †, 7; Sisteron, 3; Forcalquier, 3; Barcelonnette, 2; Castellane (1782).

Ce département, presque désert (17 hab. par kil. car.), est, avec Vaucluse, le principal producteur de ***truffes***.

COMTÉ DE NICE, capitale NICE

415. Le comté de Nice, cédé à la France par l'Italie en 1860, a fourni, avec une partie de la *basse Provence*, le département des *Alpes-Maritimes*.

416. **ALPES-MARITIMES** : **Nice** †, 93; Grasse, 15; Puget-Théniers (1224).

Le littoral des Alpes-Maritimes est renommé pour la douceur de son climat. *Nice, Cannes*, 22, et *Menton*, 9, sont des stations hivernales fréquentées par des milliers d'étrangers : on y fabrique, ainsi qu'à *Grasse*, des essences, des parfums et des liqueurs.

La petite **principauté de Monaco**, 6, entre Villefranche et Menton, est surtout connue pour sa trop célèbre maison de jeu de Monte-Carlo.

DAUPHINÉ, capitale GRENOBLE

417. Le Dauphiné est partout couvert de hautes ***montagnes***, sauf la ***vallée du Rhône*** et le ***Graisivaudan***. Ses principaux cours d'eau sont, après le *Rhône* : la *Drôme*, l'*Isère*, et son affluent le *Drac*.

418. Le Dauphiné a formé **3 départements** : *Hautes-Alpes, Drôme* et *Isère*.

419. **HAUTES-ALPES** : **Gap** †, 11; Briançon, 7; Embrun, 3.

Ce département, avec ses montagnes nues et ravinées, est aussi pauvre et aussi désolé que celui des Basses-Alpes.

420. **DRÔME** : **Valence** †, 26; Montélimar, 13; Die, 3; Nyons, 3.

L'industrie est active à *Valence* et à *Romans*, 16, qui fabriquent des draps et des soieries. *Montélimar* est célèbre par ses nougats.

421. **ISÈRE** : **Grenoble** † ⚑ *, 64; Vienne, 24; Saint-Marcellin, 3; la Tour-du-Pin, 3.

Le département de l'Isère est le premier pour la fabrication du papier et pour la ganterie : *Grenoble*, importante place de guerre, sur l'Isère, est le centre de cette dernière industrie; le monastère de la *Grande-Chartreuse* fabrique la meilleure des liqueurs.

Vienne a des manufactures de draps; *Voiron*, 12, de toiles.

SAVOIE, capitale CHAMBÉRY

422. La Savoie, devenue française en 1860, est partout hérissée de *montagnes;* les rivières qui en descendent sont l'*Isère*, avec son affluent l'*Arc*, le *Fier* et l'*Arve*. — Ses principaux produits agricoles sont le beurre, les fromages et les bestiaux.

423. La Savoie a formé 2 départements : *Savoie* et *Haute-Savoie*.

424. **SAVOIE : Chambéry** †, 21; Albertville, 6; Saint-Jean-de-Maurienne †, 3; Moutiers †, 2.

A *Chambéry* et aux environs, on fabrique des soieries. *Aix-les-Bains* possède la principale station balnéaire des Alpes françaises.

425. **HAUTE-SAVOIE : Annecy** †, 12; Thonon, 5; Bonneville, 2; Saint-Julien (1423).

Les gracieuses petites villes d'*Évian* et de *Thonon*, sur le Léman, attirent en été de nombreux étrangers.

V. — RÉGION DU CENTRE

426. **VUE D'ENSEMBLE.** — La région du centre est une **haute terre**, que dominent des chaînes de **montagnes** assez élevées : *Cévennes, monts de la Margeride, de l'Auvergne, du Vivarais, du Forez* et *du Morvan*. — Le climat est rude, pluvieux, désagréable. — Les rivières de cette région contribuent à alimenter les quatre grands fleuves français; mais c'est la **Loire** qui en recueille la plus grande partie des eaux courantes.

427. Dufrénoy et Élie de Beaumont, dans leur *Explication de la carte géologique* de France, font ressortir en ces termes le contraste qui existe entre le massif central et les plaines du bassin de Paris : « Les deux parties principales du sol de la France, le *dôme de l'Auvergne* et le *bassin de Paris*, sont comme les **deux pôles** de notre sol... L'un est *en creux et attractif*, l'autre *en relief et répulsif*. Le **pôle en creux**, vers lequel tout converge, c'est **Paris**, centre de population et de civilisation. Le **Cantal**, placé vers le centre de la partie méridionale, représente assez bien le **pôle saillant** et répulsif. Tout semble fuir en divergeant de ce centre élevé. Il domine tout ce qui l'entoure, et ses vallées divergentes versent leurs eaux dans toutes les directions. Les routes s'en échappent en rayonnant, comme les rivières qui y prennent leurs sources. Il repousse jusqu'aux habitants, qui, pendant une partie de l'année, émigrent vers des climats moins sévères. L'un des deux pôles est devenu la capitale de la France et du monde civilisé ; l'autre est resté un pays pauvre et presque désert. »

428. Le sol pauvre et froid de la région du centre produit beaucoup plus de *seigle* et de *sarrazin* que de froment; on y récolte des *châtaignes*. — Les prairies naturelles et les pâturages, qui occupent, concurremment avec les *forêts*, une grande partie de sa surface, nourrissent beaucoup de *bêtes à cornes*. — Les montagnes sont riches en *minerai de fer*, en *houille* et en *sources thermales et minérales*. — L'industrie manufacturière est surtout représentée par les *usines métallurgiques* du Forez, du Bourbonnais et du Nivernais, et par les *fabriques de soieries* du Lyonnais.

429. La région du centre comprend, en totalité ou en majeure partie, **8 provinces** : le *Lyonnais*, le *Languedoc cévenol*, l'*Auvergne*, le *Limousin*, la *Marche*, le *Berry*, le *Bourbonnais* et le *Nivernais*.

LYONNAIS, capitale LYON

430. Le Lyonnais a pour limite orientale le cours de la *Saône* et du *Rhône;* mais il appartient en majeure partie au bassin de la *Loire*. Par son altitude, son climat et ses productions, il se rattache bien à la région du centre, quoique sa capitale appartienne plutôt à celle du sud-est ou de l'est.

431. Cette province est, dans son ensemble, d'une fertilité médiocre. Elle doit sa richesse à ses mines de houille et à son industrie. Le **bassin houiller de Saint-Étienne** vient immédiatement après celui de Valenciennes pour l'étendue et la production. Les deux principales branches de l'industrie du Lyonnais sont la métallurgie du fer et de l'acier et la fabrication des **soieries**. Il forme **2 départements** : *Rhône* et *Loire*.

432. **RHONE : Lyon** ✝ *, 466; Villefranche-sur-Saône, 13.

Lyon, au confluent du Rhône et de la Saône, grand centre de commerce et ville industrielle de premier ordre, renferme plus de la moitié des habitants du département. Elle possède des usines et des fabriques de tout genre, mais sa spécialité est la fabrication des riches soieries, dans laquelle elle n'a point de rivale; Lyon est le noyau d'un grand camp retranché. *Tarare*, **12**, est renommée pour **ses mousselines**; *Givors*, 11, fabrique de la verrerie.

433. **LOIRE : Saint-Étienne, 136**; Roanne, 34; Montbrison, 7.

Saint-Étienne, au centre du bassin houiller de la Loire, est une grande ville industrielle, renommée pour ses rubans et ses armes. Les villes voisines, *Rive-de-Gier*, 13; *Saint-Chamond*, 14; *Firminy*, 15, travaillent surtout le fer et l'acier, pour en fabriquer des rails, des outils, des machines, etc. *Saint-Galmier*, 3, possède des eaux gazeuses, dont il est expédié chaque année de **12** à **14** millions de bouteilles.

LANGUEDOC CÉVENOL

434. Le Languedoc cévenol (voir nos 402 et 403) est l'une des régions les plus élevées, les plus froides et les plus pauvres de la France. Le *Tarn*, le *Lot* et son affluent la *Truyère*, l'*Allier*, la *Loire* et l'*Ardèche* y prennent naissance. — Il forme **3 départements** : *Ardèche*, *Lozère* et *Haute-Loire*.

435. **ARDÈCHE : Privas**, 7; **Tournon, 5**; Largentière, 2.

Annonay, **17**, la principale ville du département, fabrique du papier; *Privas*, des soieries et des draps. La ville industrielle d'*Aubenas*, 8, est un important marché de soies grèges; *Viviers* †, 3.

436. **LOZÈRE : Mende** †, 7; Marvejols, 4; Florac (1947).

Les paysans de la Lozère fabriquent des étoffes de laine, serges, escots, etc. On exploite à *Vialas* des mines de plomb argentifère.

437. **HAUTE-LOIRE : Le Puy** †, 20; Yssingeaux, 8; Brioude, 4.

Le département de la Haute-Loire, formé de l'ancien pays du Velay, nourrit beaucoup de bêtes à cornes. *Le Puy* et *Yssingeaux* fabriquent de la dentelle et des rubans.

AUVERGNE, cap. CLERMONT-FERRAND

438. L'Auvergne est le véritable centre orographique et la citadelle naturelle de la France. A l'exception des plaines de la Limagne et de quelques hauts plateaux, elle ne présente qu'un chaos de **montagnes**, d'où descendent la *Dordogne*, l'*Allier* et ses affluents, l'*Alagnon* et la *Sioule*. Ces montagnes, parmi lesquelles on distingue beaucoup d'anciens volcans, sont riches **en eaux minérales et thermales**, qui y attirent beaucoup de baigneurs.

439. La haute Auvergne produit du *seigle*, du *sarrazin*, et nourrit de nombreux *bestiaux* dans les pâturages des montagnes. — La fertile *Limagne* récolte en abondance des céréales, des fruits et des vins. — La province possède plusieurs mines de houille. — Elle a formé **2 départements** : *Puy-de-Dôme* et *Cantal*.

440. **PUY-DE-DOME** : Clermont-Ferrand ✝ᴾ, 50; Thiers, 17; Riom*, 11; Ambert, 7, Issoire, 6.

Le département du Puy-de-Dôme possède les principales sources minérales de l'Auvergne. *Clermont-Ferrand* fabrique d'excellentes pâtes alimentaires; *Thiers*, de la grosse coutellerie et du papier pour le timbre. *Pontgibaud*, **1**, exploite des mines de plomb argentifère.

441. **CANTAL : Aurillac**, 16; Saint-Flour †, 5; Mauriac, 3; Murat, 3.

Aurillac est le centre d'un assez grand commerce de bœufs, de chevaux, de mulets, et de dentelles fabriquées dans le pays.

LIMOUSIN, cap. LIMOGES

442. Le Limousin repose sur un haut *plateau granitique*, où prennent naissance la *Vézère* et son affluent la *Corrèze*, la *Vienne*, etc. — C'est un pays froid, très humide, peu propre à la culture des céréales, mais abondant en prairies naturelles et en *herbages*, où paissent de nombreux *troupeaux*. On y récolte beaucoup de *châtaignes* et de *noix*.

443. Le Limousin a formé **2 départements** : *Corrèze* et *Haute-Vienne*.

444. **CORRÈZE : Tulle** †, 17; **Brive, 18**; Ussel, 4.

L'État possède à *Tulle* une manufacture d'armes. *Brive* est un important marché agricole.

445. **HAUTE-VIENNE : Limoges** ✝ *, 77; Saint-Yrieix, 8; Rochechouart, 4; Bellac, 4.

La grande industrie de la Haute-Vienne est celle de la **porcelaine**; elle a son centre principal à *Limoges*, sur la Vienne, l'une des villes les plus considérables de la région du centre; *Saint-Léonard*, 6, et *Saint-Junien*, 9, y prennent une part active. *Saint-Yrieix* fournit la matière première, le kaolin.

MARCHE, capitale GUÉRET

446. La Marche, plus pauvre encore que

le Limousin, est arrosée par la *Creuse* et la *Gartempe*, qui y prennent naissance. — Les habitants de la Marche, comme les Limousins, leurs voisins, émigrent en grand nombre à Paris et dans les grandes villes, où la plupart exercent le métier de maçons. — La Marche a formé le département de la *Creuse*.

447. **CREUSE : Guéret**, 7; Aubusson, 6; Bourganeuf, 3; Boussac (1349).

Aubusson fabrique de beaux tapis. On exploite des mines de houille à *Ahun*, 2, et à *Bourganeuf*.

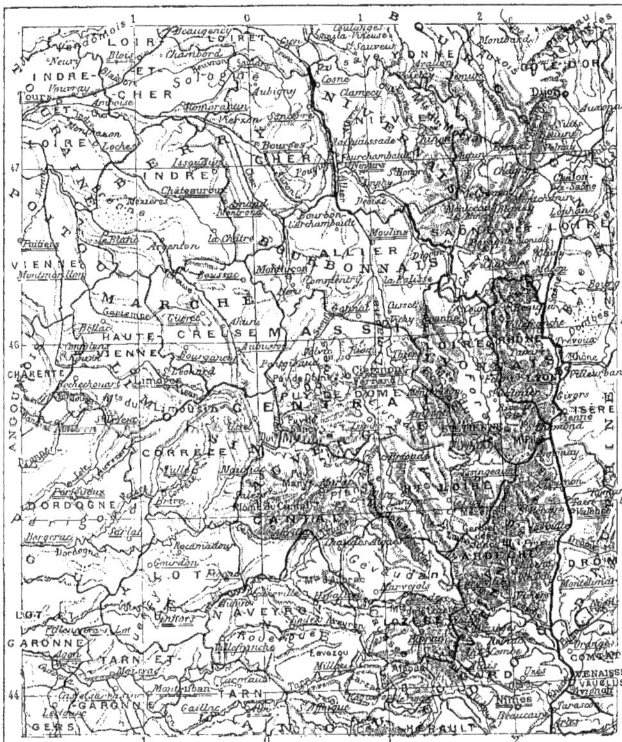

L. Thuillier del

Légende.

VILLES au-dessus de 100000 habitants
Villes de 50000 à 100000 id.
Villes de 20000 à 50000 id.
Villes et localités au-dessous de 20000 hab.ts
Limites de Départements
Limites d'États
Canaux.
Les Chefs-lieux de Départements sont soulignés deux fois, ceux d'Arrondissements une fois

Echelle 1:3.200 000

0 50 100 150 Kilom.

BERRY, capitale BOURGES

448. Le Berry se rattache au massif central par sa partie méridionale; mais les *plaines* du centre et du nord sont une dépendance géologique du bassin de Paris. Ses principales rivières sont : la *Creuse*, l'*Indre*, le *Cher*, et la *Loire*, qui lui sert de limite orientale.

449. Le sol, médiocrement fertile, produit assez de *céréales*, et du *vin* sur les coteaux du Cher. — Le Berry nourrit beaucoup de *moutons*, dont la laine est employée dans les nombreuses fabriques de draps du pays. — La *Brenne*, marécageuse, en est la partie la moins fertile. — Il a formé **2** départements : *Indre* et *Cher*.

450. **INDRE : Châteauroux**, 23; Issoudun, 14; le Blanc, 6; la Châtre, 4.

La principale industrie du département de l'Indre consiste dans la fabrication des draps, à *Châteauroux*, *Issoudun*, *la Châtre* et *Argenton*, 6.

451. **CHER : Bourges** ✝ ⚑ *, 43; Saint-Amand, 8; Sancerre, 3.

Bourges possède un arsenal de guerre, une fonderie de canons, une école et des ateliers de pyrotechnie, au compte de l'État. *Vierzon*, 11, fabrique des étoffes, de la verrerie, de la porcelaine et a des établissements métallurgiques.

BOURBONNAIS, cap. MOULINS

452. Le Bourbonnais a été le berceau de la maison de Bourbon, la plus ancienne des maisons royales d'Europe. — Il est arrosé par le *Cher*, la *Sioule*, l'*Allier* et la *Loire*. — Le sol est d'une fertilité médiocre; mais l'exploitation des mines de *houille* a imprimé un vif essor à l'industrie. — Le Bourbonnais a formé le département de l'*Allier*.

453. **ALLIER : Moulins** ✝, 22; Montluçon, 31; Gannat, 5; la Palisse, 2.

Moulins, sur l'Allier, est la patrie de Villars. *Montluçon*, sur le Cher, est une ville d'usines et de manufactures, dont la plus vaste est une fabrique de glaces; *Commentry*, 12, gros village industriel, doit son rapide essor à ses mines de houille. Les sources minérales de *Bourbon-l'Archambault*, *Néris*, et surtout *Vichy*, 12, la plus fréquentée de nos stations balnéaires, contribuent à la richesse du département.

NIVERNAIS, capitale NEVERS

454. Le Nivernais, sillonné par les chaînons du *massif granitique du Morvan*, n'a des plaines que dans sa partie occidentale. — Ses principales rivières sont : la *Loire*, avec son affluent la *Nièvre*, et surtout l'*Yonne*, par laquelle les bois des forêts morvandelles descendent en longs convois jusqu'à Paris.

455. Le Nivernais est renommé pour ses *bœufs* et ses *moutons*. — Il renferme le *bassin houiller de Decize*, dont les produits alimentent un grand nombre d'usines. — Il a formé le département de la *Nièvre*.

456. **NIÈVRE : Nevers** ✝, 27; Cosne, 8; Clamecy, 5; Château-Chinon, 2.

Nevers, sur la Loire, fabrique des faïences et de la porcelaine; l'État y possède une fonderie de canons. Cette ville et plusieurs localités des environs : *la Chaussade*, *Fourchambault*, 6, *Imphy*, ont de grands établissements métallurgiques; *Clamecy*, sur l'Yonne, fait commerce de bois.

VI. — RÉGION DE L'EST

457. VUE D'ENSEMBLE. — La région de l'est, moins élevée que le massif central, est cependant **montagneuse** dans son ensemble, et exposée aux rigueurs d'un climat excessif, très rude en hiver. — Elle envoie presque toutes ses eaux courantes à la Méditerranée, par la *Saône* et le *Rhône*, et à la mer du Nord, par le *Rhin* et la *Meuse*; la *Loire* et la *Seine* en reçoivent aussi une petite part.

458. Cette région est très boisée; les *forêts* occupent environ un quart de sa surface. Elle produit des *céréales*, des *vins*, et nourrit beaucoup de *bêtes à cornes*. — Elle possède des mines de *houille* et de *fer*, dont l'exploitation a donné un vif essort à l'*industrie manufacturière;* celle-ci est encore favorisée par le bas prix du transport des matières lourdes et encombrantes sur les rivières et les canaux dont la région est sillonnée.

459. Cinq de nos principaux **canaux** français la traversent, ce sont : le *canal du Centre*, entre la Saône et la Loire; le *canal de Bourgogne*, entre la Saône et l'Yonne; le *canal de l'Est*, entre la Saône et la Meuse; le *canal du Rhône au Rhin*, par le Doubs; enfin le *canal de la Marne au Rhin*, qui passe à Bar-le-Duc, Toul et Nancy.

460. La région de l'est comprend la *Bourgogne*, la *Franche-Comté*, et ce qui reste à la France de l'*Alsace* et de la *Lorraine*.

BOURGOGNE, capitale DIJON

461. Par les montagnes qui la traversent, *monts du Charolais*, *du Mâconnais*, *Côte-d'Or*, la Bourgogne forme la transition entre le massif central et les chaînes de l'est, Jura et Vosges. En même temps, par la direction de ses vallées, elle est le trait d'union naturel entre le versant de la Méditerranée et celui de la Manche. — Le *Rhône*, l'*Ain* et la *Saône* la baignent au sud-est; la *Seine*, l'*Yonne* et son affluent l'*Armançon*, au nord-ouest; l'*Arroux*, affluent de la Loire, y prend naissance.

462. Les principaux produits agricoles de la Bourgogne sont les *céréales*, et en particulier le *froment*, les *bêtes à cornes* de l'excellente race charolaise, les *moutons* et les *porcs;* mais ce sont les **vins** (voir la carte des grands crus de la haute Bourgogne, nº 199) qui contribuent le plus à sa richesse. — Les mines de *houille*, de *fer* et de *manganèse* qu'elle renferme y ont développé sur plusieurs points une industrie manufacturière très active.

463. La Bourgogne a formé **4 départements** : *Ain*, *Saône-et-Loire*, *Côte-d'Or*, *Yonne*.

464. **AIN : Bourg**, 18; Belley †, 6; Nantua, 2; Gex, 2; Trévoux, 2.

Le département de l'Ain est exclusivement agricole; il renferme les plaines de la *Bresse;* la *Dombes*, maintenant assainie par le desséchement d'une partie des étangs dont elle était criblée; le *Bugey* et le *Valromey*, où l'on fabrique des fromages de gruyère. — *Bourg* est la seule ville un peu importante; *Trévoux* est célèbre dans l'histoire des lettres par le dictionnaire et par le journal littéraire et critique que les Jésuites y publièrent au commencement du XVIIIe siècle.

465. **SAÔNE-ET-LOIRE : Mâcon**, 19; Châlon-sur-Saône, 26; Autun †, 15; Louhans, 4; Charolles, 4.

Le département de Saône-et-Loire possède des mines de *fer* qui ne le cèdent qu'à celles de Meurthe-et-Moselle; des mines de *manganèse* qui sont les plus riches de France; il vient au cinquième rang pour la production de la *houille* (bassins du *Creusot*, *Blanzy* et *Épinac*).

466. *Le Creusot*, 32, simple village au commencement du siècle, est aujourd'hui la ville la plus importante du département; on y fabrique des canons, des blindages pour les navires et les forts, des locomotives et des machines de toute espèce. *Montceau-les-Mines*, 22, produit de la houille; de même *Montchanin*, 4, qui possède de plus une grande fabrique de tuiles.

467. *Mâcon*, sur la Saône, fait un grand commerce de vins; *Paray-le-Monial*, 4, est le centre d'un pèlerinage en l'honneur du sacré Cœur; *Châlon-sur-Saône*, à l'une des extrémités du canal du centre, est un entrepôt de céréales, de fer et de vins. *Autun* atteste encore, par les restes de ses anciens monuments, l'importance qu'elle eut sous la domination romaine.

468. **CÔTE-D'OR : Dijon** †*, 67; Beaune, 13; Châtillon-sur-Seine, 4; Semur, 3.

La Côte-d'Or possède les vignobles les plus renommés de la Bourgogne. *Beaune* et *Nuits*, 3, sont célèbres par leurs vins; *Dijon*, sur le canal de Bourgogne, l'ancienne capitale de la province, est une ville d'aspect pittoresque, qui sert de noyau à un camp retranché.

469. **YONNE : Auxerre**, 18; Sens ‡, 14; Joigny, 6; Avallon, 5; Tonnerre, 4.

Le département de l'Yonne produit des vins légers, dont les plus estimés sont ceux de *Chablis*, 2. *Auxerre*, *Sens* et *Vézelay*, possèdent des églises remarquables.

FRANCHE-COMTÉ, cap. BESANÇON

470. La Franche-Comté présente des *plaines* à l'ouest, des *coteaux* au centre, et à l'est les *montagnes du Jura*. — Les rivières qui l'arrosent sont : l'*Ain*, le *Doubs*, l'*Ognon* et la *Saône*.

471. Les plaines ont des champs de *céréales* et des *prairies;* les coteaux produisent du *vin;* dans la montagne, où paissent de nombreux troupeaux de *vaches laitières*, on fabrique des *fromages* qui imitent le gruyère. — Les principales spécialités de l'industrie franc-comtoise sont : l'*horlogerie*, la *tabletterie* et la *métallurgie*.

472. La Franche-Comté a formé **3 départements** : *Jura*, *Doubs*, *Haute-Saône*.

473. **JURA : Lons-le-Saunier**, 12; Dôle, 14; Saint-Claude †, 10; Poligny, 4.

Le département du Jura renferme de nombreuses salines, surtout aux environs de *Lons-le-Saunier* et à *Salins*, 5, où se trouve un établissement de bains des mieux aménagés. *Saint-Claude* est le principal entrepôt de ces mille petits objets en bois, que les montagnards du Jura façonnent pendant les longues soirées d'hiver. *Morez*, 5, fabrique de l'horlogerie; les coteaux d'*Arbois*, 4, produisent le meilleur vin de la Franche-Comté.

474. **DOUBS : Besançon** ‡ ⁂, 57; Montbéliard, 9; Pontarlier, 7; Baume-les-Dames, 2.

Besançon, sur le Doubs, importante place de guerre, est le principal centre de l'horlogerie en France. *Pontarlier*, près de la frontière, fait un assez grand commerce avec la Suisse.

475. **HAUTE-SAÔNE : Vesoul**, 9; Gray, 6; Lure, 5.

Le département de la Haute-Saône, situé dans la plaine franc-comtoise, n'a pas de villes importantes. *Gray*, sur la Saône, est l'un des grands marchés de grains de la région de l'est; *Luxeuil*, 4, possède des eaux minérales.

ALSACE, cap. STRASBOURG

476. Il ne reste plus à la France, en Alsace, que le *territoire de Belfort*.

Belfort, 28, place très forte, située à quelques kilomètres de la frontière, s'est illustrée par sa belle défense durant la guerre de 1870.

LORRAINE, capitale NANCY

477. La Lorraine se compose de *plateaux* accidentés, qui s'adossent d'une part aux *Vosges* et aux *monts Faucilles*, de l'autre à l'*Argonne* et aux Ardennes. — Les principales rivières qui l'arrosent sont : la *Meurthe*, la *Moselle* et la *Meuse*.

478. Malgré les rigueurs d'un climat excessif (nº 185) et la grande étendue de ses *forêts*, la Lorraine produit beaucoup plus de *céréales* que n'en consomment les habitants, et plus de *pommes de terre* que toute autre province; les coteaux de la Moselle donnent des *vins* estimés.

479. Le sous-sol est riche en *eaux minérales*, en *salines* et en *minerai de fer*. — La grande spécialité industrielle de la Lorraine est l'exploitation du *minerai de fer* et la production de la **fonte** et de l'acier. — Parmi les industries secondaires, il suffira de citer l'*exploitation des salines*, la *fabrication des dentelles*, du *papier*, la *broderie*, la *cristallerie*, le *tissage*.

480. La Lorraine a formé **3 départements** : *Vosges*, *Meurthe-et-Moselle*, *Meuse*.

481. **VOSGES : Épinal**, 26; Saint-Dié †, 21; Remiremont, 10; Mirecourt, 5; Neufchâteau, 4.

Épinal, place forte sur la Moselle, est connue dans le monde entier pour ses images grossièrement enluminées; *Saint-Dié* fabrique des tapis, du fer, du papier; *Remiremont*, des cotonnades; *Mirecourt*, de la dentelle et des instruments de musique. *Plombières* est célèbre par ses eaux minérales; *Gérardmer*, 8, par son beau lac et par ses fromages. *Domremy* a vu naître Jeanne d'Arc.

482. **MEURTHE-ET-MOSELLE : Nancy** † *, 96; Lunéville, 22; Toul, 12; Briey, 2.

Le **département de Meurthe-et-Moselle** produit notablement plus de **fonte** et presque autant de **sel** que tous les autres ensemble. *Baccarat*, 6, sur la Meurthe, fabrique des cristaux renommés; *Lunéville* est un important marché agricole; *Nancy* fabrique des tissus, des chapeaux et des fleurs artificielles; *Toul*, sur la Moselle, est une place de guerre très importante; *Pont-à-Mousson*, 12, a des usines métallurgiques et des fabriques d'aiguilles; *Longwy*, 7, place forte, près de la frontière belge, travaille aussi le fer.

483. **MEUSE : Bar-le-Duc**, 18; Verdun †, 22; Commercy, 8; Montmédy, 2.

Bar-le-Duc est célèbre par ses confitures; *Verdun*, par ses dragées et ses liqueurs; *Commercy*, par ses madeleines et autres pâtisseries.

L. Thuillier del^t. — A. Fernique ph. sc.

Légende.

- VILLES au-dessus de 100000 habitants
- Villes de 50000 à 100000 id.
- Villes de 20000 à 50000 id.
- Villes et localités au-dessous de 20000 hab^{ts}
- Limites de Départements.
- Limites d'États
- Canaux
- Les Chefs-lieux de Départements sont soulignés deux fois, ceux d'Arrondissements une fois

Echelle = 1:3.200.000.

0 50 100 150 Kilom

ALSACE-LORRAINE ALLEMANDE

484. Avant la guerre désastreuse de 1870, l'**Alsace**, tout entière française, formait deux départements : le **Haut-Rhin**, chef-lieu *Colmar*, 33, avec la grande ville manufacturière de *Mulhouse*, 83, l'une des plus importantes de l'Europe continentale pour la filature du coton; — et le **Bas-Rhin**, chef-lieu **Strasbourg**, 135, grande ville industrielle et commerçante, et place de guerre du premier ordre. — La France possédait ainsi la rive gauche du Rhin, depuis la frontière suisse jusqu'au confluent de la Lauter : il ne nous reste plus de l'Alsace que le *territoire de Belfort*.

485. **La Lorraine formait 4 départements : *Vosges*, *Meurthe*, *Moselle* et *Meuse*. —** L'Allemagne s'est annexé la moitié environ du département de la *Meurthe* et plus des trois quarts de celui de la *Moselle*, avec les forteresses de *Metz*, 60, et de *Thionville*, sur la Moselle. Les parties de ces deux départements restées françaises forment le département de *Meurthe-et-Moselle*.

486. **En résumé, la guerre de 1870 nous a fait perdre un *territoire de 14 500 kilomètres carrés*,** fertile, bien cultivé, riche en bois, en mines de fer et de sel; — une *population de plus d'un million et demi*, robuste, laborieuse, intelligente et dévouée, qui avait, durant deux siècles, prodigué son sang pour la défense de la patrie, et qui ne peut encore se résigner à ne plus être française; — enfin trois de nos principales *places de guerre*, **Strasbourg, Metz** et **Thionville**, que les Allemands ont armées d'une manière formidable et qu'ils retournent maintenant contre nous.

ALGÉRIE-TUNISIE

487. **GÉOGRAPHIE PHYSIQUE.** — **Le littoral** de l'Algérie ne présente ni grands golfes ni **bons ports**, mais seulement quelques *rades* ou *baies*, comme celles de *Mers-el-Kébir*, *Arzeu*, *Alger*, *Bougie*, *Philippeville*, *Bône*. — Sur **les côtes** de la Tunisie, on remarque le *golfe de Tunis* et le *golfe de Gabès*, avec les *îles Kerkena* et *Djerba*.

488. **La chaîne de l'Atlas** couvre de ses ramifications la majeure partie de l'Algérie; elle présente deux grandes saillies, séparées par de *hauts plateaux*. Dans celle du Nord (**Petit Atlas**), on remarque les *massifs de l'Ouarsénis*, *de la Grande-Kabylie* (Djurdjura), la *chaîne des Babor*, etc. — Celle du Sud, ou **Grand Atlas**, renferme les deux massifs du *Djebel-Amour* et du *Djebel-Aurès*.

489. Les deux arêtes de l'Atlas divisent l'Algérie en trois **régions naturelles** : entre la mer et le Petit Atlas, le *Tell*, montueux et boisé; — entre le Petit et le Grand Atlas, les *hauts plateaux*, couverts d'herbes en été, glacés en hiver; — enfin, au sud du Grand Atlas, le *Sahara*, au climat sec et brûlant.

490. Le désert du **Sahara** est parsemé d'espaces pourvus d'eau et très fertiles; ce sont les **oasis**; les principales oasis appartenant à la France sont celles des *Oulad-Sidi-Cheikh*, des *Chambas*, des *Beni-Mzab*, de l'*Oued-Rhir* et de l'*Oued-Souf*.

491. Le **climat** de l'Algérie est trop sec, surtout à l'ouest. Aussi les **cours d'eau** sont généralement peu abondants.

492. Les deux principaux **fleuves** sont : le *Chélif*, en Algérie, et la *Medjerda*, en Tunisie, qui prennent naissance sur les hauts plateaux. — Parmi les rivières du Tell, il suffit de citer la *Tafna* et la *Macta*, à l'ouest; l'*Oued-el-Kébir* ou *Roummel*, qui passe à Constantine, et la *Seybouse*, à l'est.

493. Les hauts plateaux et le Sahara ont des cours d'eau temporaires, qui se perdent dans des lagunes salées, nommées chotts ou sebkhas. Les principales de ces lagunes sont : les chotts *el-Chergui* et *el-Hodna*, sur les hauts plateaux; le *chott Melghir*, qui reçoit l'*Oued-Djedi* (rivière du chevreau), et qui recevait autrefois l'*Oued-Igharghar*, grand cours d'eau, aujourd'hui complètement desséché; les chotts *Gharsa*, *el-Djerid* et *el-Fedjedj*, au sud de la Tunisie.

494. **GÉOGRAPHIE HISTORIQUE.** — Les plus anciens habitants connus de l'Algérie sont les **Berbères** ou **Numides**. Les *Tyriens* fondèrent, en pays numide, la ville commerçante de Carthage. Les *Carthaginois*, maîtres d'une grande partie de la région de l'Atlas et de l'Espagne, engagèrent contre Rome une lutte qui dura cent vingt ans; ils succombèrent, et les *Romains* s'emparèrent du pays.

495. Ravagées, au Vᵉ siècle, par les hordes des **Vandales**, et, au VIIᵉ, par les *Arabes* musulmans, les provinces de l'Afrique septentrionale furent envahies de nouveau, au XIᵉ, par les **Arabes**, qui s'y fixèrent, après avoir refoulé dans le désert et dans les parties les plus abruptes de l'Atlas ceux des habitants qui avaient échappé à leur glaive. — Les nouveaux maîtres de la Berbérie, pleins de dédain pour les travaux agricoles, eurent bientôt fait de stériliser cette riche contrée. Pour se procurer des ouvriers, ils se firent *pirates* et peuplèrent leurs bagnes et leurs fermes d'esclaves chrétiens.

496. En 1830, le gouvernement *français*, pour venger une insulte faite à son ambassadeur, envoya en Algérie une expédition, qui s'empara d'Alger. La conquête du reste du pays exigea de longues années; elle ne se termina qu'en 1857, par la soumission de la grande Kabylie. Une formidable insurrection éclata, à la suite de nos désastres en 1870, sur plusieurs points de l'Algérie; elle fut réprimée sans trop de peine, et depuis lors le pays est tranquille. — Depuis 1830, la France a dépensé plus de **trois milliards et demi** pour la conquête et l'organisation de l'Algérie.

497. Les fréquentes incursions de quelques tribus pillardes de la **Tunisie** (Khroumirs) sur le territoire algérien motivèrent l'expédition de 1881, à la suite de laquelle la régence fut placée sous le protectorat de la France. Désormais l'autorité du souverain (bey) ne s'exerce plus que sur les indigènes; le résident français, qui en contrôle les actes, est en même temps chargé des relations extérieures et de l'administration des finances et de l'armée.

498. **GÉOGRAPHIE ETHNOGRAPHIQUE.** Les neuf dixièmes environ de la population de l'Algérie et de la Tunisie se composent d'*indigènes*; les *Européens* y figurent pour un dixième à peu près.

499. La **population indigène** comprend les *Berbères* et les *Arabes*, avec un nombre restreint de *Juifs* et de *nègres*.

500. Les **Berbères**, qui composent au moins les deux tiers des indigènes, se divisent en deux groupes : les *Kabyles*, cantonnés dans les parties les moins accessibles de l'Atlas, sont de laborieux agriculteurs, d'un caractère fier et indépendant. — D'autres Berbères, plus ou moins arabisés, les *Mzabites*, les *Chambas*, les *Touaregs*, etc., habitent le Sahara.

501. Les **Arabes**, naguère encore les maîtres du pays par droit de conquête, mènent, en général, la vie pastorale.

502. Les *Juifs*, qui exercent le commerce et l'usure dans les villes, sont l'objet du mépris des autres indigènes. — Les *nègres* purs ne sont pas nombreux; mais beaucoup de tribus berbères et arabes sont fortement teintées de sang noir.

503. Les colons **européens** dépassent un demi million; plus de la moitié sont *Français*. Le reste se compose surtout d'*Espagnols*, d'*Italiens*, et de *Maltais*.

504. Ces colons sont presque tous *catholiques*. — A l'exception des *Juifs*, tous les indigènes sont *musulmans*.

505. **GÉOGRAPHIE POLITIQUE.** — L'administration de l'Algérie est confiée à un gouverneur, assisté d'un conseil supérieur. La colonie se divise en *territoire civil* et en *territoire de commandement*. — Le **territoire civil** comprend les parties du Tell et des hauts plateaux où sont fixés les colons; il se subdivise en **trois départements** : *Oran*, *Alger* et *Constantine*, administrés par des préfets et divisés en arrondissements. — Le **territoire de commandement** ou territoire militaire, qui comprend plus des trois quarts de la colonie, se divise en **trois provinces**: *Oran*, *Alger* et *Constantine*, commandées par des généraux.

506. **Oran** †, 80[1]; **Tlemcen**, 21; Sidi-bel-Abbès, 25; **Mascara**, 17; **Mostaganem**, 14.

Le port d'*Oran*, la seconde place de commerce de l'Algérie, exporte l'alfa des hauts plateaux; *Tlemcen* est située au milieu de vignes, d'olivettes et de jardins.

507. **Alger** ‡ ⁋ *, 92; Tizi-Ouzou, 4; Médéa, 4; Miliana, 4; Orléansville, 3.

Alger, chef-lieu de la colonie, est une gracieuse ville, bâtie en amphithéâtre, au bord d'une mauvaise rade. *Médéa* est renommée pour ses vins et ses asperges; *Blida*, 13, pour ses oranges; *Tizi-Ouzou* est le chef-lieu administratif de la Grande-Kabylie, dont *Dellys*, 4, est le port.

508. **Constantine** †, 42; Bône, 28; Philippeville, 13; Sétif, 5; Bougie, 6; Guelma, 4; Batna, 4.

Bougie, *Philippeville*, *Bône* et *la Calle*, 3, sont des ports assez fréquentés. *Constantine* est bâtie sur un rocher qui domine le Roummel. *Sétif*, *Guelma* et *Batna* sont d'importants marchés agricoles, sur les hauts plateaux. *Biskra*, station hivernale à l'entrée du désert, fait commerce de dattes.

509. Les villes principales des **oasis** sont *Laghouat*, 4, sur l'Oued-Djedi; *Ghardaya*, 30, capitale des Mzabites; *Tougourt*, ville principale des oasis de l'Oued-Rhir; *El-Oued*, capitale du Souf.

510. Dans la **Tunisie**, on remarque : **Tunis**, 170, la capitale, non loin de l'emplacement de Carthage, avec *la Goulette* pour avant-port; les ports de *Bizerte*, *Sfax*, 40, et *Gabès*; à l'intérieur, *Kairouan*, l'une des villes saintes du monde musulman.

511. **GÉOGRAPHIE ÉCONOMIQUE.** — Les principaux produits de l'**agriculture** algérienne sont les **céréales**, *froment*, *orge* et *avoine*, qui entrent pour un sixième environ dans la valeur de l'exportation; — les **plantes industrielles**, *tabac*, *lin*, *colza*; — les vins, dont la production ne cesse de se développer; — l'*huile d'olive*, l'un des principaux produits de la Tunisie; — les **fruits**, *raisins*, *oranges*, *citrons* du Tell, *dattes* des oasis, et les *légumes*; — l'*alfa*, sorte de graminée qui croît spontanément sur les hauts plateaux et dont la fibre fournit un excellent papier; — enfin les arbres des forêts, *chêne-liège*, *chêne-vert*, *pins*, *thuya*, *cèdres*, etc.

512. La principale richesse des Arabes consistant en troupeaux, le nombre des **animaux domestiques** est fort élevé relativement au chiffre de la population. Les *chevaux* et les *mulets* sont moins nombreux que les *ânes* et les *chameaux*.

513. L'Algérie est et restera un pays principalement agricole; elle a de bonnes terres de culture, d'immenses herbages; mais elle manque de la

---

[1] Les chiffres indiquent, en milliers d'habitants, la *population agglomérée* dans les villes et non la population totale des communes, qui est, pour plusieurs, de deux à quatre fois plus considérable.

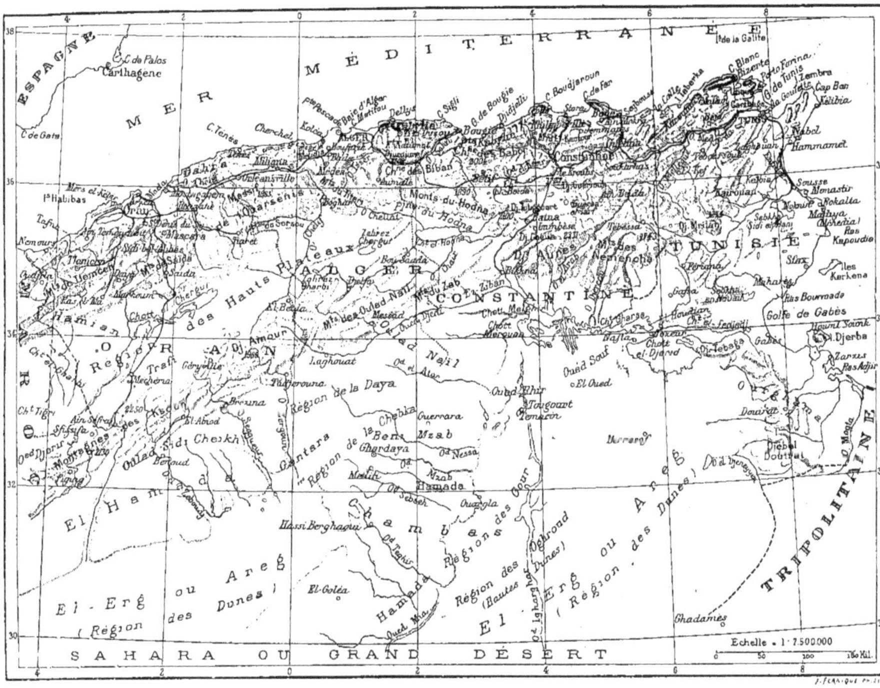

houille, ce pain de l'industrie moderne. Les deux principaux ennemis de l'agriculture algérienne sont : les *sauterelles* et surtout les *sécheresses*. Pour remédier à l'insuffisance des pluies, on a construit, sur plusieurs points du Tell, de grands **barrages-réservoirs**, qui permettent d'arroser environ 134 000 hectares de terre. — Le projet de créer une **mer intérieure** dans les chotts orientaux du Sahara algérien, en y amenant les eaux du golfe de Gabès, semble aujourd'hui abandonné. — Plus utile et moins coûteux est le forage des **puits artésiens**, qui a été pratiqué avec succès en maints endroits, notamment dans les oasis de l'Oued Rhir, où les cultures ont triplé de valeur, en même temps que la population doublait.

514. L'Algérie est **assez riche en mines** de *fer* (Aïn-Mokra, près de Bône), de *cuivre*, de *plomb* et de *zinc*. Elle possède aussi des carrières de *marbres*.

515. **L'industrie** algérienne est presque exclusivement agricole et consiste surtout en *minoteries*, *distilleries*, etc. — Les femmes arabes et kabyles fabriquent de solides *tissus* de laine et d'élégants *tapis*.

516. Avec une population moitié moins considérable et un sol naturellement moins fertile, l'Algérie fait quatre fois plus de **commerce** que le Maroc, son voisin. Les trois quarts de ce commerce se font avec la France et sous pavillon français. — Les principaux **articles d'exportation** sont les *moutons*, les *bœufs*, la *laine* et les *peaux*, le *vin*, les *céréales*, le *liège* et l'*alfa*.

517. Les deux **ports** d'Alger et d'**Oran** absorbent plus de la moitié du commerce extérieur de la colonie. Les autres sont, par rang d'importance commerciale : *Philippeville, Bône, Arzeu, Mostaganem, Bougie*, etc.

518. La **Tunisie** exporte surtout des *céréales* et de l'*huile d'olive*, par les ports de **Tunis**, *Sousse*, *Sfax*, *Gabès*, etc.

519. Il y a des services quotidiens de *bateaux à vapeur* entre Marseille et Alger, Oran, Tunis. Sept *câbles sous-marins* unissent l'Algérie à la France.

520. Le réseau des **chemins de fer** algériens comprend : 1° une ligne parallèle au littoral, qui relie Oran à Tunis en passant par Orléansville, Alger, Sétif et Guelma; et 2° plusieurs lignes, dites de pénétration, perpendiculaires au littoral; les deux principales sont la ligne d'Arzeu à Aïn-Sefra, et celle de Philippeville à Biskra, par Constantine et Batna.

521. Depuis un certain nombre d'années, on agite souvent la question de l'établissement d'un **chemin de fer transsaharien**, pour relier l'Algérie à nos possessions du Sénégal et du Soudan, et plusieurs tracés ont déjà été proposés. Quelque désirable que puisse paraître, à plusieurs égards, la réalisation de ce projet, les frais de construction, d'entretien, de surveillance et d'exploitation de cette longue ligne, à travers les espaces brûlés du Sahara, au milieu de populations hostiles et insaisissables, seraient certainement hors de proportion avec le trafic qu'on en peut raisonnablement espérer.

522. **STATISTIQUE. 1° ALGÉRIE**. — ÉTENDUE ET POPULATION : territoire civil, 125 000 kil. car.; 3 875 000 hab., 31 hab. par kil. car.; — territoire de commandement, 353 000 kil. car.; 556 000 hab., 1 hab. 1/2 par kil. car.; — ensemble, 478 000 kil. car., 4 430 000 hab., 9 hab. par kil. car. — *Indigènes*, 3 800 000 : — *Européens*, 650 000, dont 320 000 *Français*, 200 000 *Espagnols*, 60 000 *Italiens* et *Maltais*.

COMMERCE : environ 500 millions. — Valeur, en millions, des principaux PRODUITS EXPORTÉS : *moutons, chevaux, bœufs, produits et dépouilles d'animaux*, 50 à 60; *céréales*, 20 à 30; *vins*, 125 à 150. — *Chemins de fer*, 3 000 kilom.

2° TUNISIE. *Étendue*, 116 000 kil. car.; *population*, un million et demi à deux et demi, dont 100 000 Européens, 75 000 Juifs. — *Commerce*, 85 à 90 millions. — *Chemins de fer*, 1 400 kilomètres.

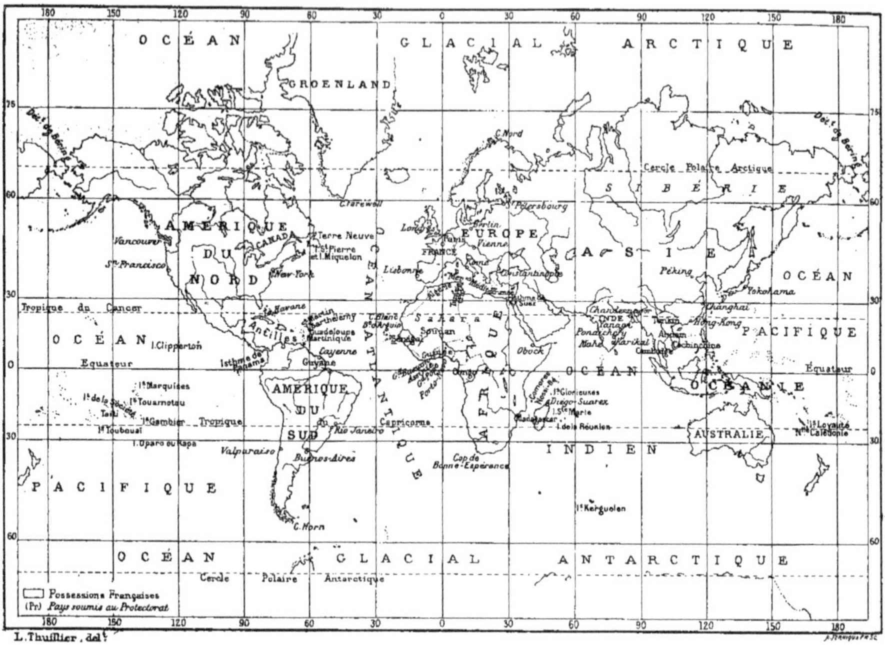

L. Thuillier, del.

523. — TABLEAU DES COLONIES FRANÇAISES

COLONIES FRANÇAISES	ÉTENDUE Milliers de kilom. car.	POPULATION Millions d'habitants.	COMMERCE (Millions de francs) Total.	COMMERCE (Millions de francs) Exportation.	COLONIES FRANÇAISES	ÉTENDUE Milliers de kilom. car.	POPULATION Millions d'habitants.	COMMERCE (Millions de francs) Total.	COMMERCE (Millions de francs) Exportation.
Algérie	480	4.5	540	275	*Colonies d'Asie*	895	25	201	122
Tunisie (protectorat)	116	1.8	90	37					
Sénégal et Soudan occid.	360	3	50	17					
Sahara et Soudan central	000	0.0	00	00	Nouvelle-Calédonie, îles Loyauté	20	0.06	17	7
Établissem[ts] de la Guinée	»	»	33	16					
Congo français	»	»	10.5	4.7	Taïti, Marquises et autres colonies polynésiennes	4.4	0.04	7	3
Réunion	2	0.16	35	16					
Mayotte	0.4	0.01	1.5	1.2	*Colonies d'Océanie*	24.4	0.1	24	10
Madagascar	592	3.5	17.6	3.6					
Comores (protectorat)	1.6	0.05	»	»	Guyane française	79	0.03	15	4.8
Obock	»	»	»	»	Martinique	1	0.19	52	23
					Guadeloupe et dépend[ces]	1.8	0.19	44	21
Colonies d'Afrique	6000	15 à 20	778	371	Saint-Pierre et Miquelon	0.2	0.06	26	10
					Colonies d'Amérique	82	0.6	127	59
Établissements de l'Inde	0.5	0.3	21.5	17					
Indo-Chine française	895	24.5	180	105	**Colonies françaises**	7.000	40 à 45	1.130	562

COLONIES FRANÇAISES

524. DIVERSES SORTES DE COLONIES. — Nos possessions d'outre-mer se divisent en deux catégories par rapport aux liens qui les unissent à nous. Les unes sont administrées directement par des gouverneurs français, comme l'Algérie, la Cochinchine, la Nouvelle-Calédonie, etc.; ce sont les **colonies** proprement dites. — D'autres restent soumises à leurs chefs indigènes; mais ceux-ci sont placés sous le contrôle d'agents français; ce sont les pays de **protectorat,** comme la Tunisie, l'Annam, etc.

525. A un autre point de vue, il faut distinguer entre les colonies de peuplement et les colonies d'exploitation. — Les **colonies de peuplement** sont celles où notre race peut, sans trop de difficultés, vivre et s'acclimater; ce sont, à proprement parler, les seules vraies colonies; la France n'en possède guère d'autres de ce genre que l'Algérie et la Nouvelle-Calédonie. — Les **colonies d'exploitation** ou de gouvernement sont celles de la zone intertropicale, où les Européens ne peuvent s'acclimater, à cause des chaleurs et de l'insalubrité du climat; de ce nombre sont le Sénégal et le Soudan, la Cochinchine et le Tonkin, etc. La France s'est emparée de ces pays et les administre en vue d'en tirer profit pour son commerce, son industrie, etc.

526. Pour l'étendue et la valeur du domaine colonial, la France vient immédiatement après l'Angleterre, qui a sous ce rapport une supériorité énorme, comme on peut s'en convaincre en jetant les yeux sur le tableau suivant :

	kilom. car.	millions d'hab.
Colonies anglaises . . .	27 800 000	347
Colonies françaises. . .	7 000 000	40 à 45
Colonies hollandaises. .	2 000 000	35
Colonies portugaises. .	2 150 000	15

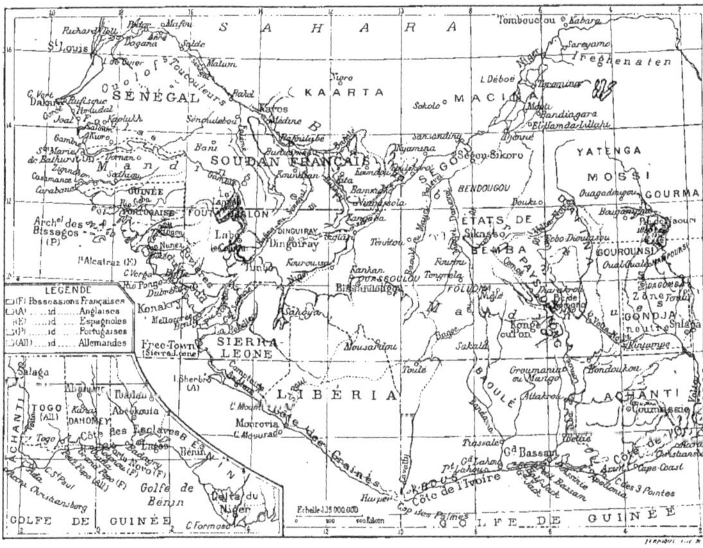

Sénégal, Soudan français, Guinée française.

COLONIES D'AFRIQUE

527. Les possessions françaises dans le nord et le centre de l'Afrique s'étendent de la Méditerranée au golfe de Guinée, au lac Tchad et au Congo, d'une part, et, de l'autre, à travers le Sahara et le Soudan, depuis l'Atlantique jusqu'au Soudan égyptien. Cet immense domaine comprend, outre les colonies de l'*Algérie-Tunisie*, du *Sénégal*, du *Soudan occidental*, de la *Guinée* et du *Congo*, administrées par des agents français, des pays encore mal connus et pas du tout soumis, comme le *Ouadaï*, le *Baghirmi*, le *Kanem*, à l'est du lac Tchad, le *Tibesti* et la plupart des oasis du *Sahara*. — A part l'Algérie-Tunisie, ces possessions se divisent en quatre colonies distinctes: *Sénégal, Soudan, Guinée* et *Congo*.

528. **SÉNÉGAL.** — La colonie du Sénégal, au climat brûlant et malsain, est peuplée de *Maures* ou Berbères arabisés, sur la rive saharienne du fleuve; et de *nègres*, Ouolofs, Toucouleurs et Mandingues. Les nègres sont agriculteurs, ainsi que les *Peulhs* ou *Foulas*, établis parmi eux; les Maures sont pasteurs et nomades.

529. La ville principale du Sénégal est **Saint-Louis**, 20 (60, avec la banlieue), sur le bas fleuve, dont l'embouchure est malheureusement obstruée par une barre très dangereuse. Un chemin de fer relie Saint-Louis à *Dakar*, principal port de la colonie, établi sur la presqu'île du cap Vert, en face de l'île de Gorée.

530. Un certain nombre de **postes**, *Richard-Toll, Podor, Bakel*, etc., sur le Sénégal; *Carabane, Sedhiou*, etc., sur la *Casamance*, ont des comptoirs où les indigènes apportent les *arachides* et la *gomme*, qui sont les deux plus importants produits commerciaux de la colonie.

531. **SOUDAN FRANÇAIS.** — Le Soudan français comprend les *bassins supérieurs du Sénégal, du Niger, de la Comoé et de la Volta*. Le chef-lieu est la ville de *Kayes*, sur le Sénégal; les villes principales, *Ségou-Sikoro* et *Tombouctou*. — Cette colonie n'a point de limites précises; elle comprend, outre le territoire français, plusieurs pays soumis à un protectorat plus ou moins effectif, comme le *Fouta-Djalon*, pays montueux et élevé, peuplé de Foulas; le *Kaarta*, le *Ségou*, les *États de Tiéba* et *de Samory*, le *pays de Kong*, etc. — Le cotonnier, le caféier, les arbres à gomme et à caoutchouc, croissent spontanément au Soudan français; c'est néanmoins une région assez pauvre. Du reste la prise de possession est de date trop récente pour qu'on puisse prononcer en connaissance de cause sur la valeur économique comme aussi sur la salubrité des pays que la France a conquis au Soudan.

532. **GUINÉE FRANÇAISE.** — La Guinée française comprend **trois groupes** :

1° Les **rivières du Sud** ou Guinée française proprement dite, dans les bassins du rio Nunez, du rio Pongo et de la Mellacorée. Le chef-lieu est le port de *Konakry*.

2° **Les établissements de la côte de l'Ivoire**, *Grand-Bassam, Assinie*, etc.

3° **Les établissements du golfe de Bénin**, sur la côte des Esclaves : le **Dahomey**, capitale *Abomey*, avec les ports de *Grand-Popo, Ouida, Kotonou;* — et le royaume de **Porto-Novo**, placé sous le protectorat français.

Les principaux **produits commerciaux** de la Guinée française sont l'*huile de palme*, les *arachides*, le *café* et un peu de *poudre d'or*.

Congo français.

533. **CONGO FRANÇAIS.** — Le Congo français, limité à l'est par le cours de l'Oubanghi, s'étend sur les bassins de l'*Ogôoué* et du *Kouilou*, qui se jettent dans l'Atlantique; de l'*Alima*, de la *Licouala* et de la *Sanga*, affluents du Congo; enfin du *Chari*, qui alimente le lac Tchad. — L'intérieur du pays est un plateau élevé (1000 m.), relativement sain et médiocrement fertile; il est séparé des plaines chaudes et malsaines du littoral par une bande montagneuse et boisée.

534. Avant l'année 1874, la France ne possédait dans cette région que la petite colonie du **Gabon**, qui végétait misérablement. Un jeune officier de marine, M. de Brazza, lui a soumis, sans verser une goutte de sang, par le seul ascendant de son caractère énergique et loyal, une contrée plus vaste que l'Algérie et peut-être deux fois plus peuplée. — Les indigènes appartiennent à plusieurs familles; dans le bassin de l'Ogôoué, les *Fans* ou *Pahouins*, peuple belliqueux et conquérant, et les *Chakés*, divisés en nombreuses tribus; — dans le bassin du Congo, les *Batékés*, les *Afourous*, les *Bondjos*, qui sont anthropophages.

535. Le chef-lieu du Congo français est *Libreville*, sur l'estuaire du Gabon. Quelques postes, peu nombreux pour une si vaste étendue : *Lambaréné*, sur l'Ogôoué; *Franceville*, au centre; *Brazzaville*, sur le Congo, etc., suffisent, avec un personnel très restreint, au maintien de l'ordre et au fonctionnement d'une administration rudimentaire.

536. **OBOCK.** — La colonie d'Obock n'a guère d'autre valeur que sa position à l'entrée du détroit de Bab-el-Mandeb; car la côte voisine est brûlée et stérile. Le port d'*Obock* est maintenant abandonné; *Djibouti*, le chef-lieu actuel, situé sur la rive méridionale du golfe de Tadjourah, reçoit, par des caravanes, les produits de l'Éthiopie; on y construit un chemin de fer.

537. **COMORES.** — L'archipel des Comores se compose de quatre îles, dont trois sont gouvernées par des chefs arabes, sous le protectorat de la France. La quatrième, *Mayotte*, est une colonie administrée par un gouverneur français. Les Comores produisent du *sucre* et de la *vanille*.

538. **MADAGASCAR.** — Madagascar, l'une des plus grandes îles du monde, a une étendue (environ 600000 kil. car.) notablement supérieure à celle de la France. Dans son ensemble, c'est une haute terre, dont les points culminants atteignent 3000 mètres d'altitude. La ceinture maritime et les plaines du sud sont marécageuses et malsaines; les plateaux de l'intérieur ont un climat très supportable. Les îles *Sainte-Marie*, à l'est; *Nossi-Bé* et le groupe des *îles Glorieuses*, au nord-ouest, sont des dépendances de Madagascar.

539. Les premiers essais de colonisation tentés par la France à Madagascar datent de 1642. L'expédition de 1895 a fait la conquête de l'île, qui est aujourd'hui divisée en territoires militaires à l'intérieur et en territoires civils sur les côtes. La principale tribu est celle des Hovas, peuplade de race malaise; ils sont fixés au centre, dans la province d'Imérina. — Parmi les autres, nous citerons : les *Antakares* au nord, les *Sakalaves* à l'ouest, les *Betsiléos* et les *Bares* au sud, enfin les *Betsimisarakas* à l'est. Toutes ces tribus appartiennent à la race bantou, qui peuple l'Afrique méridionale.

540. Les **villes** principales de Madagascar sont : **Tananarive**, 100, la capitale des Hovas, située dans la province d'Imérina; *Fianarantsoa*, chef-lieu du pays betsiléo; les ports commerçants de *Majunga*, sur la baie de Bombétok, au nord-ouest, et de *Tamatave*, sur la côte orientale. — Madagascar exporte, par ces deux ports, des *peaux*, du *caoutchouc*, de la *cire*, du *bétail*, etc.

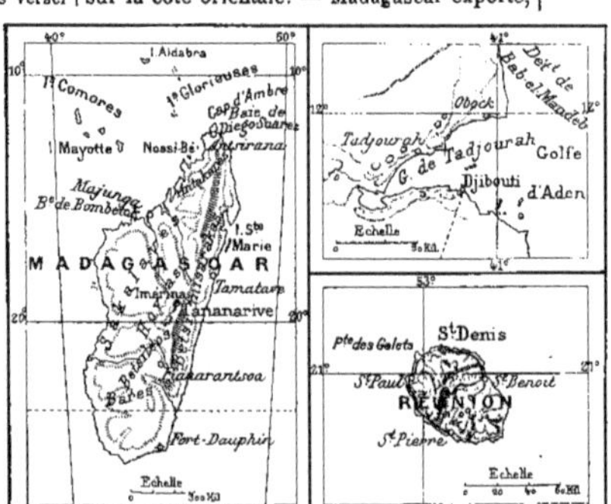

Madagascar, Obock, la Réunion.

541. La magnifique baie de **Diégo-Suarez**, située à l'extrémité septentrionale de Madagascar, a une grande valeur comme position stratégique. Le chef-lieu de la colonie, *Antsirana*, est gardé par une garnison française.

542. **LA RÉUNION.** — L'île de la Réunion, située dans l'océan Indien, à l'est de Madagascar, est montueuse, volcanique et presque déserte au centre; mais les plaines et les collines du pourtour sont très fertiles et très peuplées. — Les **villes principales** sont : *Saint-Denis*, 30; *Saint-Paul*, bâties toutes deux sur des rades dangereuses; *Saint-Pierre*, pourvue d'un port commode. Le meilleur port de la colonie est celui qu'on a récemment creusé à la *Pointe des Galets*. — Les principaux articles d'exportation de la Réunion sont le *sucre*, le *rhum* et la *vanille*.

COLONIES D'ASIE

543. **ÉTABLISSEMENTS DE L'INDE.** — La France, qui fut au siècle dernier maîtresse du Dekkan presque entier, ne possède plus dans l'Inde que cinq villes avec une banlieue étroite; ce sont : *Mahé*, sur la côte de Malabar; *Karikal* et *Pondichéry*, sur la côte de Coromandel; *Yanaon*, à l'embouchure du Godavéry; et *Chandernagor*, un peu en amont de Calcutta. Le chef-lieu, *Pondichéry*, 42, possède une assez bonne rade, mais son port laisse beaucoup à désirer. — Les principales cultures de l'Inde française sont celles du *riz*, des *arachides* et des *fruits*.

Établissements de l'Inde.

544. **INDO-CHINE FRANÇAISE.** — L'Indo-Chine française comprend la colonie de la Cochinchine, avec les protectorats du Cambodge, de l'Annam et du Tonkin. — Ce territoire, d'une étendue bien supérieure à celle de la France, se compose de *montagnes* boisées, de *plateaux* couverts de hautes herbes (*jungles*) et de *deux plaines*, basses et marécageuses, formées par le delta du *Mékong* (Cochinchine), au sud, et par celui du *Song-Coï* (Tonkin), au nord. — Le climat est énervant et malsain pour les Européens.

545. La principale culture est celle du riz, qui est presque l'unique aliment des populations de l'Extrême-Orient. — On a commencé l'exploitation des mines de *houille*, qui fournissent d'excellent charbon. L'exportation

consiste surtout en *riz*, *soie*, *coton*, *peaux*, *plantes tinctoriales, objets incrustés de nacre.*

546. La **population** de l'Indo-Chine française se divise en deux races principales : les **Kmers** (1 500 000 à 1 800 000), qui habitent le Cambodge; leurs ancêtres avaient construit des édifices grandioses, dont les ruines excitent encore l'admiration; ils végètent maintenant dans l'ignorance et la misère; — et les **Annamites** (12 à 16 millions), dans la Cochinchine, l'Annam et le Tonkin. Cette race, douce et timide, est intelligente et active. — Il y a encore des *Chinois*, adonnés au commerce, et un grand nombre de *tribus sauvages*, disséminées dans les jungles des plateaux et dans les forêts des montagnes. — Les sauvages sont *fétichistes*; les Cambodgiens et les Annamites *bouddhistes*, à l'exception de 600 000 *catholiques*.

Indo-Chine française.

547. **COCHINCHINE.** — La Cochinchine est située dans les deltas marécageux du *Mékong* et de la rivière de Saïgon, qui y forment un lacis inextricable de canaux (arroyos). **Les villes** principales sont : Saïgon, 100 (avec la banlieue), la capitale, pourvue de belles rues régulières, de superbes édifices et d'admirables jardins; son port est fréquenté par les paquebots qui font le service de l'Extrême-Orient; *Cholon*, 40, le principal marché de la colonie; *Bien-Hoa*, *Mytho*, *Vinh-Long*, *Chaudoc*, centres de commerce importants.

548. **CAMBODGE.** — Le Cambodge, au nord-ouest de la Cochinchine, renferme le Grand-Lac (*Tonlé-Sap*), dans lequel le *Mékong* déverse une partie de ses eaux au moment des crues. La pêche du Grand-Lac fournit chaque année environ douze millions de kilogrammes de poisson. — Le Cambodge ne possède que deux villes : **Pnom-Penh**, la capitale, située au sommet du delta; et le port de *Kampot*, sur le golfe de Siam.

549. **ANNAM.** — L'Annam se compose d'une bande maritime, longue (1 200 kilom.) et étroite (150 kilom.), qui s'étend entre la Cochinchine et le Tonkin. Il a pour capitale **Hué**, 30. *Tourane*, port de commerce situé à peu de distance au sud, sur une baie magnifique, est érigée en commune française.

550. **TONKIN.** — Le Tonkin se compose d'une plaine extrêmement peuplée, dans le delta marécageux du Song-Coï, et de montagnes boisées. Les deux principales **villes**, **Hanoï**, 150, la capitale du pays, et le port de *Haï-Phong*, sont érigées en communes françaises. A l'exception de *Nam-Dinh*, 50, les autres centres populeux, *Haï-Dzuong*, *Sontay*, au sommet du delta, *Lao-Kay*, sur le Fleuve-Rouge, près de la frontière de Chine, sont plutôt de gros villages que des villes.

COLONIES D'OCÉANIE

551. **NOUVELLE-CALÉDONIE.** — La Nouvelle-Calédonie est hérissée de montagnes, d'où descendent un grand nombre de charmantes rivières. Le climat est sain et agréable, bien que chaud. — Plusieurs îles plus petites, dont les principales forment le groupe des *îles Loyalty* ou Loyauté, sont des dépendances naturelles de la Nouvelle-Calédonie. Les îles polynésiennes *Foutouna* et *Wallis* s'y rattachent administrativement. — Les indigènes forment plus de la moitié de la population totale; et les condamnés, avec leurs gardiens et les fonctionnaires, les trois quarts de la population blanche. — Le chef-lieu de la colonie est le port de *Nouméa*.

Nouvelle-Calédonie, Iles de la Société.

552. **ILES DE LA SOCIÉTÉ.** — Les îles de la Société forment deux groupes, les *îles du Vent* et les *îles sous le Vent*. **Taïti**, qui est la plus importante, se compose de deux cônes volcaniques, unis ensemble par un isthme étroit. La population n'habite que la ceinture des terres basses du littoral. Le chef-lieu est le port de *Papeete* (Papéiti), au nord-ouest de Taïti.

553. Aux îles de la Société se rattachent les archipels *Toubouaï*, *Gambier*, *Touamotou* (ou îles Basses) et l'île *Oparo* (voir la carte des possessions françaises, page 78).

554. Les îles Touamotou, Gambier, etc., ne produisent guère que des *cocos*. — Dans les îles de la Société et aux Marquises, on récolte, de plus, le *maioré* ou fruit de l'arbre à pain, le *taro*, l'*igname*, la *patate*, la *banane*, etc. — Parmi les **produits commerciaux** de ces îles, il suffira de citer l'amande de coco ou *coprah*, un peu de *coton*, de la *nacre* et des *perles*.

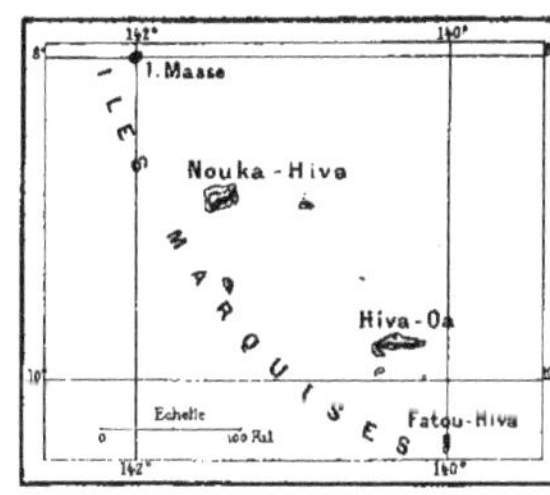

Iles Marquises.

555. **ILES MARQUISES.** — Les îles Marquises, situées au nord-est de Taïti, sont de hautes terres hérissées de montagnes. Les deux principales sont *Nouka-Hiva* et *Hiva-Oa*.

556. La population de tous ces archipels du Pacifique oriental appartient à la race kanake, belle et intelligente, mais paresseuse et débauchée. Elle décroît rapidement et est menacée d'une extinction complète.

557. Les Kanaks ont le teint brun-clair, la taille élevée, une belle prestance. D'un caractère gai et insouciant, ils aiment passionnément la musique et la danse; ils ont d'ailleurs l'intelligence vive et la plupart possèdent de remarquables talents oratoires. Mais ils sont extrêmement indolents et paresseux : la terre leur fournissant presque sans culture tout ce qui leur est nécessaire, ils passent la majeure partie du jour « dans une oisiveté absolue et une rêverie sans fin. La seule occupation qui leur plaise, parce qu'elle n'est ni régulière ni forcée, c'est la pêche. » Nageurs émérites, ils restent des journées entières dans l'eau. Il est fâcheux qu'une race aussi belle et aussi sympathique soit menacée de s'éteindre dans un prochain avenir : un souffle de mort semble passer sur les gracieux archipels de la Polynésie; partout, excepté aux îles *Wallis* et *Foutouna*, la population décroît rapidement; le chiffre des décès est très supérieur à celui des naissances; c'est le résultat des habitudes nouvelles que les blancs ont introduites brusquement parmi ces peuples simples et naïfs, et surtout du libertinage, qui tue la vie dans sa source et engendre d'épouvantables maladies. — Les archipels de l'ouest sont évangélisés par les PP. Maristes, et ceux de l'est par des missionnaires de la Congrégation des Sacrés-Cœurs (Picpus). Les habitants des îles *Wallis*, *Foutouna*, *Gambier*, *Touamotou*, autrefois voleurs, anthropophages et libertins, ont aujourd'hui des mœurs exemplaires; il n'en est malheureusement pas de même à *Taïti* et aux *Marquises*, où l'action des missionnaires est en partie paralysée par les ministres protestants.

COLONIES D'AMÉRIQUE

558. **GUYANE FRANÇAISE.** — La Guyane française, située au nord-est du Brésil, est comprise entre les fleuves Oyapock et Maroni. — Les *terres basses* du littoral sont **très fertiles**, mais malsaines et peu ou point cultivées; les terres moyennes des *plateaux* présentent des savanes propres à l'élevage des troupeaux; les *terres hautes* de l'intérieur

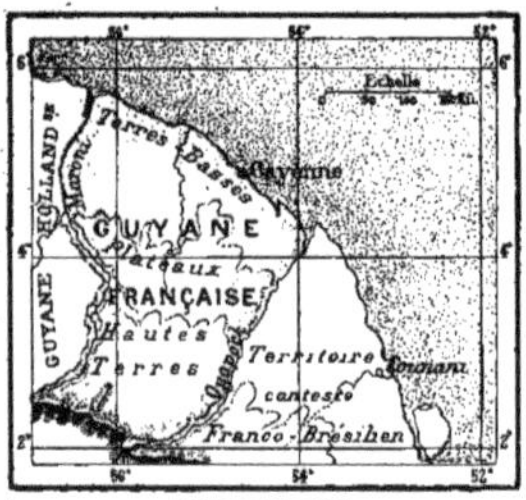

Guyane française.

sont couvertes de forêts et renferment des *mines d'or*. — La Guyane sert de lieu de déportation, concurremment avec la Nouvelle-Calédonie, pour les condamnés aux travaux forcés et les récidivistes. Le chef-lieu est la ville de *Cayenne*.

559. **LA MARTINIQUE.** — La Martinique, l'une des petites Antilles, est une île volcanique, couverte de hautes montagnes boisées. Les deux **villes principales**, *Fort-de-France*, chef-lieu de la colonie, et *Saint-Pierre*, sont des ports assez médiocres. — Les principaux **produits commerciaux** de la Martinique sont le *sucre*, le *rhum*, le *tabac*.

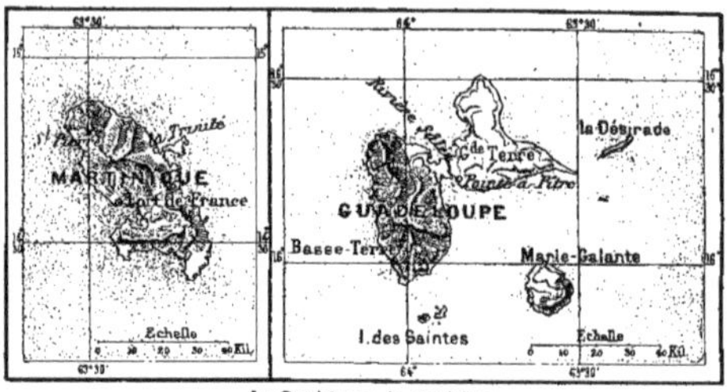

La Guadeloupe, la Martinique.

560. **LA GUADELOUPE.** — La Guadeloupe, qui appartient, comme la Martinique, au groupe des îles du Vent, se compose de deux îles séparées par un bras de mer très étroit, la *Rivière-Salée;* à l'ouest, la **Basse-Terre**, ou Guadeloupe proprement dite, montagneuse, volcanique, boisée et bien arrosée; à l'est, la **Grande-Terre**, plus petite, formant un plateau calcaire à peu près dépourvu d'eaux courantes. — Le chef-lieu, la *Basse-Terre*, le cède beaucoup à la ville commerçante de la *Pointe-à-Pitre*, dont le port est un des meilleurs des Antilles. — Les principaux **produits commerciaux** de la Guadeloupe sont le *sucre*, le *rhum*, le *café*, le *cacao*.

561. La Guadeloupe a pour **dépendances** plusieurs îles plus petites, les *Saintes*, *Marie-Galante*, la *Désirade*, *Saint-Barthélemy* et une partie de *Saint-Martin*. (Voir la carte des possessions françaises, page 78.)

562. **SAINT-PIERRE ET MIQUELON.** — La France possède, au sud de Terre-Neuve, les deux petits îlots de *Saint-Pierre* et de *Miquelon*, avec le littoral occidental de Terre-Neuve, désigné sous le nom de *French-Shore* ou côte française. — La **pêche de la morue**, qui est très productive dans les parages de Terre-Neuve, donne une assez grande importance à cette modeste colonie, dont le chef-lieu est le port de *Saint-Pierre*.

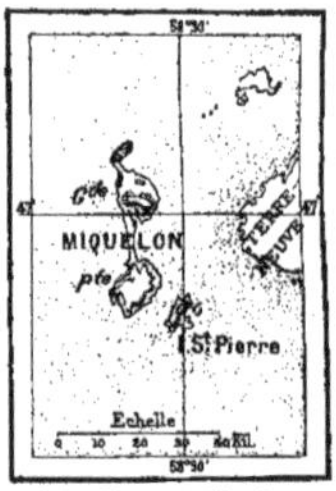

Saint-Pierre et Miquelon.

TABLE DES MATIÈRES

I. LES CINQ PARTIES DU MONDE

II. LA FRANCE

28732. — Tours, imprimerie Mame.